Wanderungen in der Eifel

Helmut Dumler

Wanderungen in der Eifel

40 Touren mit den Mosel-Höhenwegen und einem Verzeichnis der Hauptwanderwege des Eifelvereins

Mit 81 Farbfotos, 39 Kartenskizzen und einer Übersichtskarte

Bruckmann München

Einband/Vorderseite:
Über Heimbach an der Eifeler Seenplatte thront die von der Rur umflossene Burg Hengebach

Innenklappe vorne:
Gemündener Maar, Weinfelder Maar und Schalkenmehrener Maar bilden den landschaftlichen Höhepunkt der Vulkaneifel

Einband/Rückseite oben:
Ein romantischer Erdenfleck unweit der Mosel: Burg Eltz hat seine mittelalterliche Atmosphäre unversehrt bewahrt

Einband/Rückseite unten:
Das Hohe Venn am westlichen Rand der Eifel zählt zu den reizvollsten Wanderrevieren an der Grenze zu Belgien

CIP-Titelaufnahme der Deutschen Bibliothek

Wanderungen in der Eifel: 40 Touren mit den Mosel-Höhenwegen und einem Verzeichnis der Hauptwanderwege des Eifelvereins /
Helmut Dumler.
München : Bruckmann, 1991
ISBN 3-7654-2329-7
NE: Dumler, Helmut

Herstellung: Bruckmann München
Printed in Germany
ISBN 3-7654-2329-7

Eifelwunder

Wenn im Frühjahr das »Eifelgold«, der Ginster, blüht, an Mosel und Ahr die Rebenblätter sichtlich saftig grüner werden, Lupinen an Wege- und Straßenrändern in dunklem Blau stehen, erleben wir das Kommen der Eifelwunder, ausklingend im hellen Licht des Herbstes, letztendlich zur Winterszeit, wenn die Eispanzer der Maare krachen.
Die Vulkane sind längst erloschen, und trotzdem scheint diese Urwelt gegenwärtig zu sein in den runden Bergkuppen und in der unbeschreiblichen Faszination der Maare. Buntsandstein, frühester Abschnitt der Triasformation, leuchtet in warmem Rot aus dichten Mischwaldgürteln über lieblichen Tälern. Höhlenschlunde tun sich auf im Halbdunkel der Forste, flüstern von Urzeitmenschen und Sagen. Heidnische, gallo-romanische und frühchristliche Kultstätten wollen ihre mystischen Geheimnisse nicht freigeben.
Plötzlich am Weg der Wall einer keltischen Fliehburg, niedergerannt von Cäsars Legionen, die das Gebiet im Gallischen Krieg um 50 v. Christus eroberten und für fünf Jahrhunderte römischer Herrschaft sorgten. Zeugnisse dieser ersten kulturell hochstehenden Epoche Westeuropas sind in einem Ausmaß und in einer Qualität erhalten wie in keinem anderen Landstrich diesseits der Alpen. Trier gilt als urbanes Vorbild, die Wasserleitung nach Köln als technisches Wunderwerk, Tempelbezirke spiegeln Religiosität.
In bizarrem Ruinengemäuer, mächtigen Burgen und glanzvollen Schlössern träumen vergangene, bewegte Zeiten. Klöster dokumentieren Rodung und Christianisierung. Die Trappisten von Mariawald huldigen dem »ewigen Schweigen«. Als Kontrast die weinseligen, manchmal im Frohsinn fast überschäumenden Ufer von Mosel und Ahr, zu Füßen sonnenverwöhnter Wingerte. Weinstuben mit den besten Tropfen der Region: Riesling an der Mosel, Burgunder an der Ahr. Allerdings fällt nahezu überall ein sehr bitterer Wermutstropfen ins Glas: akustischer Terror durch die Flugzeuge der amerikanischen Besatzungsmacht. Ein Terror, der nicht nur das Ohr bis an die Grenzen erschüttert, sondern auch Mensch und Tier in unverantwortlicher Weise quält!
Die Eifel, geologisch eine Stufe des Mitteldevons (vor rund 350 Millionen Jahren), zu mehr als 60 Prozent mit Wald bestanden, nordwestlicher Teil des Rheinischen Schiefergebirges zwischen Mosel und Niederrhein, geht mit der nördlichen Schnee-Eifel ohne deutliche Grenze in das Hohe Venn und damit in die Ardennen über. Sie gehört zu den Bundesländern Rheinland-Pfalz und Nordrhein-Westfalen. Das 3000 Kilometer messende Wegenetz einschließlich mustergültiger Markierungen sind den lobenswerten, unermüdlichen Aktivitäten des 1888 gegründeten Eifelvereins (Sitz Düren) bzw. seiner 160 Ortsgruppen zu verdanken. 1991 waren hier rund 55000 Mitglieder eingeschrieben. Zahlreiche Lehrpfade der Forstbehörden tragen zum besseren Verständnis der Natur bei.
Die beschriebenen Wanderungen stellen die Eifel und ihre attraktivsten Gebiete in einer repräsentativen Auswahl vor. Dabei bleibt noch genügend Platz für das ganz persönliche Entdecken und Erleben. Vielleicht pflichten auch Sie dann der Schriftstellerin Clara Viebig (1860–1952) bei: »Das ist das Land, das von allen deutschen Gauen meinem Herzen am nächsten steht, das mich beredt macht, selbst wenn ich stumm bleiben möchte.«

Helmut Dumler

Bilder blühenden Ginsters – auch das »Eifelgold« genannt – gehören im Frühjahr zu den unvergeßlichen Eindrücken, die die Eifellandschaft beim Wanderer hinterläßt.

1 Wie aus dem Märchenbuch: Burg Eltz

Das Urbild deutscher Burgen

Tourencharakter:
Unschwierige Zugänge; im Elzbachtal nach Regenfällen stellenweise rutschig.
Beste Jahreszeit: Von April bis Ende Oktober, je nach den Öffnungszeiten.
Reine Gehzeit: Aus dem Elzbachtal (Ringelsteiner Mühle) hin und zurück knapp 1 Stunde; vom Parkplatz bei Wierschem 35 Minuten.

Von welcher Seite auch immer man auf die Burg Eltz stößt – die Überraschung ist perfekt, der Anblick fesselnd. Burgenromantik schlechthin, auf wasserumspültem Schieferkegel in einem waldreichen Seitental der Mosel. Burg Eltz ist eine Kostbarkeit in zweierlei Hinsicht: mittelalterliches Schatzkästlein ritterlicher Wohnkultur und – Motiv des 500-Mark-Scheines! Eltz ist neben Bürresheim die einzige unzerstörte Burg der Eifel und das Musterbeispiel einer »Ganerbenburg«. Mehrere Sippen, miteinander eng verwandt, haben ab dem 14. Jahrhundert die Steine und Balken höher geschichtet, turmartig aus Platzmangel, insgesamt sieben Burghäuser, sechs- und siebengeschossig mit steilen Dächern, vorkragenden Ausbauten, Fenstern und Schornsteinen, was vor allem die stimmungsvolle Hofansicht verdeutlicht. Ihr Ahnherr war Rudolf von Elze, von dem man 1157 erstmals hört. Seine Nachkommen teilten sich 1263 in drei Linien bzw. »Ganerben«.

Bis ins 17. Jahrhundert wurde an dem verschachtelten, märchenhaften Geschlechtersitz gebaut. Im Burgfrieden heißt es: »Were von uns den andern… binnen dissen Burch… dot schlüge… derselbe sal von Stont an das Huss rumen, und hie, noch seine Erben sollen sich nummer keins Rechten an Schlosse Eltze vermessen.« Besiegelt 1430. Einzelne Bauteile wie Kapelle und Tor waren in gemeinsamer Nutzung. Den Kern bildet »Haus Platteltz« am höchsten Punkt, hervorgegangen aus dem Bergfried, in diesem Falle ein ausgesprochener Wohnturm, worauf die beiden Aborterker hinweisen. Von 1331 bis 1336 stand eine Fehde ins Haus, im wahrsten Sinn des Wortes. Die reichsunmittelbaren Ritter, wegen ihrer Sturheit als »Isenköpfe« berüchtigt, widersetzten sich mit anderen Familien dem machthungrigen Grafen Balduin von Luxemburg, der 1307 als Zweiundzwanzigjähriger bereits Trierer Erzbischof geworden war. Er verhalf 1308 seinem Bruder als Heinrich VII. auf den Königsthron und wollte das gesamte Moseltal in seine Klauen bringen. Da sich der Kirchenmann außerstande sah, die Burg zu erstürmen, ließ er gegenüber, in erhöhter Position auf steilem Fels, 1335 Trutz Eltz errichten, auch »Baldeneltz« genannt, und hungerte die Eltzer ganz einfach aus.

Nun war die Herrschaft kurtrierisches Lehen, allerdings eines Eltzers, Johann von Eltz. Das mittlerweile achthundertjährige Geschlecht, die Grafen Eltz-Kempenich der Hauptlinie »vom Silbernen Löwen«, sind noch immer Burgherren, alleinige Besitzer seit 1815. Gelegentlich weilen Mitglieder der Familie im Elztal, haben aber ihren Sitz in Eltville am Rhein. Sie hatten in der zweiten Hälfte des 19. Jahrhunderts für umfassende Restaurierungen gesorgt und auch die Brandschäden von 1920 behoben. In der jüngeren Geschichte machte Paul Freiherr von Eltz-Rübenach von sich reden. Der Reichsverkehrs- und Postminister in den Kabinetten von Papen, Schleicher und Hitler mußte 1937 zurücktreten, nachdem er das Goldene Parteiabzeichen der NSDAP wegen der antichristlichen Politik des Nationalsozialismus abgelehnt hatte. Zwischen 1975 und 1981 wurde die Schatzkammer eingerichtet: glänzende Gold- und Silberschmiedearbeiten, Münzen, Schmuck, Glas, Porzellan, Kleidung, Waffen.

Führungen: Viertelstündlich 9.00–17.30 Uhr an Werktagen, an Sonn- und Feiertagen 10.00–17.30 Uhr; geschlossen vom 1. November bis 31. März.

Märchenhafte Burg Eltz! Seit mehr als 700 Jahren steht die mehrgeschossige Burganlage versteckt im waldreichen Elztal, heutzutage nur noch träumend von verklungener Ritterromantik. Sie gehört zu den besterhaltenen Burgen in Deutschland.

Der Wegverlauf aus dem Elztal

Ab der *Ringelsteiner Mühle* neben dem *Elzbach* talein, an einem Kiosk vorbei, in 5 Minuten zum Hangweg am orographisch rechten Bachufer. Über eine Wiese, später im hochstämmigen Tannenwald mäßig ansteigend, vereinzelte Felsen passierend. Wir folgen dem *Mosel-Höhenweg* und gleichzeitig dem *Eifel-Hauptwanderweg 1.* Nach etwa 25 Minuten zeigen sich die Ruinen von Trutz Eltz. Auf einem Steg über den Bach. Direkt oberhalb erheben sich die Mauern (von links) des »Hauses Burgthron« von 1604, der zwei »Häuser Kempenich« aus der ersten Hälfte des 16. Jahrhunderts sowie die Rodendörfer Häuser, die unter Philipp von Eltz (1470–1540) entstanden. Vom Elzbach über Steinstufen hinauf zum Portal von 1563 mit dem Wappen der Eltzer und in den Vorhof der *Burg Eltz.* Vom Ausgangspunkt 35 Minuten.

Vom Parkplatz bei Wierschem

Am Südende des Parkplatzes von der *Antoniuskapelle* auf dem Fahrweg abwärts, bis es nach 5 Minuten rechts zu einer luftigen *Aussichtskanzel* geht: wunderbarer Tiefblick auf Burg Eltz. Unweit des Platzes sieht man die Ruinen der Burg Trutz Eltz. Vollends hinab zur *Burg Eltz;* vom Parkplatz eine Viertelstunde.

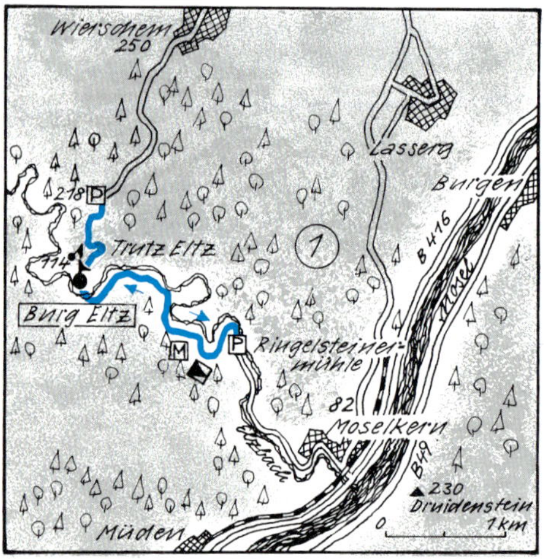

Nützliche Informationen

Ausgangsorte: *Moselkern* (83 m): Weinort an der Bundesstraße 416, gegenüber dem Druidenstein; von Koblenz 33 km, von Cochem 19,5 km. Busverbindungen, Bahnhof der Strecke Koblenz – Trier.
Wierschem (250 m), Kreis Mayen-Koblenz: Am Platz eines Römerlagers auf der bereits in der Steinzeit besiedelten Hochfläche des Maifeldes. 1976 zweiter Preis im Kreiswettbewerb »Unser Dorf soll schöner werden«. An der Kreisstraße 37, südwestlich (2 km) der Stadt Münstermaifeld; 4,5 km von Moselkern (nächster Bahnhof); Busverbindungen mit Münstermaifeld bzw. Mayen.
Ausgangspunkte: *Gasthof Ringelsteiner Mühle* im Elztal, nordwestlich von Moselkern (2 km); Parkplätze. – *Parkplatz Burg Eltz* (218 m), südwestlich (2 km) von Wierschem im Gräflich Eltzschen Wald, gebührenpflichtig.
Gehzeiten: Ab Ringelsteiner Mühle hin und zurück knapp 1 Stunde. Vom Parkplatz bei Wierschem hin und zurück etwa 35 Minuten.
Unterkunft und Verpflegung: In Moselkern Hotels, Gasthöfe, Pensionen; Imbißstube »Druidenstein«. – In Wierschem Hotel »Landhaus Neuhof«; Kiosk am Parkplatz. Burg Eltz mit Restaurant und Imbiß.
Auskünfte: Verkehrsamt: 5401 Treis-Karden, Tel. 0 26 72/61 37 (für Moselkern). Verbandsgemeindeverwaltung Maifeld: 5444 Polch, Tel. 0 26 54/4 02 37 (für Wierschem).
Sehenswürdigkeiten: *Moselkern:* im Kirchhof von *St. Valerius* (romanischer Westturm, Langhaus 1780 vollendet) das hier 1915 gefundene »Merowingerkreuz« (7. Jahrhundert), früheste bisher bekannte Monumentaldarstellung des Gekreuzigten nördlich der Alpen, ältestes christliches Kunstwerk der Eifel. Spätgotisches, zweigeschossiges *Fachwerk-Rathaus* an der Dorfstraße. – *Wierschem:* in der Filialkirche Fresken aus dem 13. Jahrhundert.
Sehenswürdigkeiten der Umgebung: *Münstermaifeld:* einst Mittelpunkt des merowingischen Mayengaues, später fränkischer Königshof, im 13. und 14. Jahrhundert befestigt (erhalten noch der Eulenturm), unter Erzbi-

schof Balduin mit Stadtrechten begabt; Sitz eines Trierer Oberamtes. Ehemalige (bis 1802) *Stiftskirche St. Martin und St. Severus* mit den um 950 aus Italien übertragenen Reliquien des hl. Severus; romanischer, burgähnlicher Westbau vor der dreischiffigen frühgotischen Basilika. Berühmter »Goldaltar«: Triptychon mit bemalten Flügeln und geschnitztem Mittelteil aus dem frühen 16. Jahrhundert, Antwerpener Arbeit. Im südlichen Arm des Querschiffes die Grabsteine des Kuno von Eltz († 1529) und seiner Frau Eva von Esch († 1531). – *Burg Pyrmont* westlich Münstermaifeld-Pillig: Unregelmäßige rechteckige Anlage, 1225 erbaut von dem gleichnamigen, 1584 erloschenen Geschlecht. Der 30 Meter hohe runde Bergfried stammt aus der Gründerzeit, das fensterreiche Wohngebäude der Oberburg entstand erst 1712; Niederburg aus dem 14. und 15. Jahrhundert. Seit 1990 der Öffentlichkeit zugänglich, vom 1. Mai bis 31. Oktober täglich außer Montag und Dienstag; Gaststätte in der Burg. *Parkplätze:* vor der Burg.
Wanderkarten: Topographische Landeskarte 1 : 50000, Blätter 5910 (Kastellaun), 5710 (Koblenz). Nicht unbedingt notwendig!

2 Romantisches Mittelalter über Cochem

Zur Reichsburg

Tourencharakter:
Unschwieriger Spaziergang.
Beste Jahreszeit: Frühjahr bis Herbst.
Reine Gehzeit: 35 Minuten.

In Cochem begreift man, warum die Mosel neben dem Rhein zum Inbegriff deutscher Romantik geworden ist. Unter südlich heiterem Himmel ziehen sich Weingärten hoch zur Reichsburg, deren mächtiger Turm die malerische Szenerie beherrscht. Bei näherem Betrachten zeigt das anheimelnde Bild allerdings Flecken. Zwar blieb das Romantische optisch erhalten im Gewinkel der Gäßchen, am Marktplatz, indes erinnert vor allem die Moselfront ein bißchen an Vergnügungsviertel von Hafen- oder Großstädten: Zugeständnisse an den während der Wochenenden und der Ferien unvorstellbaren Trubel, wenn Weinseligkeit überschwappt in das Gegröle der Betrunkenen. Die Gastronomie hat sich, mit wenigen Ausnahmen, auf den Massentourismus eingestimmt in Form von Schnitzel- und Pommes-frites-Mentalität. Niederländisch ist neben Englisch die zweite Fremdsprache am Ende des Cochemer Krampens und seiner langen Moselschleife.
Die Besiedlung beginnt in römischer Zeit. Anno 866 n. Chr. erfolgt die erste Erwähnung *(»cochuma«)* durch eine Schenkungsurkunde der Grafen Irimfried und Sigrich an die Abtei Prüm. Ab dem frühen 11. Jahrhundert war das Schicksal Cochems verbunden mit der um 1020 von dem lothringischen Pfalzgraf Ezzo († 1034) aus dem Aachener Grafengeschlecht der Ezzonen errichteten Burg. Heinrich der Tolle tat Furchtbares hinter den Mauern. Er tötete 1061 seine Gemahlin im Wahnsinn. Und 1149 erdrosselte Hermann von Stahleck auf der Schönburg am Rhein den Otto von Rheineck im Streit um den Besitz der Pfalzgrafschaft. Das diente König Konrad III. als Anlaß, die Burg 1151 zu vereinnahmen, sozusagen als heimgeholtes Reichslehen.
Nun war Cochem der Mittelpunkt des »Cochemer Reiches« mit fünfzig umliegenden Orten, bis hinauf ins Maifeld. Als sich der deutsche König Adolf von Nassau 1294 durch Bestechungsgelder für seine Wahl hoch verschuldet hatte, gab er die Herrschaft dem Erzbischof und Kurfürsten Boemund von Trier zum Pfand. Da die späteren Könige und Kaiser das Pfand nicht mehr einlösen konnten, mußten sie schließlich dem Erzstift Trier die vollen Eigentumsrechte bestätigen. Kurtrier machte Cochem zum Amtssitz und ließ es befestigen, unter Erzbischof Balduin in der ersten Hälfte des 14. Jahrhunderts. Auf der ebenfalls verstärkten Burg residierte der kurfürstliche Burggraf. Den Niedergang von Stadt und Burg läutete die Besetzung durch französische Truppen im Pfälzischen Erbfolgekrieg ein. Sie zerstörten Festung und Stadt bei ihrem Rückzug am 19. Mai 1689. Auf dem Bergkegel zog erst wieder 1868 Leben ein. Der Berliner Kaufmann und Geheime

Kommerzienrat Louis Ravene erwarb die Ruine und ließ eine neugotische Burg errichten nach den romantischen Vorstellungen seiner Zeit, ausgestattet mit Renaissance- und Barockmobiliar. Ein Jahrhundert nach der Einweihung, 1978, ging die Anlage in den Besitz der Stadt Cochem über. Sie setzt die Akzente über Stadt und Landschaft, lockt zu gedanklicher Flucht aus nüchternem Alltag in atmosphärisches Mittelalter.

Der Wegverlauf

Von der *Moselbrücke* zum traditionsreichen Hotel-Restaurant *Alte Thorschenke,* Besitz der Freiherrn von Landenberg, einem aus der Schweiz stammenden, im Dreißigjährigen Krieg in die Rheinlande verschlagenen Rittergeschlecht; ihre Weinguts-Kellerei arbeitet in Eller. Am Gebäude sind die Hochwasserstände zwischen 1781 und 1920 angezeigt.
Durch das 1332 errichtete *Enderttor.* Etwa 20 Meter danach links über Steinstufen. Vor dem Friedhof rechts mit der *Jahnstraße.* Die Burg tritt dominierend ins Blickfeld. Um den Bergfried zeichnen sich nadelspitze Türmchen ab. Wegweiser leiten uns problemlos an der *Luciakapelle* vorbei, an Kreuzwegstationen zum *Café am Schloßberg.* Kurz danach links, hinauf zum Torturm der *Burg Cochem.* Ab der Moselbrücke 20 Minuten.
Wir bewundern die Aussicht über die zusammengedrängte Altstadt und das Moseltal.

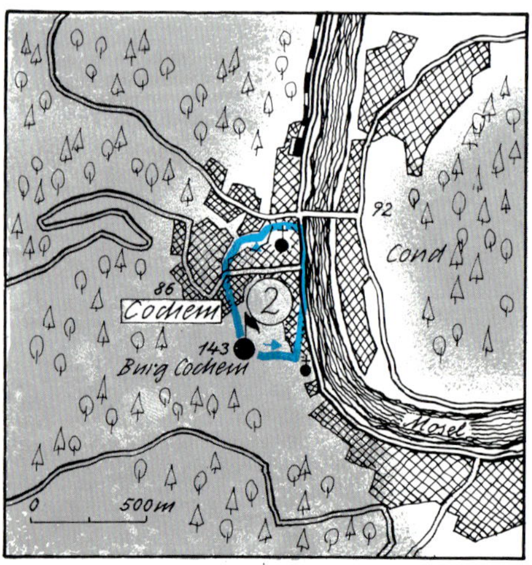

Flußaufwärts der Stadtteil Sehl, aus dem der Glockenturm der Abtei Ebernach emporragt. Am anderen Ufer die Brauselay – »Loreley der Mosel«. Daneben der Stadtteil Cond, verbunden durch die 1944 im Krieg zerstörte, 1949 wieder aufgebaute Brücke, an der die Ausflugsschiffe ankern. Nördlich über Cochem grüßt das »Pinnerkreuz« vom felsigen Pinneberg, zu dem ein Sessellift führt.
Burgführungen: Vom 15. März bis 1. November täglich jede volle Stunde zwischen 9.00 und 17.00 Uhr; Dauer 40 Minuten.
Abstieg: Auf dem Hinweg kurz zurück, dann dem links abzweigenden Weg folgen. Über Steinstufen, anschließend durch die Weingärten der Lage »Schloßberg« zur *Peterskapelle.* Weiter auf aussichtsreichem Hangweg zum mittelalterlichen *Martinstor* und in die Altstadt. Wen es ans Moselufer zieht, der verläßt das schmale Gäßchen *Burgfrieden* bei Haus Nummer 34 rechts über Stufen und schlendert über die Moselpromenade. Ansonsten geht es im Burgfrieden weiter auf den *Marktplatz.* Von der *Pfarrkirche St. Martin* – ihr Turm überbrückt die Bernstraße – zum Ausgangspunkt.

Nützliche Informationen

Ausgangsort: Cochem (86 m), Kreisstadt, an der Bundesstraße 49, von Koblenz 51 km, von Trier 92 km, von Köln 125 km. Busverbindungen, Bahnhof der Strecke Koblenz – Trier, Anleger der Moselschiffahrt.
Parkplätze: Großparkplatz hinter dem Bahnhof, am nördlichen Stadtrand, 600 m vom Zentrum. An der Moselpromenade sowie unter der Moselbrücke; Parkuhren.
Gehzeiten: Insgesamt 35 Minuten. Aufstieg zur Burg 20 Minuten, Abstieg 15 Minuten.
Unterkunft und Verpflegung: Hotels, Gasthöfe, Pensionen. Jugendherberge: Klottener Straße 9; Tel. 02671/8633. Burgschänke von 9.00 bis 18.00 Uhr geöffnet. Der Autor kehrt im altdeutschen Speiserestaurant »Zom Stüffje« (Dienstag Ruhetag) ein. »Stüffje«

Hoch reckt sich die Burg Cochem in romantischer Szenerie über der Mosel bei der Stadt Cochem. Etwas unterhalb steht die Peterskapelle im Hang, an der der Abstieg vorbeiführt.

heißt soviel wie kleine Stube. Das Haus wird schon 1642 beurkundet, Schankkonzession seit 1702.
Auskünfte: Verkehrsamt: 5590 Cochem, Tel. 02671/3971 oder 3972.
Sehenswürdigkeiten: *Marktplatz* in harmonischer, hochgiebeliger Fachwerkarchitektur. An der nördlichen Schmalseite das barocke *Rathaus* (1739), einst kurtrierisches Amtshaus. – *Marktbrunnen,* Kopie des Originals von 1767, Bronzefigur des hl. Martin (1935). – *Pfarrkirche St. Martin,* um 1500 erbaut (davon erhalten der Chor als Nebenkapelle), Erweiterung 1932/33, 1945 im Krieg schwer beschädigt; Reliquienbüste des hl. Martin. – Größte *Modell-Eisenbahnausstellung* in Rheinland-Pfalz (Endertstraße 11), geöffnet von Ostern bis Weihnachten 10.00 bis 18.00 Uhr, donnerstags geschlossen. – Schiffahrt nach *Beilstein:* »Filmkulisse der Mosel«. Die Hinfahrt dauert 1 Stunde, einbezogen die Anhebung des Schiffes in einer Schleuse. Aufstieg (1/4 Stunde) zur Burgruine mit fünfseitigem Bergfried, Restaurant.
Wanderkarte: Ferienland Cochem 1:25000, herausgegeben vom Heimat- und Verschönerungsverein. Für die Wanderung nicht notwendig.

3 Die Stadt der Römer: Trier

2000 Schritte – 2000 Jahre

> *Stadtspaziergang:* Porta Nigra – Simeonstraße – Markt – Dom – Konstantinsbasilika – Kaiserthermen – Amphitheater – Barbarathermen – Römerbrücke – Porta Nigra.
> *Beste Jahreszeit:* Frühjahr und Herbst.
> *Reine Gehzeit:* etwa 2 Stunden. Je nach Besichtigungszeit 5 bis 6 Stunden.

2000 Schritte durch 2000 Jahre Geschichte, das sind alleine schon die 1,6 Kilometer von der Porta Nigra zum Amphitheater. Trier verkörpert eines der ältesten lebenden Gemeinwesen Europas: 16 v. Chr. wurde es von den Römern als Etappe für die römische Rheinfront zwischen Eifel und Hunsrück am Schnittpunkt zweier wichtiger Fernstraßen im Gebiet keltischer Treverer gegründet. Deshalb auch »Augusta Treverorum«. Schon Mitte des 1. Jahrhunderts erklingen Lobeshymnen wie »urbs opulentissima«, die prächtigste, reichste Stadt. Gegen Ende des 2. Jahrhunderts umklammert eine 6418 Meter lange, etwa sieben Meter hohe Mauer mit 50 Rundtürmen und vier gewaltigen Torkonstruktionen das städtische Areal von 285 Hektar. Es war fast dreimal so groß wie das römische Köln, wurde aber trotzdem im Alemannensturm um 275 weitgehend zerstört. Doch kaum 20 Jahre später, als der grausame, seiner blutigen Christenverfolgungen wegen berüchtigte Kaiser Diokletian das Reich gevierteilt hatte, stieg Trier zur Residenz für den Unterkaiser des Westens (gleichzeitig Hauptstadt der Provinz Belgica I) auf, für Constantin Chlorus. Sein Sohn Konstantin der Große, der in Trier von 306 bis 312 regierte, verhalf »Treveris« zum Zenit und ließ architektonische Prachtbauten erstellen. Er verkündete 313 in Mailand das Edikt zum Schutze der Christen, erhob ihren Glauben zur Staatsreligion und herrschte ab 324 als Alleinkaiser.
Ein Jahrhundert lang fungierte Trier als Cäsarenresidenz und Sitz des obersten Verwaltungsbeamten über den besetzten Großraum vom Mittelrhein bis nach Gibraltar, einschließlich Britannien. An der Mosel produzierten staatliche Manufakturen. Das Münzamt gehörte zu den Hauptmünzstätten Roms. Trotz permanenter Germanengefahr blühten Wissenschaften, Künste und Religion; die Bischöfe gehörten zu den herausragenden Persönlichkeiten der Christenheit. Im 4. Jahrhundert zählten Kommune und nahes Umland rund 80000 Einwohner: Trier war Weltstadt neben Rom, Byzanz und Alexandria. Als jedoch der Kaiser 395 nach Mailand und die Präfektur nach Arles wechselte, ging die »pax romana« in Trier langsam unter – und damit das gesamte römische Westreich. Gegen 475 eroberten die Franken endgültig das mittlerweile stark entvölkerte Trier, ohne aber die Siedlungskontinuität zu unterbrechen. Schon diese geraffte Zusammenfassung antiker Geschichte erklärt, weshalb

Die Porta Nigra, das Nordtor der Augusta Treverorum*, gilt als besterhaltenes Stadttor der gesamten antiken Welt. Hier mündete die Römerstraße vom Legionslager Mainz bzw. begann der* »Cardo maximus«*, die städtische Hauptstraße in Nord-Süd-Richtung.*

Trier wie keine andere Stadt nördlich der Alpen Zeugnisse des Imperiums bewahrt hat. Doch es sind nicht nur 2000 Schritte durch die Römerzeit – Romanik, Gotik, Renaissance, Barock, Rokoko, Klassizismus haben ebenfalls beachtenswerte Spuren hinterlassen. Es würde den Rahmen sprengen, sämtliche Sehenswürdigkeiten aufzuführen. Dafür gibt es mehr als zwei Dutzend spezieller Publikationen, vor allem, seit die Stadt 1984 ihr zweitausendjähriges Bestehen feierte.

Stadtrundgang

Den Nordeingang der »City« bildet die Torburg *Porta Nigra,* berühmtestes Bauwerk der Stadt und kolossalstes römisches Monument diesseits der Alpen: 36 Meter lang, 29,30 Meter hoch, 21,50 Meter tief, mit zwei 7 Meter hohen, 4,50 Meter breiten Doppeltorbogen im fensterlosen Erdgeschoß und 144 Rundbogenfenstern. Die ursprünglich helleren, erst durch Verwitterung und Rauch geschwärzten Quader, mörtellos gefügt und durch in Blei vergossene Eisenkrampen lagenweise verbunden, wurden im Kylltal gebrochen. Zwei vierstöckige Flankentürme treten halbrund vor die Fluchtlinie der Anlage sowie der seitlichen Stadtmauer. Die Aussparung hinter dem äußeren Tor- bzw. Bogengewände gilt als Führungsschiene des Fallgitters, das über eine Winde vom Zwischengeschoß über der ersten Fenstergalerie bedient wurde. Das Tor existierte nachweislich bereits vor dem Jahre 190 n. Chr. Von 1028 bis zu seinem Tode 1034 lebte im Ostturm der griechische, aus Sizilien stammende Mönch Simeon. Zu seinen Ehren integrierte Erzbischof Poppo von Babenberg, den Simeon ins Heilige Land begleitet hatte, im Ostturm ein Gotteshaus: eine ebenerdige Krypta, gleichzeitig Bethaus der Bevölkerung, darüber eine Kirche für das Stift St. Simeon. Der Choranbau erfolgte um 1150 durch Erzbischof Albero von Montreuil. Wegen der Kircheninstallierung blieb die »Porta« vom Abbruch verschont. Erst Napoleon versetzte sie als »nationalgallisches« Denkmal ab 1804 wieder in den Originalzustand. Besichtigungszeiten: 20. März bis 30. September 9.00 bis 13.00 Uhr, 14.00 bis 18.00 Uhr; Oktober nachmittags nur bis 17.00 Uhr.

Im anschließenden, um 1030 erbauten *Simeonstift* mit seinem zweigeschossigen Kreuzgang ist im Nordflügel das *Städtische Museum* untergebracht. Besonders aufschlußreich ist dort ein großflächiges Modell des mittelalterlichen Stadtbildes, wie es etwa 1800 noch aussah. Geöffnet Dienstag bis Freitag 9.00 bis 17.00 Uhr, Samstag/Sonntag 10.00 bis 13.00 Uhr.

Weiter in die *Simeonstraße*, den *»Cardo maximus«* bzw. die Nord-Süd-orientierte römische Hauptstraße. Im *Barockhaus Nummer 8* lebte Karl Marx von 1819 bis 1835. Links fällt Haus Nummer 19 auf, das spätromanische, um 1230 errichtete *»Dreikönigenhaus«* mit gekuppelten Rundbogenarkaden an der Fassade. Der alte Eingang – mit Hilfe einer abnehmbaren Holztreppe zugänglich – war die Türe oberhalb des Wappens.

Auf dem dreieckigen *Marktplatz* erinnert ein Steinkreuz (Kopie) an rund elfhundertjährige Marktfreiheit. Fachwerk- und Treppengiebel bilden das Ensemble, das südlich vom mächtigen Turm der gotischen Marktkirche *St. Gangolf* beherrscht wird und in dem die sogenannte, 1944 im Bombenhagel geborstene *»Steipe«*, das 1483 vollendete, vierstöckige Festhaus der Trierer Ratsherren, durch ihre Erdgeschoßarkaden (Steipen), den Zinnenkranz und das steile Walmdach besticht.

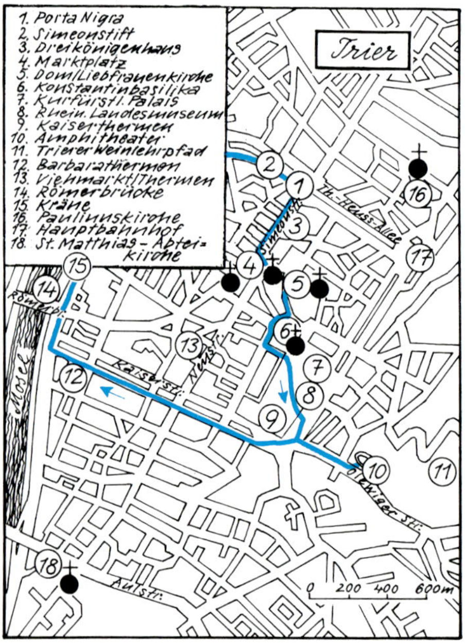

Vom Markt führt die *Sternstraße* zum *Dom St. Peter*. Er empfängt uns mit eindrucksvoller Westfront samt Apsis. Die Kirche steht auf dem Platz einer unter Bischof Agritius nach 326 erbauten Doppelkirche und diese wiederum auf zwei römischen Häuserinseln des ersten nachchristlichen Jahrhunderts. Aus einem der Häuser stammen die 1945/46 im Boden unter der Vierung des Domes gefundenen Fragmente der wieder zusammengesetzten konstantinischen Deckenmalerei (10×7 m, Bischöfliches Museum).

Für den Dom-Neubau sorgte Erzbischof Popo; geweiht wurde er 1036. Der Chor erfuhr seine Vollendung 1212. Die *Liebfrauenkirche* – eine der ersten rein gotischen Kirchen Deutschlands –, vorher die antike Südkirche, wurde zwischen 1235 und 1260 angefügt, wodurch abermals eine Doppelkirche existierte. Aus jüngster Zeit sind die farbigen Plattenkompositionen über den Eingangstüren des Doms. Sie sollen »Anfang und Ende« darstellen. Öffnungszeiten 7.00 bis 12.00 Uhr, 14.00 bis 18.00 Uhr.

Nächstes Ziel ist die evangelische Erlöserkirche – besser bekannt als *»Konstantinsbasilika«:* Versammlungsraum und Repräsentationsbau (möglicherweise Thronsaal) des 700 Meter langen Residenzbezirkes Kaiser Konstantins, aus der Zeit von 305 bis 311 n. Chr. Ein größerer, ungeteilter antiker Raum ist nirgendwo anders erhalten! Die Halle, bar jeglicher Stützpfeiler, mißt in der Länge 64 Meter, ist 27 Meter breit, 30 Meter hoch und war teilweise mosaikgeziert, der Fußboden über den Heizkanälen (solche auch in den Seitenwänden bis zur ersten Fensteretage) mit geometrisch gemusterten schwarz-weißen Marmorplatten belegt. Über die Treppenspindeln in der Nordost- und Nordwestecke konnten Dach und Fenster erreicht werden, zwecks Wartungs- und Säuberungsarbeiten. Den Langseiten waren Licht- und Materialhöfe, der Giebelfront die Eingangshalle vorgesetzt. Am Rande bemerkt: in der Kirche wurde Karl

Marx (1818–1883) getauft! Besichtigung: Ostersamstag bis 31. Oktober 9.00 bis 13.00 Uhr, 14.00 bis 18.00 Uhr, Sonntag 11.00 bis 13.00 Uhr, 14.00 bis 18.00 Uhr.
Neben der strengen Architektur des Konstantinsbaues bildet das im Stil des Rokoko gehaltene *Kurfürstliche Palais* einen harten Kontrast. Sein (unvollendeter) Südflügel ist ein Werk von Johannes Seitz, Schüler des großen mainfränkischen Meisters Balthasar Neumann, welcher im Auftrag des Kurfürsten Franz Georg von Schönborn aus der romanischen, 1674 von den Franzosen gesprengten Paulinuskirche eines der reifsten rheinländischen Barock-Gotteshäuser schuf.
Bummel durch den *Palastgarten* – im 19. Jahrhundert ein Exerzierplatz. Unweit befindet sich das *Rheinländische Landesmuseum*, archäologisch vielleicht das bedeutendste Deutschlands, zumindest trifft dies auf das Münzkabinett (40000 Exemplare) zu. Geöffnet: Montag bis Freitag 9.30 bis 16.00 Uhr, Samstag 9.30 bis 13.00 Uhr, Sonntag von 9.00 bis 13.00 Uhr.
Entlang der mittelalterlichen, zwischen 1150 und 1250 hochgezogenen Stadtmauer erreicht man die *Kaiserthermen*. Sie waren bestimmt für Hofstaat und Verwaltung, also Bestandteil der Residenz, begonnen im letzten Jahrzehnt des 3. Jahrhunderts. Obwohl sich nur mehr Ruinenstümpfe recken, kann man die einstige Dimension erahnen. Das Schema des Bades sowie der Ablauf des Badeaktes, bei dem auch politische und geschäftli-

Selbst die Ruinen der Kaiserthermen – für den kaiserlichen Hofstaat und die Reichsverwaltung – zeugen noch vom Prunk des Imperiums, obwohl sie bereits im fünften nachchristlichen Jahrhundert dem Verfall überlassen wurden.

Um 100 n. Chr. entstand das Amphitheater als Stein-Erde-Bau zu Füßen des Petersberges. Die Kampffläche der Arena mißt in der Längsausdehnung 70,54 Meter. Rechts sind die Zuschauerränge (cavea) *noch zu erkennen.*

che Gespräche üblich waren, ist am ausgehängten Grundrißplan zu ersehen. Thermen gehörten einfach zum römischen Lebensstil. Und wenn sie für den kaiserlichen Hofstaat errichtet wurden, fielen sie entsprechend großzügig in den Abmessungen und im Interieur aus. Die Anlage nimmt eine Fläche von 250×145 Metern ein und lag an der Straße von den Barbarathermen bzw. vom Forum zum Amphitheater. Nur zwei Thermen in Rom waren größer! Das hiesige Frigidarium (Kaltbad) übertraf sogar das der namhaften Caracalla-Thermen am Tiber. Gut erhalten ist das Caldarium (Warmbad), eine ohne Apsiden 37×20 Meter messende Halle. Richtungspfeile leiten aus dem Labyrinth unterirdischer Gänge wieder ans Tageslicht. Ihre letzte Gestalt erhielten die Thermen unter Kaiser Valentinian (364–375). Der Hubschrauber-Landeplatz für Staatsgäste auf dem Gelände der Palästra allerdings gehört unserer Zeit an.

Beim Ein- und Ausgang der Kaiserthermen erklären Hinweise im *Fußgängertunnel* den Weiterweg zur *Olewiger Straße* und zu dem im Urzustand mit der Arena zu Verona vergleichbaren, um das Jahr 100 n. Chr. entstandenen *Amphitheater*. Es zählt unter den 71 aus römischer Epoche bekannten derartigen Unterhaltungsstätten als zehntgrößtes. Um das Oval der Kampffläche (70,54×48,92) fanden auf 24 Zuschauerreihen rund 18000 Besucher Platz, meist zum »Genuß« blutiger Spiele, von denen sie eine etwa vier Meter hohe Schutzmauer trennte. Auch hier leiten Treppen in die »Unterwelt«, in einen kreuzförmigen Keller. Er nahm die Tierkadaver und Leichen auf, welche eine Art Hebebühne nach unten beförderte. Laut zeitgenössischer Überlieferung ließ Konstantin die in

Feldzügen gefangengenommenen Frankenkönige Ascarius und Merogaisus von Bären zerfleischen.
»Der Eröffnung mit Orgel- und Bläsermusik folgten Prügelszenen, Kämpfe wilder Tiere gegeneinander und die Steigerung des Kampfes: Mensch gegen Tier«, versucht Dr. Heinz Cüppers, Trierer Landesmuseumsdirektor, das barbarische Geschehen nachzuvollziehen. »Höhepunkt der Darbietung aber war der Kampf Mensch gegen Mensch« durch geschulte Gladiatoren in reglementiertem Rahmen, geleitet von einem tunikagewandeten Schiedsrichter. Später, unter Kaiser Theodosius (381–395) bzw. dem Einfluß des Christentums, verloren die Spiele ihren mörderischen Charakter. Im Rahmen der Stadterweiterung während des 2. Jahrhunderts mußte das Amphitheater die Funktion eines Stadttores übernehmen. Und als das vom römischen Hof und seiner Magistratur verlassene Trier nicht mehr verteidigungsfähig war, »verschanzte sich die Restbevölkerung in der Arena und überstand Belagerung und Kriegsnöte der vandalischen Invasoren«, weiß Heinz Cüppers über die Zeit von 405 bis 407 n. Chr. zu berichten.
Der Circus übrigens, 2. Jahrhundert, Seitenlänge 500 Meter, in dem wohl hauptsächlich Pferderennen stattfanden, lag etwa 200 Meter weiter nordwestlich und ist überbaut. Besichtigungszeiten des Amphitheaters: 20. März bis 30. September 9.00 bis 13.00 Uhr, 14.00 bis 18.00 Uhr, im Oktober nachmittags nur bis 17.00 Uhr.
Hinter dem Amphitheater gelangt man durch die *Sickingenstraße* zum *Trierer Weinlehrpfad* (3 km). Er verläuft im rebenbestandenen Hang des Petersberges bis zu dem Vorort Olewig. Insgesamt 35 Stationen vermitteln Einzelheiten unter dem Motto »Sehenswertes und Merkwürdiges vom Leben und Anbau des Weinstockes«. Immerhin ist Trier, das im Kommunalbereich mehr als drei Millionen Rebstöcke aufweist, älteste Weinstadt Deutschlands. Die edlen Tropfen können in der Probierstube des Mosel-Saar-Ruwer-Weines (Arkade am Konstantinplatz 11) verkostet werden. Ab Olewig besteht Busverbindung zur Porta Nigra. Allerdings müßte der Lehrpfad außer der Reihe erwandert werden, das heißt, er ist zeitlich nicht im Stadtrundgang berücksichtigt.
Beim Rückweg vom Amphitheater nehmen wir die linke Seite der *Olewiger Straße* und ihrer Fortsetzung, der *Südallee*. Rechts drüben die Kaiserthermen. An der Kreuzung, wo links die Saarstraße abzweigt, stand rechts das mittelalterliche Neutor. Auf der linken Seite der Südallee liegen die *Barbarathermen* (nach der früheren Vorstadt St. Barbara). Sie bildeten wahrscheinlich eine Ergänzung des um 80 n. Chr. gegründeten, 1987 bis 1991 ausgegrabenen öffentlichen Bades am Viehmarkt bzw. beim Forum, das offenbar infolge Einwohnerzuwachses nicht mehr genügte. Grundmauern und Ruinen lassen lediglich noch die Fläche – 42500 Quadratmeter –, nicht aber die Ausstattung erkennen, zu denen Meisterwerke römischer Bildhauerkunst gehörten. Besichtigung (außer Montag): 20. März bis 30. September 9.00 bis 13.00 Uhr, 14.00 bis 18.00 Uhr; Oktober nachmittags nur bis 17.00 Uhr.
Ein Stück weiter kreuzt der Rundgang die Bundesstraße, hin zur *Konstantinsäule* (Kopie). Über Stufen ans *Moselufer* unter der *Römerbrücke*. Sie überquert seit Mitte des 2. Jahrhunderts den Fluß und blieb als eine der ganz wenigen Brücken des Rheinlandes im Zweiten Weltkrieg unbeschädigt: einzige erhaltene römische Brückenkonstruktion dieser Größenordnung in Westeuropa, was sich aber nur auf die Pfeiler bezieht, denn bis 1343 war die Fahrbahn aus Holz, erst dann erhielt sie verbindende gemauerte Gewölbe.
Gemütlich geht es auf dem einstigen Leinpfad am *Johanniterufer* dahin. Jenseits grüßen vom Markusberg die Kirche und die 1860 geweihte Mariensäule. Wir sind auf dem Gelände des alten Hafens, an den zwei *Kräne* erinnern. Hinter dem zweiten Kran, den bereits 1413 ein Trierer Schiffer erbauen ließ, hinauf zum Fußweg in den Parkanlagen neben der Straße. Rechts drüben steht das Irminen-Krankenhaus an der Stelle römischer Lagerhallen. Etwas weiter rechts über die Straße zu einem Fußweg und in den sogenannten »Schießgraben«. Damit folgen wir dem Verlauf der antiken Stadtmauer, die im 11./12. Jahrhundert von der Bürgerschaft als Baumaterial benutzt wurde, zur *Porta Nigra*.

Wer jetzt noch wissen möchte, wie man zur Römerzeit kulinarischen Genüssen huldigte, besuche den Römischen Weinkeller in der Kurtrierischen Weinstube zum Domhof (Hauptmarkt 5) und lasse in behaglicher Atmosphäre mehr als 2000 Jahre Trier Revue passieren.

Nützliche Informationen

Trier (124 m), Sitz der Bezirksregierung und Mosel-Metropole, rund 100000 Einwohner, 124 km von Koblenz, 143 km von Bonn, 162 km von Mainz, 93 km von Saarbrücken. Autobahnanschluß, Bahnhof, Busverbindungen, Anleger der Moselschiffahrt.
Parkplätze: Im Zentrum beschilderte Parkhäuser und -plätze.
Gehzeit: Etwa 2 Stunden. Je nach Besichtigungszeit 5 bis 6 Stunden.
Unterkunft und Verpflegung: Hotels, Gasthäuser. Jugendherberge: Maarstraße 156, Tel. 0651/29292. Jugendunterkunft: Marineschiff »Uranus« (am Mosel-Oberstau), Tel. 06502/58807. Jugendzeltplatz: Luxemburger Straße 81, Tel. 0651/86921. Außerdem zwei Campingplätze an der Luxemburger Straße.
Auskünfte: Tourist-Information, Simeonstift, 5500 Trier, Tel. 0651/48071.
Weitere Sehenswürdigkeiten: *Bischöfliches Dom- und Diözesan-Museum:* Windstraße 7, geöffnet 9.00 bis 13.00 Uhr, 14.00 bis 17.00 Uhr, Sonntag 10.00 bis 13.00 Uhr. – *Domschatzkammer,* geöffnet 10.00 bis 12.00 Uhr, 14.00 bis 17.00 Uhr, Sonntag 14.00 bis 17.00 Uhr. – *Schatzkammer der Stadtbibliothek:* Weberbach 25, geöffnet Montag bis Freitag 13.00 bis 17.00 Uhr, Samstag 10.00 bis 13.00 Uhr. – *Archäologische Sammlung der Universität Trier,* geöffnet Montag und Freitag 10.00 bis 17.00 Uhr. – *Karl-Marx-Haus,* Geburtshaus des Marxismus-Begründers (5. Mai 1818): Brückenstraße 10, geöffnet Montag 13.00 bis 18.00 Uhr, Dienstag bis Sonntag 10.00 bis 18.00 Uhr. – *Spielzeugmuseum:* ca. 5000 Objekte, Nagelstraße 4–5, geöffnet 10.00 bis 18.00 Uhr. Mehrfachkarte für alle Bauwerke in der Tourist-Information. Dort auch Anmeldung für Stadtrundgänge und -rundfahrten.

4 Pützlöcher und Genovevahöhle

Attraktionen um Burg Ramstein

Tourencharakter: Unschwierige Rundwanderung.
Beste Jahreszeit: Frühjahr bis Herbst.
Reine Gehzeit: Knapp 2¾ Stunden.

In einer Weitung des Kylltales südlich von Kordel späht von bewaldetem Bergkegel der Ruinenstumpf der Burg Ramstein. In ihrer Umgebung leuchtet Buntsandstein aus den Waldhängen, dickbankige Formationen, körniger, rostroter Fels, mehr als 200 Millionen Jahre alt. Seit den Römern findet das Gestein als Baumaterial Verwendung, in jüngerer Vergangenheit hauptsächlich von 1870 bis zum Ersten Weltkrieg. Gebaut wurden damit der Kölner Dom, der Leipziger Hauptbahnhof, das Völkerschlacht-Denkmal, das Reichstagsgebäude in Berlin, ganz abgesehen von heimischer Verwendung an Tür- und Fenstereinrahmungen.
Anno 585 erwarb der Trierer Erzbischof Magnerich das südliche Kylltal, das bislang zum fränkischen Königreich gehört hatte. Erzbischof Radbod (883–915) stellte das erste Gebäude auf den Fels von Ramstein.
Den Ausflug ins Kylltal lohnen schon allein die »Pützlöcher«, aber auch das Butzerbachtal, die keltische Hochburg, nicht zuletzt die Genovevahöhle. Studieren Sie die Geschichte von Ramstein auf der Informationstafel am Parkplatz. Man sieht nur, was man weiß!

Der Wegverlauf

Am *Wanderparkplatz* (143 m) registriert eine Meßstelle die Abflußmenge des Butzerbaches. Er gehört zum Gewässersystem des unteren Kylltales, der Trinkwasserversorgung Triers: täglich sind es 25000 Kubikmeter.
Ins naturgeschützte *Butzerbachtal.* Nach gut 5 Minuten wird der Bach erstmals auf einem

Wie ein Höllenschlund wirkt die riesige Genovevahöhle im Buntsandstein des Kylltales bei Kordel, nordwestlich von Trier.

Holzsteg überschritten, etliche Minuten später ein zweites Mal. Die Höhe der *Wasserfälle* nimmt taleinwärts entlang des reizvollen Pfades zu. Etwa 20 Minuten nach dem Parkplatz sind wir an der *Brücke am Wasserfall*. Es folgen *Büffelhorn-Brücke* und *Josef's Ruh*. Die *Brücke zu den Pützlöchern* wird nicht überschritten. Hier linkshaltend steil bergan einige Minuten zu breitem Querweg. Er führt rechts zum Fahrweg von Butzweiler.

Auf ihm links. Nach 5 Minuten geht man an der Gabelung links abwärts zu den »*Pützlöchern*« (280 m).

Die »Pützlöcher« sind fünf von oben geteufte Rundschächte – einer davon 14 Meter tief – mit Durchmessern von 1,15 bis 1,25 Metern, die der Erschließung des römischen Kupferbergwerkes dienten, ehe sie für Förderzwekke verwendet wurden. Seit 1991 ist die antike Stätte der Öffentlichkeit zugänglich: einzigartig nördlich der Alpen. Winters bleibt sie wegen der dort schlafenden Fledermäuse geschlossen. Rechts über dem Eingang ist in 12 Zentimeter großen Versalien MARCI (= des Marcus) in den Sandstein gehauen. Gleichlautende Inschriften – MARC – fand man bei Quadern der Trierer Römerbrücke und der Porta Nigra, so daß MARCUS möglicherweise der Besitzer des Steinbruches war, zu dessen Ausbeutung das Bergwerk vielleicht vorläufig stillgelegt worden war. Als Betriebszeit gilt die Spanne zwischen den Regierungen der Kaiser Septimius Severus und Severus Alexander: 193 bis 235 n. Chr. Die ersten zehn Schritte ins Bergwerk erfolgen gebückt. Dann weitet sich der Stollen zu einer zentralen Kammer (6 mal 7 m). Von hier führen die beiden fast durchwegs 1,75 Meter hohen Hauptstollen sowie Seitentriebe waagrecht ins Bergesinnere. Die Ritzen und Rillen an den Wänden zeugen von schweren Meißeln. Verfärbte Stellen im Sandstein verraten die Fundeinschlüsse. Dem Augenschein nach muß der Gewinn sehr gering gewesen und kaum im Verhältnis zum Aufwand gestanden sein. Sicherlich keine Linderung des damaligen Mangels an Münzgeld, höchstens als Zusatz bei Silber- und Bronze-Denaren, eventuell auch zum Glaseinfärben. Die Römer betrieben nämlich bei Kordel eine Glasfabrik, und nahe den »Pützlöchern« stieß man auf antike Gräber mit gefärbten Gläsern. Vom Parkplatz 40 Minuten.

»Pützlöcher« sind Stollenbelüftungen für die Transportschächte des römischen Kupferbergwerks bei Kordel, das in drei Ebenen angelegt war. Daneben wurde Sandstein für Grabdenkmäler und Torbauten in Trier abgebaut.

Anschließend abwärts in 5 Minuten zu einer Rastbank. Links geht es zum nahen *Hotel Burg Ramstein*. Darüber basiert auf massigem Sandsteinsockel die Ruine des barocken Wohnturmes der *Burg Ramstein* (170 m) bzw. des Neubaus aus der Zeit um 1786. Sowohl im Erdgeschoß als auch im ersten und zweiten Obergeschoß sind noch die Abzüge der Kamine gut erhalten sowie die Wendeltreppe in der Nordostecke des Baus.

Wieder zur Rastbank. Nun halblinks auf dem *Eifelvereins-Hauptwanderweg 4*. Linker Hand öffnen sich Blicke auf Ramstein. Etwa 5 Minuten später bleibt die Linksabzweigung zur Geyersley unbeachtet! Wir folgen dem schwarzen Keil, vorbei an der kleinen *Schutzhütte* (270 m). Eben weiter, etwa 15 Minuten bis zu einer Kreuzung. Links, vor der *Schutzhütte* (290 m) rechts. Etwa 100 Meter danach an der Gabelung links halten, in die Mulde mit dem schwach ausgeprägten *Vorwall der Niederburg* (290 m). Deutlicher ausgeprägt ist der *Hochburg-Hauptwall*, den Dr. Reinhard Schindler in die frühkeltische Epoche vor rund 1400 Jahren datiert. Dahinter liegt das aussichtsreiche Plateau der *Hochburg* (305 m). Im Halbdunkel des Waldes trennt ein bogenförmiger, künstlich verbreiterter Felsgraben den höchsten Punkt – letzte Zufluchtsstätte – im insgesamt 4,5 Hektar umfassenden Areal. An dieser Stelle stand eine frühmittelalterliche Burg. Nicht zu weit an die Abbrüche vortreten! Vom Parkplatz 1½ Stunden.

Auf dem Hinweg knappe 10 Minuten zurück. Dann leitet der schwarze Markierungskeil nach links hinunter, wo uns die *Genovevahöhle* (250 m) erwartet, eine riesige halbrunde Auswaschung der Ur-Kyll im Sandsteinfels des Kutbachtales. War sie gar schon in der Steinzeit bewohnt? Später bringt sie die Legende mit der hl. Genoveva in Verbindung. Ab Parkplatz knapp 1¾ Stunden.

bei etlichen Steinstufen rechts ab. Zur A-Markierung gesellt sich der schwarze Keil des *Eifel-Hauptwanderweges 6,* d. h. seiner 12 Kilometer langen Etappe Echternacherbrück –Bollendorf. Der Waldweg durchmißt den terrassengestuften Hang. Von Echternach tönt Glockenschlag. Dichtes Baumlaub dämpft den Verkehrslärm aus dem Sauertal. Nach einer Viertelstunde heißt es Augen auf! Der Weg macht eine Linkskurve, in welcher rechts ein Markierungsstein fußt.

Neben diesem Stein wenden wir uns mit dem A-Zeichen nach rechts (schwarzer Keil geradeaus), in einen nur schwach ausgeprägten, laubbedeckten Hohlweg. Bergwärts 5 Minuten zur langen Reihe bizarrer Sandstein-Felsformationen, die stellenweise tiefe Klüfte – der Volksmund sagt »Schlüffe« – bildet wie an der *Stubenley,* mit Hunderttausenden von Löchern, Mäulern und Nischen der Erosion. Diese wabenartige Verwitterung entsteht, wenn Regenwasser den Kalk, das Bindemittel der Quarzkörner, auflöst.

Anschließend ins *Gutenbachtal* und rechts in 5 Minuten diesseits des Baches zu den Stufen, über welche man den *Felsenweiher* erreicht. Die romantische Szenerie schuf der 1868 verstorbene Pfarrer Philipp Meyer im Rahmen von »Arbeitsbeschaffungsmaßnahmen«, wie man heute sagen würde, um die Not im Dorf zu lindern. Eisengeländer sichern den Rundweg, ebenso den Steig, der durch die Felsbastionen weiterführt. Abschließend mit der Straße nach *Ernzen* (350 m) zu der 1808 erbauten Kirche. Sie steht am Platz einer bereits 1148 in einer Papsturkunde zu »Erneza« erwähnten, dem hl. Markus geweihten Kapelle. Spätestens 895 war das fränkische Dorf »Arenza« durch den lothringischen König Zwentbold an die Abtei Echternach gelangt, das bis 1803 den Seelsorger stellte und die Ortschaft zum Mittelpunkt einer Großgemeinde Echternacherbrück–Prümzurlay–Fölkenbach erhob; seit 1966 ist die Pfarrei verwaist. Von Echternacherbrück 1½ Stunden.

An der Kreuzung bei der Kirche links auf dem *Messeweg* in 5 Minuten zu dem 1965 entdeckten, etwas unglücklich rekonstruierten, von einem Römer namens Germanius dem keltischen Schutzgott für Wald und Vegetation, Intarabus, gewidmeten *Weihetempel.* Dr. Heinz Cüppers, Leiter der rheinland-pfälzischen Denkmalpflege und Direktor des Landesmuseums Trier, nimmt an, daß in der Kapelle »ein etwa lebensgroßes Bild der Gottheit« stand, und sieht im Stifter »einen begüterten Herrn, der wohl auf den fruchtbaren Flächen des Ferschweiler Plateaus mit Ackerbau und Viehzucht zu Wohlstand gekommen war«.

Auf dem *Messeweg* kurz zurück, dann rechts in die *Theisstraße* und wieder ins *Gutenbachtal* zum *Wanderparkplatz.* Am rechten Bachufer talaus, knapp 10 Minuten, dann halbrechts abzweigen. Neuerlich faszinieren zyklopische Wabenfelsen, manche 50 Meter hoch. Nach einer Viertelstunde bei einer Rastbank ins Sauertal einschwenken! Kurz abwärts. In der Linkskurve, an der Basis eines Felsens, rechts weiter, streckenweise über Steinstufen, in 5 Minuten zur imposanten, freistehenden *Falkenley.* Im grandiosen Felsengarten erwarten uns *Voigtsgrotte, Benediktenwand* und *Türkenkopf.* Etwa 10 Minuten nach der Falkenley dringen wir in ein felsengepanzertes Sekundärtälchen ein. Dort nicht bis zur Anhöhe, sondern vorher links in 5 Minuten zur Rastbank am Eingang der *»Schweineställe«,* einer imposanten, 300 Meter langen und 60 Meter breiten Felsenpassage.

Buchen, Eichen und Bergahorne, teilweise 150 Jahre alt, bilden den Baumbestand zwischen haushohen Wänden.

Nach üblicher Lesart trieb man die Hausschweine während der herbstlichen und winterlichen Mastperiode zur Nachtrast in die Schlucht, weil ihr Aus- und Eingang leicht mit Stämmen zu einem Pferch geschlossen werden konnte. Die Schweinemast habe mehr Erträge gebracht als die Holzwirtschaft, wird überliefert. Läuft man von der Rastbank 100 Meter in die »Schweineställe« hinein, entdeckt man rechts in Kopfhöhe die mit »Capitalis quadrata«, den Großbuchstaben

Das römische Diana-Denkmal im Sauertal bei Weilerbach wurde aus einem Felsblock herausgearbeitet und mit kapitalen Lettern einer lateinischen Weiheinschrift versehen.

DEAE DIANAE
Q·POSTVMIVS
POTEN VS

der frühen Kaiserzeit, eingemeißelten Worte *ARTIONI BIBER:* Gelübde des Mannes Biber an die aus keltischem Volksmythos von den Römern übernommene bärengestaltige Waldgöttin Artio. Eine Art Votivinschrift für die Errettung vor den Fängen eines Bären?

Bei der erwähnten Bank abwärts in 10 Minuten zum *Rastplatz Kaiserbaum* unter einer 1871 gepflanzten Kastanie. Der *Kreisstraße 19* etwa 50 Meter talaus folgen, dann halbrechts ab. *Schloß Weilerbach* erstrahlt seit 1991 wieder im Rokokoglanz, nachdem es lange Zeit schien, als habe man die ehemalige Sommerresidenz des letzten Echternacher Abtes, Emmanuel Limpach, dem Verfall überlassen. Der geistliche Emporkömmling hatte das zweigeschossige Lustschloß 1776 bis 1779 von dem Tiroler Baumeister Paul Mongenast in verschwenderischem süddeutschen Rokokostil errichten lassen – obwohl dadurch die Schulden der Abtei ins Astronomische stiegen! Vom Schlafzimmer habe eine Geheimtreppe in den Weinkeller geführt, munkelte das Volk.

Unsere Wanderung schwenkt 100 Meter vor dem Schloß halbrechts in den Wald ein. Kurz danach überschaut man die Parkanlage. Dort soll der Abt sechs Wochen vor seinem Tod (6. September 1793) nach dem letzten von ihm gegebenen Fest mit der Äbtissin von St. Irminen zu Trier und drei Nonnen gewandelt sein.

Bei der Wegedreiteilung nehmen wir die linke Spur. Hinter den Häusern von Weilerbach-Parkdorf in guten 5 Minuten zum *Diana-Denkmal.* Aus dem Fels im 2. Jahrhundert herausgeschlagen, trägt es an der 65 Zentimeter hohen geglätteten Vorderseite die Weiheinschrift

DEAE DIANAE
Q. POSTVMIVS
POTENS V.S.

Übersetzt und transskribiert: »Quintus Postumius ließ der Göttin Diana das Denkmal in Erfüllung eines Gelübdes setzen.« Wohl »weil er sich von ihrer Gunst so manche Beute in den reichen Jagdgründen seines Landbesitzes versprach«, wagt Dr. Reinhard Schindler zu folgern. Wirft aber im gleichen Atemzug ein: »Votivfiguren, die in der Nähe des Denkmales aufgesammelt wurden, lassen auch an eine Weihestätte für die Beschützerin der Wälder, der im Gewande der Diana erscheinenden Göttin Arduina denken.« In dem – wahrscheinlich im Zuge der Christianisierung – verstümmelten Relief sieht Heinz Cüppers die »Göttin Diana mit ihren Begleitern Jagdhund und Hirsch«. Das Denkmal muß man sich, wie alle derartigen römischen Steinsetzungen, bemalt vorstellen, in leuchtenden, wir würden sagen kitschigen Farben, die Schrift rot oder schwarz nachgezogen. Das hier vergrabene »Goldene Kalb« entstammt der Sagenwelt. Von Echternacherbrück 3 Stunden.

Unmittelbar nach dem Denkmal halbrechts, steil aufwärts, auf die Markierungen achtend, in 15 Minuten zum sogenannten *»Opferaltar«,* auch »Druidenstein«, »Bärenstein«, »Heidenstein« genannt. Wir sind im Bannkreis der Niederburg, einem Bestandteil der vorgeschichtlichen Festung Ferschweiler Plateau. Der etwa drei Meter hohe Menhir besitzt an der Oberseite eine muldenähnliche Vertiefung mit Abflußrinne, was auf eine Opferstätte hinweisen könnte. Das paßt zumindest in die Hypothese des luxemburgischen Archäologen Charles-Maria Ternes, der im Umkreis der Niederburg das religiöse Zentrum der Treverer ansiedelt, obwohl bisher keinerlei diesbezügliche Funde ans Tageslicht traten. Der Stein wurde nach dem Krieg von seinem Sockel gestoßen, konnte aber mit einem 40-Tonnen-Kranwagen wieder an den angestammten Platz gehoben werden, nun durch Eisenklammern fest verankert, aber nicht mehr – wie vorher – an einen Bärenkopf erinnernd.

Mit dem nächsten Querweg links und zu einer licht mit Buchen bestandenen Plateaumulde, dem *Tanzkill* (344 m). Kill stammt aus dem Keltischen und heißt Wald, heute noch im Dialekt für Buche gebräuchlich. Das älteste Exemplar, die »Mutterbuche«, ist etwa 300 Jahre alt. Waldfeste mit Tanz fanden hier bis ins 19. Jahrhundert statt. In der Johannis- und in der Thomasnacht sollen die Hexen ihr wildes Spiel treiben, flüsterten früher die Leute. Rechts, am Südrand der Mulde, erkennt selbst das ungeübte Auge den künstlichen Wall der *Niederburg,* den 280 Meter langen

In den »Schweineställen« am Saum des Ferschweiler Plateaus stößt man auf eine vermutlich gallo-römische, fast tausend Jahre alte Felsinschrift, die ein Mann namens Biber der Waldgötting Artio weihte.

Vorwall. Sie ist unterteilt in die Vor- und Hauptburg auf einer Geländezunge (22 Hektar) des Ferschweiler Plateaus. Schindler kam nach den Grabungen 1973/74 zu dem Schluß, die Wälle seien »erst in früh- oder frühesrömischer Zeit gebaut worden«, während einer Spanne von hundert Jahren, bis zum Gallischen Aufstand 69/70 n. Chr. Dieser Rebellion unzufriedener Adeliger unter dem Bataver Civilis und den Treverern Classicus und Tutor und dem damit verbundenen Traum eines eigenständigen »Imperium Galliarum« räumt der Trierer Archivdirektor Schuld am Zustandekommen der Niederburg ein. Im »letzten, bewaffneten Befreiungsversuch gegen die Unterdrückung« war sie möglicherweise »defensiver Sammelpunkt der Widerstandsbewegung und jenes treverische Lager, von dem Tacitus während der Auseinandersetzungen um Trier berichtet«, fährt Schindler fort. Kaiser Vespasian behielt letztendlich die Oberhand; sein Legat Quintus Petillius Cerialis »säuberte« das Gebiet der Widerspenstigen!

Links in Nordrichtung. Am Weg steht links erneut ein Grenzstein mit den Initialen AE (Abtei Echternach), an der Grenze zwischen dem Echternacher Klosterwald (700–1804) und dem Gemeindewald Bollendorf, der mit 640 Hektar noch heute der größte in der Südeifel ist. Nachts irre hier das »Scholtesmännchen« umher, der Geist eines Jägers, der verbotenerweise sonntags seiner Leidenschaft frönte. Die Sage weiß auch von einer Jungfer, die in blechernem Mantel wandle. Wir spüren unter den Schuhen den ermüdenden Sand des Plateaus. Aber schon 20 Minuten nach Tanzkill ist die Kreuzung (Rastbank) erreicht, an der eine Tafel rechts die »Kiesgräber« erklärt: 80 Meter, dann erneut rechts, im Wald zu den *»Kiesgräbern«*, deren Entstehung und Zweck bei Tour 7 ausführlich geschildert sind. 3¾ Stunden von Echternacherbrück.

Wieder zur Kreuzung und jenseits abwärts (westwärts) mit Wegnummer 6. Sie führt – auf die Markierungen achten! – über den *»Artistenplatz«*, folgt dem alten, stellenweise

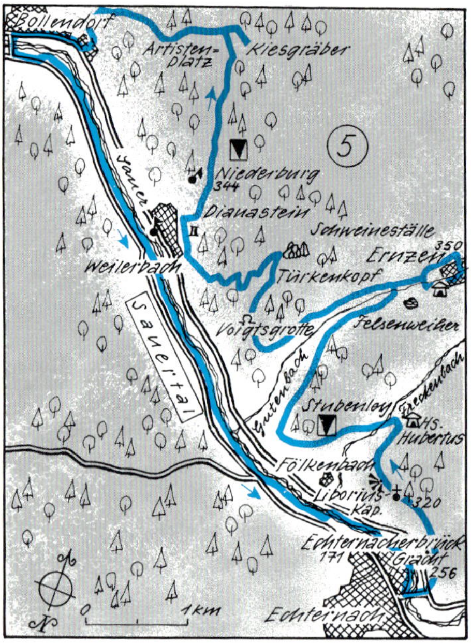

noch steingepflasterten Weg Bollendorf–Ferschweiler Plateau und wird von Nummer 32 abgelöst. An einem Fischweiher vorbei zur *Hunoley,* wahrscheinlich ein Versammlungsort der Franken, der Erben der Römer. Von den »Kiesgräbern« 20 Minuten.

Nun auf der Straße. Der Kirchturm von Bollendorf erscheint. Wir stoßen auf die Straße »An der Römischen Villa«. Ihr folgt man 250 Meter zu einem Parkplatz (links), worauf es links zur *Römischen Villa* geht (siehe Tour 6). Abschließend rechts an der *Burg* vorbei nach *Bollendorf* und dort rechts zur *Sauerbrücke.* Von Echternacherbrück 4¼ Stunden.

Rückweg: Über die Sauer-Grenze zur Häusergruppe von *Bollendorf Pont,* dem »Tor in die Luxemburger Schweiz«. Links mit der Straße in Richtung Echternach. Nach 300 Metern schwenkt man links in den Fußweg ein und schlendert an der *Sauer* entlang. Jenseits grüßt das 1619 von der Abtei Echternach als Sommersitz erbaute steilgiebelige Herrenhaus der Bollendorfer Burg. Nach 45 Minuten sind wir bei der *Weilerbacher Brükke.* Links drüben die alten Weilerbacher Fabrikgebäude: Eisengießerei, Emaillierwerk, Vernickelungsanstalt, Maschinenfabrik und Hammerwerk umfaßte der Betrieb um 1850. Er war über die Brücke an die Sauertallinie der luxemburgischen Prinz-Heinrich-Bahn angeschlossen.

Zwischen Weilerbach und Echternacherbrück veranstaltete die Hitlerjugend alljährlich ein Sommerlager, das Tausenden von Jugendlichen die nationalsozialistische Ideologie eintrichterte.

Weiter am Fluß entlang am Rand von *Echternach.* Es folgt der Abteipark mit einem Rokoko-Pavillon. Den Bogen der Sauer ausgehend gelangt man zur Grenzbrücke und zurück zum Ausgangspunkt.

Nützliche Informationen

Ausgangsort: Echternacherbrück (170 m), wichtiger Grenzübergang nach Luxemburg. Von Bollendorf 8 km, von Bitburg 20 km, von der Autobahnausfahrt Trier 20 km, von Koblenz 160 km, von Köln 155 km. Busverbindungen mit Bollendorf, Trier, Bitburg.

Parkplätze: Im Ort, sowie jenseits der Sauerbrücke in Echternach.

Gehzeiten: Insgesamt 6 Stunden. Echternacherbrück–Ernzen 1½ Stunden, Ernzen–Falkenley 1 Stunde, Falkenley–Diana-Denkmal ½ Stunde, Diana-Denkmal–»Kiesgräber« 40 Minuten, »Kiesgräber«–Bollendorf ½ Stunde. Rückweg über Echternach 1¾ Stunden.

Unterkunft und Verpflegung: In Echternacherbrück und Echternach zahlreiche Hotels, Gasthöfe, Privatzimmer; Campingplatz. Jugendherbergen in Echternach und Bollendorf (siehe Tour 6).

Einkehr unterwegs: Haus Hubertus (ca. 30 m abseits vom Weg), Ernzen, Bollendorf sowie am luxemburgischen Sauerufer.

Auskünfte: Verkehrsverein: 5521 Echternacherbrück, Tel. 06525/202. – Echternach: L-6401 Syndicat d'Initiative, Parvis de la Basilique (Basilikaplatz), Tel. 72230.

Sehenswürdigkeiten: In Bollendorf, siehe Tour 6.

Sehenswürdigkeiten der Umgebung: *Echternach:* Älteste Stadt Luxemburgs, hervorgegangen aus einer Befestigung im ausklingenden 3. Jahrhundert. Die *Abteikirche* erhielt ihre Weihe 1031; 1250 frühgotischer Umbau, deutlich feststellbar am Wechsel der

Säulen und Pfeiler (»Echternacher Stützenwechsel«), während Krypta (sie sucht ihresgleichen im europäischen Kulturraum!) und Turmpaare der karolingischen bzw. spätromanischen Epoche angehören. Im Zweiten Weltkrieg wurde die Kirche schwer beschädigt, 1953 neu geweiht und mit einer Flachdecke versehen. Die Flügel des *Abteikomplexes* entstanden 1728 bis 1732 unter Abt Gregorius Schouppe aus Kröv; im Keller des Prälatenflügels das Abtei-Museum (Musée de l'abbaye); geöffnet 14.00–18.00 Uhr. – *Prähistorisches Museum* (Musée de préhistoire) im Hihof, neben dem Kloster zu Füßen von St. Peter; täglich geöffnet (außer Montag) 10.00–12.00, 14.00–17.00 Uhr. – Konservierte Mauern einer spätrömischen *Prunkvilla* (Horkerweg). Mittelpunkt der 4000-Seelen-Kommune ist der *Place du Marché* (Marktplatz); an der Nordseite das alte Rathaus, Erdgeschoß mit spätgotischer Bogenhalle. – *Bollendorf*, siehe Tour 6.
Wanderkarte: Topographische Karte 1:50000, Blatt Deutsch-Luxemburgischer Naturpark, oder Blatt 6104 (Bitburg).

6 An der »Riviera« der Südeifel

Rund um Bollendorf

Tourencharakter: Unschwierige Rundwanderung.
Beste Jahreszeit: Frühling bis Spätherbst.
Reine Gehzeit: 2 Stunden.

Die Ortseingangssäule schmückt das geschnitzte Halbrelief eines römischen Centurio (vergleichbar mit dem Hauptmannsrang). Das erscheint recht martialisch, denn nach bisherigen Erkenntnissen war das antike Bollendorf eine bäuerliche Siedlung mit kleinen und mittleren Hofstellen, nachdem Caesar im Gallischen Krieg (58–51 v. Chr.) mit acht Legionen, etwa 60000 Mann einschließlich Hilfstruppen, gesiegt, Augustus um 16 v. Chr. die hiesige Urbevölkerung der keltischen Treverer der neuen Provinz Belgica einverleibt hatte und ihr Aufstand 69/70 n. Chr. durch Kaiser Vespasian erstickt worden war. Daraufhin flohen große Teile der treverischen Oberschicht nach Germanien. Möglich gewesen wäre lediglich die militärische Sicherung der Brücke, welche unterhalb der Burg die Ufer verband. Eine »villa rustica«, ein ländliches Herrschaftshaus, wurde 1907 am Bollendorfer Sonnenhang konserviert. Und neben dem Touristenbüro an der Sauerbrücke steht ein einfacher Grabstein, der SENI-Stein (Inschrift), gefunden beim Pölsenhof. Im milden Klima des Tales ist nichts zu spüren vom »Sibirien des Rheinlandes« auf den Eifelhöhen, eher ist ein mediterraner Hauch inmitten der Hangwälder, wenn im Mai die Apfelbäume blühen.
Die jüngsten kriegerischen Ereignisse endeten am 11. Februar 1945. Um 9.25 Uhr meldeten die einmarschierenden Truppen des zehnten Infanterieregimentes der fünften US-Division den Ort feindfrei. Vorher war die Besatzung des als Wochenendhaus getarnten Bunkers, auf dessen Fundamenten das Tourismusbüro steht, ausgeschaltet worden. Sie hatte den tags zuvor erlassenen Rückzugsbefehl nicht mehr erhalten! Frauen und Kinder waren evakuiert. Aachen fiel am 21. Oktober 1944. Bollendorf blieb das Schicksal der Stadt Bitburg – am Heiligen Abend 1944 zu 95 Prozent zerbombt – erspart; die meisten eingeschlagenen Artilleriegeschosse erwiesen sich als Blindgänger. Nun bilden Sauer und Our, die oberhalb von Wallendorf mündet, wie seit dem Wiener Kongreß 1815 wieder die Grenze zu Luxemburg, das Hitler 1940 dem Großdeutschen Moselgau zugeschlagen hatte. Niemand mehr wollte etwas wissen vom Jubel am 10. Mai 1939 anläßlich der Fahrt des »Führers« durch Bollendorf nach dem Besuch des Westwalles. Auch nicht von der »Reichskristallnacht« 1938, der Brandschatzung der Synagoge, als in Bollendorf noch 50 Juden lebten; ihr Friedhof lag einen Kilometer flußabwärts. Vergessen die Euphorie der Rundstedt-Offensive 1944 in den Ardennen, nach Ansicht aller Kriegshistoriker eine der unsinnigsten militärischen Unternehmungen. Den farbigen Kolonialtruppen folgte reguläre französische Besatzung, junge Soldaten, die sich stolz »SS-De-

Gaulle« lobten, bemerkt Paul Colljung im »Bollendorfer Heimatbuch«.

Der Wegverlauf

Zwischen *Sauerbrücke* und *Gasthaus zum Sauertal* nimmt man die Straße *Sauerstaden* und spaziert talein, parallel zur »Sura« des römischen Dichters Ausonius. Gegenüber von Haus Nummer 47 links halten zu den Uferwiesen und zum *Bad* hin. Nach 15 Minuten geht es rechts über Wiesen hinauf zum Teersträßchen, das die Fortsetzung bildet. Wir passieren die *Waldschänke* und kommen zum Campingplatz bei der *Altschmiede:* Mitte des 18. Jahrhunderts ein kleines Eisenwerk mit Schmiede, zunächst in Privatbesitz, ab 1762 zum Kloster Echternach gehörend. Als jedoch der letzte Echternacher Abt, der wie ein Industriemanager lebende Emmanuel Limpach, 1776 das Hüttenwerk in Weilerbach gründete, hatte die Altschmiede ausgedient, was dem Kirchenmann eine Rüge des Kaisers in Wien einbrachte. Von Bollendorf ½ Stunde.

Weiter, in einigem Abstand zur Sauer, den Flußbogen abkürzend mit Wegnummer 35 in 20 Minuten zum *»Schmittenkreuz«,* so genannt wegen der nahen Altschmiede. Im hiesigen Dialekt »Schmettekrejz«. Der altarähnliche, aus gewachsenem Lias-Sandstein gehauene Sockel (2,60×2,30 m) trug in einer kubischen Vertiefung (18 Zentimeter) den Leichenbrand eines gallo-römischen Treverers namens Arecaippus, sicherlich Schiffer auf der Sauer oder von der Schiffahrt lebend, errichtet von seiner Frau Vinia und der Tochter. Das erzählen Inschrift und rückseitiges Relief des abhanden gekommenen halbzylindrischen »Hüttensteines«, der die Urne deckte. In seiner Form ist das Grabmal als »Totenhaus« zu verstehen, erklärt Emil Krüger, »das eine typische Treverer-Hausform nachbildet«. Der quadratische Säulenstumpf sei Teil eines Kreuzes, das bei der Missionierung des Gebietes im frühen 8. Jahrhundert vom hl. Willibrod aus Echternach dem heidnischen Grabdenkmal aufgepflanzt wurde. Vielleicht war es als Wegkreuz gedacht, denn hier verlief eine Heerstraße.

Anschließend noch 5 Minuten dem breiten Weg folgen. Dann rechts (Tafel) zur *Gaststätte Pölsenhof,* einst »Trankborn« der Pferdefuhrwerke und Warentransporte, bei den Nazis ein großes Arbeitsdienstlager für die Errichtung des Westwalles ab 1937. Die Arbeitenden wurden per Bus oder LKW zur 12-Stunden-Schicht gefahren.

Jetzt marschiert man auf der *Landstraße 1* etwa 500 Meter in Richtung Bollendorf, bis unsere Route links in spitzem Winkel abzweigt: Markierung 38. Und schon sehen wir einen für das Tal charakteristischen, wabenzerfressenen Sandsteinturm. Diese Formationen entstanden vor rund 150 Millionen Jahren am Rande des Jurameeres. Der Kalkstein erodiert, da die Kohlensäure im Regen den Kalk, das Bindemittel der Quarzkörner, herausspült. Ungefähr nach 50 Metern beschreibt der Weg einen Rechtsbogen und setzt sich aussichtsreich im waldbestandenen Hang des Sauertales fort. Etwa 15 Minuten nach der Landstraße empfängt uns lichter Laubwald. Einige Minuten mäßig bergan, später auf steingepflastertem Waldweg kurz abwärts, dann links. Es vergeht nochmals eine Viertelstunde, ehe Bollendorf ins Blickfeld rückt. Wir passieren einen *Wanderparkplatz.* Das *Waldcafé Sonnenberg* lädt zur Einkehr. Auf der Straße steil abwärts. Die fünf Meter hohe *Mariensäule* aus Sandstein erinnert an das Gelübde eines Bollendorfers für heile Rückkehr aus dem Zweiten Weltkrieg.

Weiter durch die *Sonnenburg-Allee.* Vor der *Landstraße 1* scharf links, nun auf dem Sträßchen *Am Breitberg* und durch *Bollendorf* zur *Sauerbrücke.*

Nützliche Informationen

Ausgangsort: Bollendorf (170 m), Luftkurort an der Grenze zu Luxemburg im Deutsch-Luxemburgischen Naturpark, größter Ort (1700 Einwohner, 1600 Gästebetten) der Verbandsgemeinde Irrel. Von Trier 36 km, von Bitburg 29 km, von Echternach 8 km. Busverbindungen mit Trier, Körperich, Bitburg, Echternach.

Bollendorf im Sauertal ist ein idealer Ausgangsort für Touren zu den interessantesten Plätzen auf dem Ferschweiler Plateau, aber auch in die benachbarte »Luxemburger Schweiz«.

Parkplätze: Östlich der Sauerbrücke entlang der Straße (Sauerstaden).
Gehzeiten: Insgesamt 2 Stunden. Bollendorf – »Schmittenkreuz« ¾ Stunden. Von dort zum Pölsenhof gute 5 Minuten. Pölsenhof – Waldcafé Sonnenberg ¾ Stunden. Abstieg etwa ¼ Stunde.
Unterkunft und Verpflegung: Hotels (u. a. in der Burg), Pensionen, Privatzimmer in Bollendorf; ein Campingplatz; Jugendherberge: Tel. 06526/200.
Einkehrmöglichkeiten unterwegs: Waldschänke, Schwimmbad, Zeltplatz Altschmiede, Pölsenhof, Waldcafé Sonnenberg.
Auskünfte: Verkehrsverein: 5526 Bollendorf, Tel. 06526/230.
Sehenswürdigkeiten: *Römischer Gutshof:* Verhältnismäßig bescheiden ausgestattetes Hauptgebäude auf einer Fläche von 26×24 Metern. Erbaut im späten ersten oder frühen zweiten nachchristlichen Jahrhundert. Später erfolgte an der Nordwestseite (links) die Einrichtung eines dreiteiligen Bades. Es hatte zum linken Eckgebäude hin den Ankleideraum. Anschließend Kaltbad, Laubad, Heißbad; dahinter ein Zimmer, der einzige heizbare Wohnraum, wahrscheinlich für die Wintermonate. Am Hang befand sich rechts der Wirtschaftsraum, links möglicherweise das Schlafzimmer. Dazwischen führte, neben der Abfallgrube, eine Holztreppe ins Dachgeschoß. Über eine Freitreppe und durch den Portikus der Frontseite betrat man

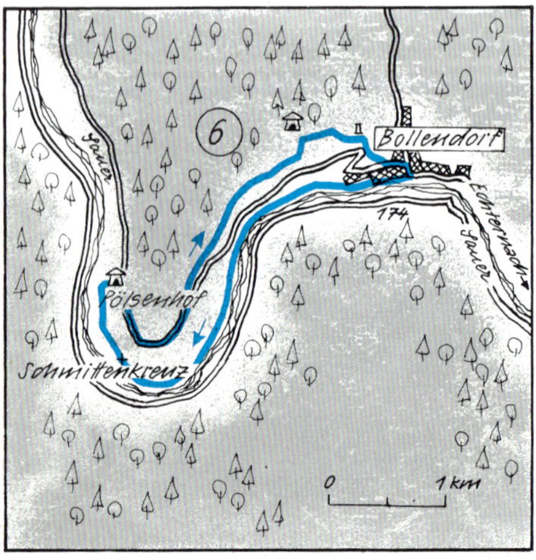

eine große, gedeckte Halle (17×11 m). Das Gebäude gehört zum Typ der Risalitvilla, wegen der seitlich vorspringenden, turmähnlichen Eckrisaliten. Es wurde im dritten oder vierten Jahrhundert durch Brand zerstört, möglicherweise bei einem Germanenüberfall. Das rekonstruierte Modell steht im Landesmuseum Trier.
Fisch- und Natur-Lehrpfad an der Sauer, am östlichen Ortsrand, 1989 eröffnet, Schautafeln der heimischen Fischarten, Pflanzen, Insekten etc.
Sehenswürdigkeiten der Umgebung: Siehe Touren 5 und 7.
Wanderkarte: Topographische Karte 1:50000, Blatt Deutsch-Luxemburgischer Naturpark.

7 Ferschweiler Plateau

Menhire – Keltenfestung – Brandgräber – Westwallbunker

> *Tourencharakter:* Unschwierige Rundwanderung.
> *Beste Jahreszeit:* Frühling bis Spätherbst.
> *Reine Gehzeit:* 3 Stunden.

Älteste Spuren menschlicher Anwesenheit auf dem Ferschweiler Plateau reichen in die Jungsteinzeit zurück, rund 6000 Jahre v. Chr. Schon damals hatten die Leute offensichtlich den natürlichen Schutz der 30 Quadratkilometer umfassenden, 8 Kilometer langen, bis zu 5 Kilometer breiten inselähnlichen Hochfläche zwischen Sauer und Prüm erkannt. An den Plateaurändern bildet ein Gürtel steiler Sandsteinfelsen schier unüberwindbare Annäherungshindernisse. Die Lücken wurden mit steinbrockengefüllten Holz-Erde-Mauern geschlossen, und zwar während der Bronzezeit um 1075 v. Chr., wie Ernst Hollstein vom Landesmuseum Trier durch die Analyse der Jahresringe an Eichenbalken des Walles feststellte. Diese Befestigungstechnik *(»murus gallicus«)* pflegten auch noch die Kelten. Keltische Treverer ließen sich ungefähr ab 400 v. Chr. hier nieder. Bei Ferschweiler stieß

man auf ein Fürstengrab, indes war das Plateau, genauer gesagt die Niederburg, kein treverisches Oppidum (befestigte stadtähnliche Dauersiedlung), sondern Fluchtstätte vor dem Zorn der Römer, im erweiterten Rahmen kleinbäuerliches Siedlungsareal. Das Zentrum des Keltenstammes wird auf dem Titelberg in Luxemburg vermutet.
Caesar stieß während des Gallischen Krieges (58–51 v. Chr.) im Trevererland auf tapfere Kämpfer. »Dieser Stamm besitzt weitaus die beste Reiterei in ganz Gallien«, schrieb der Feldherr 52 v. Chr. Seine Publikation »De bello Gallico« enthält neben reiner Kriegsberichterstattung auch lehrreiche Informationen über das Leben der Treverer. Die letzten Befestigungswerke auf und am Ferschweiler Plateau entstanden ab 1937 als Teil des Westwalls zwischen Aachen und Weil bei Lörrach. Vom Feldflughafen starteten Bomber und Jäger. Später dienten Unterkünfte und Gelände zeitweise als Ausbildungslager der SS-Division »Prinz Eugen« für Rekruten aus dem Balkan. Im Endkampf lagen an der Front zwischen Trier und Prüm das 1. SS-Panzerkorps, Reste der 2. und 12. SS-Panzer-Division, der 2. Panzer-Division, der Panzer-Lehr-Division, die 5. Fallschirmjäger-Division – ergänzt durch Kinder und Greise! Der braune Spuk war vorbei, als Ferschweiler am 13., Ernzen am 14. Februar 1945 vor den US-Truppen kapitulierte.

Die »Kiesgräber« auf dem Ferschweiler Plateau sind Reste eines keltischen Friedhofs. Die quadratischen Vertiefungen der Felsplatte nahmen den Leichenbrand auf und waren mit bearbeiteten Steinen gedeckt.

Der Wegverlauf

An der Südseite des vorgeschlagenen Parkplatzes (beim »Gasthaus zum Felsenpfad«) in den Wald. Links dräuen eindrucksvolle Sandstein-Felsformationen. Geradeaus mit Wegnummer 6 und 8 am *Festplatz* vorbei, parallel zur Bornstraße und dem hier verrohrten Steinbach. Nach 500 Metern wird die *Bornstraße* (Kreisstraße 19) betreten, vor der ehemaligen Ferschweiler Mühle.
Rechts, nach 50 Metern links und dem breiten Fahrweg folgen. Bergan durch den Wald, etwa 10 Minuten, dann eben weiter noch 5 Minuten. An der Weggabelung halblinks. Nach 50 Metern weisen links Spuren durch den Wald zu den nahen *»Kiesgräbern«*, einem Keltenfriedhof aus der Römerzeit. Die kastenförmigen quadratischen, 30 Zentimeter breiten, 20 Zentimeter tiefen Einarbeitungen, von denen u. a. fünf auf der zentralen, abgeflachten Felsplatte gut ausgeprägt sind, nahmen den Leichenbrand auf. Gedeckt waren die Urnen mit halbwalzen- und keilförmigen Steinen, »wie sie sonst nur aus dem Mediomatrikergebiet bekannt sind«, stellt Emil Krüger fest. Der keltische Mediomatrikerstamm war südlicher Nachbar der Treverer, mit Zentrum in »Divodurum« (Metz). Ein »Hüttenstein« liegt noch an Ort und Stelle. Etliche Schritte nordöstlich stößt man auf eine Felsplatte mit offensichtlich künstlich geschaffener Mulde. Wurden dort die Toten verbrannt? Von Ferschweiler 25 Minuten.
Zurück auf den breiten Weg. Links, 80 Meter zur Kreuzung. Hier rechts weiter, geradeaus mit Markierung 9, vorbei am Neudiesburger Hof. Der sandige Weg erschwert das Laufen. Doch gerade die Sandböden des Plateaus dürften ein Grund der frühen Besiedelung gewesen sein. Allerdings reichte die landwirtschaftlich genutzte Fläche Mitte des 19. Jahrhunderts nicht mehr zur Ernährung. Dazu kamen noch drei Mißernten, so daß eine starke Auswanderungswelle in die USA einsetzte.

Das prähistorische, drei Meter hohe »Frabillenkreuz«, in vorchristlicher Zeit ein Menhir, begegnet dem Wanderer am Weg von den »Kiesgräbern« über das Ferschweiler Plateau zur »Wikingerburg«.

Ferschweiler beispielsweise erreichte seinen Einwohnerstand erst wieder 1902, recherchierte der Heimatkundler Josef Pütz.
Etwa eine Viertelstunde nach der Kreuzung beginnt links ein Teerweg. Nach 200 Metern versteckt sich links im Walddreieck der etwa zwei Meter hohe *»Druidenstein«*, wie er im 19. Jahrhundert genannt wurde. Es soll sich um einen Menhir handeln: Menhir heißt im Keltischen »Langer Stein«. Acht solcher Monolithe standen früher auf dem Ferschweiler Plateau, heutzutage nur mehr drei Exemplare. Eines ist das sagen- und legendenumwobene *»Frabillenkreuz«*, zu dem Markierung 9, nach dem Abstecher, nordwärts durch den Wald *Brandbüsch* leitet. Es dominiert an einer Wegekreuzung (405 m) in erhabener monumentaler Schlichtheit. Eine Informationstafel vermittelt teilweise phantasievolle Interpretationen des wuchtigen, etwas gebauchten drei Meter hohen Steinkreuzes. Alter: vier- bis fünftausend Jahre. Die Kreuzgestaltung geschah wohl im 8. Jahrhundert durch frühchristlichen Glaubenseifer; in den Nischen zur linken und rechten Seite standen sicher Heiligenfiguren. Von Ferschweiler 1 1/4 Stunden.
Am Kreuz links vorbei und durch den Wald in 20 Minuten zu einem freien Platz, wo von rechts ein Weg mündet. Gemeinsam geradeaus zur *»Wikingerburg«* (388 m). Zunächst sieht man nur einen Steinhaufen! Bei genauem Betrachten kristallisiert sich das besterhaltene Stück (ca. 160 m) des gesamten Randwalles heraus: Die Basis ist 25 Meter breit, fast 10 Meter hoch, an der Fortsetzung auf beiden Seiten niedriger. Diese Barriere, zusätzlich mit einem Turm bewehrt, schützte das Plateau an der nordseitigen Schwachstelle, einer schmalen Senke, zur Ebene der Nusbaumer Hardt. Als anno 882 die Normannen ins Land stürmten, hat sich hier wahrscheinlich die geflüchtete Bevölkerung verschanzt; deshalb der Name »Wikingerburg«.
Zurück bis zur Gabelung. Jetzt halblinks bergan. Nach 5 Minuten zweigt der mit weißem »A« auf blauem Grund markierte Weg halblinks ab (P. 412). Durch Waldschatten am Plateaurand zu einem Teersträßchen. Links unten ist die *Schankweiler Klause* sichtbar. Im Volksglauben wurde die erste Kapelle

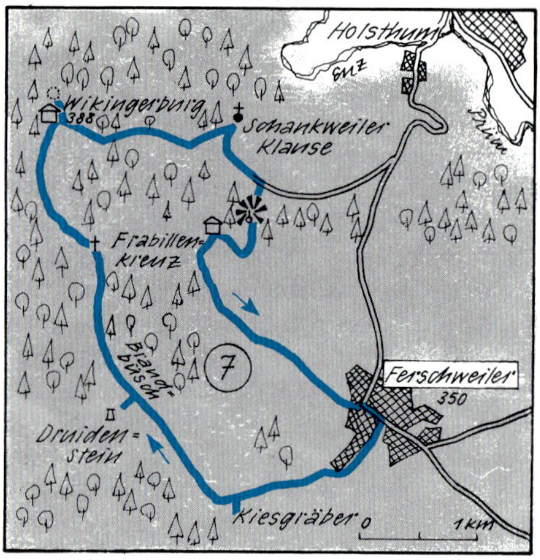

von einem Tiroler Ritter gestiftet, den hier sein Pferd vor dem Absturz bewahrte. An ihre Stelle trat 1762 der schlichte Barockbau. Im Rokokoaltar wird die »Gnadenmutter« verehrt. An der rechten Seitenwand des Schiffes bringt die Bevölkerung ihre Sorgen der »Notmarie« vor. Sie und das Jesuskind seien auf dem langen Weg übers Gebirge von der Sonne schwarzgebrannt worden. Als man das Schnitzwerk weiß anmalte, sei es schon am nächsten Morgen wieder schwarz gewesen. So und ähnlich lauten die Legenden, nicht zuletzt im Zusammenhang mit dem »Schwarzen Tod«, der Pest. Matthias Zender weiß vom einstigen Klausner, Bruder Bernd, er habe sich jeden Freitag blutig gegeißelt, »daß man ihn bis Schankweiler schreien hörte«, und unbeirrbar gerufen: »Satan, du besiegst mich nicht!« Beim Fasten gab es nur Wassersuppe und Asche.

Auf den benachbarten Felsen führt ein Holzsteg. Leider ist die Aussicht durch Baumwuchs sehr eingeschränkt, so daß nur Schankweiler zu sehen ist. Östlich liegt im Prümtal die Ortschaft Holsthum, von der ein archäologischer Lehrpfad mehrere gallo-römische Steinkistengräber aus dem 2. Jahrhundert erschließt. Von Ferschweiler 2 Stunden.

Wieder bergan und auf dem Teersträßchen weiter, eine *Schutzhütte* passierend. Nach 10 Minuten, kurz vor einer Wiese (402 m), geht es halbrechts in den Wald. Nach 300 Metern abermals rechts (geradeaus kürzester Rückweg). Kurz danach steht rechts, etwas abseits, der *Aussichts- und Feuerwachtturm.* Noch etwa 200 Meter im Wald, dann an seinem Rand rechts in eine Waldecke. Dort links und zu einer Kreuzung mit *Schutzhütte.* Der gesprengte *Bunker,* einer von rund 14000, gehörte zum Westwall, dem man oberhalb von Irrel auf dem Katzenkopf im zweitgrößten und nördlichsten Panzerwerk ein Museum eingerichtet hat. Die Armierung von Regelbauten, wie hier stehend, bestand aus einem oder zwei schweren MG 34 auf einer Festungslafette; höchstenfalls konnte eine leichte Panzerabwehrkanone installiert werden. Die Bunker erwiesen sich – wie der Westwall generell – im modernen Bewegungskrieg als veraltet und boten praktisch nur Schutz vor schlechtem Wetter, Bomben und Artillerie bis Kaliber 21 Zentimeter. In diesem Frontabschnitt trieben überdies anrückende Amerikaner deutsche Gefangene als Kugelfang vor sich her, schreibt Paul Colljung im »Bollendorfer Heimatbuch«, weshalb sie kaum Gegenwehr begegneten. Ihr Vorgehen verstieß zwar gegen die Genfer Konvention und die Haager Landkriegsordnung und gilt als Kriegsverbrechen, doch der Sieger ist nach dem Krieg immer im Recht... Von der Schankweiler Klause 25 Minuten.

An der Kreuzung links, auf dem Teersträßchen südostwärts, über freie Fluren in 35 Minuten nach *Ferschweiler* und durch die *Hochstraße.*

Nützliche Informationen

Ausgangsort: Ferschweiler (350 m) auf dem gleichnamigen Plateau; von Prümzurlay 3 km, von Holsthum 4 km, von Irrel sowie von Bollendorf 8 km. Busse von Trier und Bitburg (nächste Bahnhöfe).
Parkplatz: Wanderparkplatz beim »Gasthaus zum Felsenpfad« an der Bornstraße (Kreisstraße 19 Richtung Weilerbach–Bollendorf).
Gehzeiten: Insgesamt etwa 3 Stunden. Ferschweiler–»Kiesgräber« 25 Minuten. »Kiesgräber«–»Frabillenkreuz« 3/4 Stunden. »Frabillenkreuz«–»Wikingerburg« 25 Minuten. »Wikingerburg«–Schankweiler Klause 1/2 Stunde. Schankweiler Klause–Ferschweiler 1 Stunde.

Unterkunft und Verpflegung: Hotels, Gasthöfe, Privatzimmer in Ferschweiler. Campingplatz Tridell.
Auskünfte: Verkehrsverein: 5521 Ferschweiler, Tel. 06523/220.
Sehenswürdigkeiten: *Luzienturm*, Wahrzeichen von Ferschweiler: Turm der 1538 erbauten spätgotischen, zunächst dem hl. Nikolaus, dann der hl. Lucia geweihten Pfarrkirche, deren Langhaus verschwunden ist. – *Eifeler Hausbrennerei* Rudolf Faber (Büchelstraße 20): Besichtigung und Branntweinprobe nach Absprache; Tel. 245.
Sehenswürdigkeiten der Umgebung: Siehe Touren 5, 6, 8.
Wanderkarte: Topographische Karte 1:50000, Blatt Deutsch-Luxemburgischer Naturpark oder Blatt 6104 (Bitburg).

8 Durch die »Teufelsschlucht« zu den Wasserschnellen

Prümzurlay und die Felsen

Tourencharakter: Unschwierige Rundwanderung. Bei Nässe stellenweise rutschig.
Beste Jahreszeit: Frühling bis Spätherbst.
Reine Gehzeit: Nicht ganz 2¾ Stunden.

Der Erholungsort Prümzurlay im Naturpark Südeifel erstreckt sich an der Landstraße 4 im Talgrund der Prüm, die aus der Schneifel kommt und unterhalb von Echternach in die Sauer mündet. Über dem Ort, östlich und 180 Meter höher, wacht seit dem 9. Jahrhundert die Prümerburg, heutzutage in verfallenem Zustand, lediglich von Burgenfreunden bewundert wegen des staufischen Bergfrieds (13. Jahrhundert) auf unregelmäßigem fünfeckigem Grundriß. Die mehr als zwei Meter starken Mauern dürften einst doppelt so hoch gewesen sein. Vom Palas ist nur noch die Giebelwand existent. Der sagenhafte Geldschatz unter dem Turm wartet seit Menschengedenken auf seinen Finder...
Im Ort leben 380 Menschen. Bedingt durch die geschützte Lage ist das Klima spürbar milder, das Wetter niederschlagsärmer als auf den Anhöhen, dem Ferschweiler Plateau und dem Heiderücken. Zwischen Prümzurlay und Irrel, ungefähr auf drei Kilometer Länge, bietet das Tal, genau gesagt seine westlichen Flanken, grandiose Naturdenkmäler, wie sie solchermaßen dicht und vielgestaltig in der gesamten Eifel nur hier vorkommen.

Der Wegverlauf

An der Westseite der *Prümbrücke* beim Hotel Haller nimmt man den *Ernzener Weg:* Markierungsnummer 4. Bei der Gabelung halbrechts, auf dem alten, grasbewachsenen und streckenweise noch steingepflasterten Verkehrsweg. Gut 5 Minuten bergan zur neuen Straße. Ihre Rechtskurve ausgehen. Vor dem Wasserbunker links ab. Nach 5 Minuten an der Kreuzung links dem Querweg folgen. Jetzt gilt eine Zeitlang die A-Markierung. Eben dahin. Kurz hinter der Linkskurve halbrechts wieder bergan, und zwar oberhalb einer Bachmulde. Etwa 5 Minuten später biegt der Weg scharf links ab, über Steinstufen. Vorbei an einer Felsgruppe zum Rand des *Ferschweiler Plateaus* (320 m) und links zur *Schutzhütte.* Von Prümzurlay ½ Stunde.
Anschließend bleibt man noch 50 Meter am Plateausaum. Dann links über Stufen kurz abwärts, worauf sich der Pfad nach rechts wendet. Damit beginnt der einzigartige Höhenweg durch die faszinierende Buntsandsteinszenerie, die von den Randbastionen des Ferschweiler Plateaus gebildet wird. Dem Kundigen fällt auf, daß hier – im Gegensatz zu den Felsen im Sauertal – die faust- bis türgroßen Waben im porösen Sandstein seltener und nicht so groß vorhanden sind. Das liegt an der nach Osten orientierten Lage der hiesigen Felsen, die vor der Verwitterung bzw. Erosion besser geschützt sind. Denn: Regenwasser löst in einem chemischen Umsetzungsprozeß das Bindemittel Kalk zwischen den groben Quarzkörnern.
Der Steig kann nicht verfehlt werden. Bestens ausgebaut, wo notwendig mit Stufen und Geländer, durchmißt er die schattigen Hänge zu Füßen der ausgelaugten, vielfach wie abge-

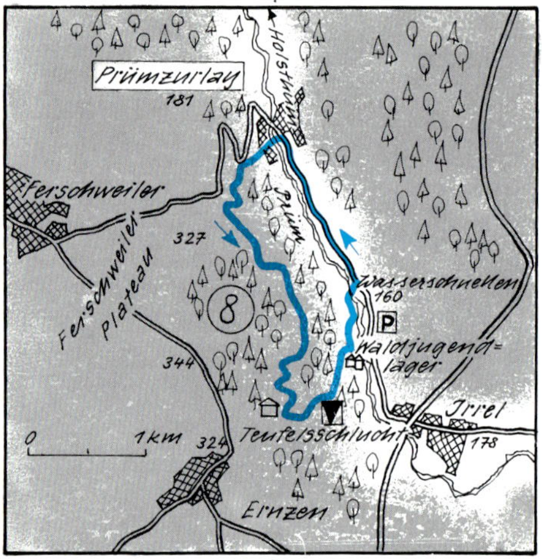

schnitten wirkenden Wände. Schon nach 5 Minuten leitet die Spur in ein abenteuerliches Tal. Es könnte die wildromantische Kulisse zum »Freischütz« sein! Erste freistehende Türme. Wenig später auf einem Holzsteg über das Bachrinnsal und linkshaltend ansteigen. Auf- und Abstiege wechseln einander ab und gestalten den Weg abwechslungsreich. Hier und dort zwängt sich der Wanderer durch ausgesprochene Felstunnel. Etwa ½ Stunde nach der Schutzhütte führt der Weg durch einen urwilden Kessel. Ungefähr 10 Minuten danach betritt man einen Querweg in einer »Hohlen Gasse«. Etliche Schritte nach links, dann rechts weiter, jetzt zusätzlich geleitet vom schwarzen Markierungskeil des *Eifelverein-Hauptwanderweges 5*. Eine Schlucht entläßt uns in den Mischwald des Plateaus. Aber schon wenig später taucht man wieder in den Hang ein. Bewundernswert auch im weiteren Verlauf, mit welcher Phantasie die Trasse angelegt ist: in vielen Windungen durch die Glanzpunkte der Landschaft. Links draußen lädt eine Felskanzel neben einem klobigen Turm zum Verweilen ein. Im Tal liegt das Verbandsgemeindezentrum Irrel. Auf der gegenüberliegenden Anhöhe, dem Katzenkopf, war im Zweiten Weltkrieg ein Westwall-Panzerwerk. Von Prümzurlay 1½ Stunden.

Der große Paukenschlag erfolgt 10 Minuten später in Form der »*Teufelsschlucht*«. Hier könnte wahrlich der Teufel seine Hände im Spiel gehabt haben, wäre nicht der geologische Vorgang erklärbar: ein Bach hat sich in den Felsstock eingegraben. Dadurch rückte der abgespaltene Teil auf dem tonigen Untergrund vom Massiv weg. »Schlüffe«, wie der Volksmund derartige Gänge nennt, sind typisch für diese erdgeschichtliche Situation. Über Stufen aufwärts. Ein Klemmblock sitzt fest in der engen Kluft. Hinter dem Holzsteg wartet ein finsterer Schlund. Die Wände geben nur einen feinen Ausschnitt des Himmels frei. Urwelt! Leider klingt der Zauber schon nach 5 Minuten aus (320 m). Von Prümzurlay 1¾ Stunden.

Kurz danach nicht der Keilmarkierung folgen, sondern links mit Wegnummer 3 über Stufen am Holzgeländer und anschließend den Hangwald hinunter zu einem breiten Querweg. Links weiter in mäßigerem Gefälle. Auf der kleinen Lichtung ebenfalls links, in 10 Minuten zur kleinen *Schutzhütte Waldesruh*. Von der »Teufelsschlucht« 15 Minuten. Nach rechts und weiter abwärts. An der nächsten Rechtskurve geht es bei der Rastbank nach links (Markierung 16). Wir erreichen die »Köhlerhütten« des *Waldjugendlagers Irrel*. In jeder Hütte können sieben Personen untergebracht werden.

Auf dem Sträßchen kurz bergab und links halten, dann halbrechts und an den oberen Rand des Prümufers. Talein. Das Rauschen der wilden Wasser nimmt an Lautstärke zu und erreicht seinen Höhepunkt bei den *Wasserschnellen* unter der holzgedeckten *Prümbrücke* (160 m). Vor undenkbaren Zeiten, grob umrissen vor zwei Millionen Jahren während der Eiszeit, stürzten Sandsteinblökke von den Massiven und bildeten die »Stromschnellen«. Gelegentlich finden hier rasante Kanuwettbewerbe statt. Von Prümzurlay 2¼ Stunden.

Jenseits der Brücke über Stufen an das orographisch linke Ufer. Dort bietet sich das berühmte Fotomotiv mit der Brücke. Der Fluß ist durch das Blockwerk natürlich gestaut. Angler gehen auf Hecht, Barbe, Rotauge, Äsche und Forelle. Am Ufer gut 5 Minuten entlang. Dann übernimmt uns ein betoniertes Weglein. Links zwischen Fluß und Feldern eben dahin. Wo jenseits der Wald zurücktritt, wird Hopfen angebaut – heute ein seltenes Bild in der Eifel. Ab den ersten Häusern

Oberhalb von Prümzurlay erstreckt sich im Prümtal in den Flanken des Ferschweiler Plateaus der wohl eindrucksvollste Eifeler Felsengarten, in dem die berühmte »Teufelsschlucht« wartet.

von *Prümzurlay* neben der Landstraße 4 zum Ausgangspunkt.

Nützliche Informationen

Ausgangsort: Prümzurlay (180 m), Ortsteil der Verbandsgemeinde Irrel (3 km). Von Bitburg (nächster Bahnhof) 15 km, von Trier 25 km, von Echternach 8 km. Buslinie Trier–Bitburg und Irrel–Ferschweiler.
Parkplätze: Auf der Westseite der Prümbrücke, rund um das Hotel Haller.
Gehzeiten: Insgesamt nicht ganz 2¾ Stunden. Prümzurlay–Ferschweiler Plateau ½ Stunde. Von dort in die »Teufelsschlucht« 1¼ Stunden. Abstieg zur Prüm ½ Stunde. Wasserschnellen–Prümzurlay 20 Minuten.
Unterkunft und Verpflegung: Hotels, Pension, Privatzimmer in Prümzurlay.
Sehenswürdigkeiten der Umgebung: *Holsthum* (4 km): *Archäologischer Wanderpfad* zu gallo-römischen Steinkistengräbern des zweiten Jahrhunderts, Rundweg etwa 2¼ Stunden. – *Irrel:* Auf dem Katzenkopf (beschilderte Zufahrt, 1 km) das gleichnamige *Panzerwerk* – nördlichstes und zweitgrößtes – mit dem einzigartigen *Westwall-Museum;* geöffnet von April bis September an Sonn- und Feiertagen 14.00 bis 17.00 Uhr.
Auskunft: Gemeindeverwaltung: 5521 Prümzurlay, Tel. 06523/348.
Wanderkarte: Topographische Karte 1:50000, Blatt Deutsch-Luxemburgischer Naturpark, oder Blatt 6104 (Bitburg).

9 Deutsch-Luxemburgischer Naturpark – eine Wiege Europas

Um Neuerburg

Tourencharakter: Unschwierige Rundwanderung.
Beste Jahreszeit: Frühling bis Herbst.
Reine Gehzeit: 3¼ Stunden.

Beinahe im Herzen des 1958 gegründeten Naturparks Südeifel, 1965 erweitert zum Deutsch-Luxemburgischen Naturpark, liegt Neuerburg. Viel Platz bietet die Enz nicht, und trotzdem konnte sich ein historisches Zentrum bzw. eine Metropole des Eifel-Ardennen-Raumes entwickeln, geprägt von Betriebsamkeit und malerischen Talflanken, nicht zuletzt von Pfarrkirche, Burg und Beilsturm. Bereits im 9. Jahrhundert habe eine Burg existiert, als Mönche aus Prüm vor räuberischen Normannen (Wikingern) hierher flüchteten. Urkundlich belegt ist Neuerburg – *»novo castro«* – aber erst 1132. Es dürfte um 1100 durch die mächtigen Herrn von Vianden gegründet worden sein. Die Ritter sollen noch heute, erzählt die Sage, in einem tiefen Loch unterhalb des Schlosses ihre Versammlungen abhalten. Das Stadtrecht brachte 1332 bedeutsamen Aufschwung. Wer zuzog, mußte sich in die Sonderrechte einkaufen, verbürgt mit »Brief und Siegel«.

Inzwischen zählt Neuerburg, das 1944 durch einen amerikanischen Bombenangriff zu 40 Prozent zerstört wurde, 1800 Einwohner. Gleichzeitig mit der 600-Jahr-Feier 1983 war die Sanierung des Stadtkerns abgeschlossen. Den vormaligen Haupterwerb, die Tuchmacherei mit mehr als 100 Webstühlen, die der verheerende Brand 1818 und Auswanderung zum Erliegen gebracht hatten, lösten Handwerks- und mittlere Industriebetriebe ab sowie der Fremdenverkehr, der im Gemeindegebiet 230 Menschen Beschäftigung bringt: Jährlich zählt man bis zu 280000 Übernachtungen. Trotzdem arbeiten rund 400 Leute im benachbarten Luxemburg. Neuerburg ist nicht nur Stadt, sondern auch Sitz der Verbandsgemeinde, zu welcher 49 umliegende Ortschaften gehören, wo rund 11000 Menschen leben: 42 pro Quadratkilometer. Im Landesdurchschnitt sind es 185, im Bundesdurchschnitt 245. Das verspricht unberührte Wanderreviere praktisch vor der Haustür.

Der Wegverlauf

Ausgangspunkt ist die Kreuzung an der *Kreissparkasse.* Ostwärts in die *Herrenstraße.* Sie geht in die *Kreuzbergstraße* über. Zum Auftakt ziemlich steil bergan auf der *Hauptwanderlinie 16.* Gut 5 Minuten später kann auch links der parallel verlaufende *Kreuzweg* genommen werden; er stößt wieder auf die Route. Der Aufstieg dauert etwa 20 Minuten. Dann ist der Treffpunkt (455 m) mehrerer Wege gewonnen. Für uns gelten vorerst schwarzer Winkel sowie Wegnummer 10. Aber nur noch 400 Meter. Dann geht es an der Gabelung (428 m) rechts in Richtung Sinspelt (Tafel), das heißt nordwärts mit *Markierung 15* über den langgestreckten Rücken zwischen Enz- und Radenbachtal durch den *Neuerburger Wald.* Vorerst geizt der *Panoramaweg* mit Ausblicken. Erst nach 10 Minuten öffnet sich rechts ein Blick zu den Görgenhöfen, die auf dem Rückweg berührt werden. In sanftem Auf und Ab erreicht man nach weiteren 10 Minuten eine kleine *Schutzhütte* im Osthang des *Kühenberg* (449 m). Von Neuerburg 50 Minuten.

Dann gibt uns der Wald frei. Panoramaschau nach Süden und Südosten. Ungefähr 20 Minuten nach der Schutzhütte geht es endgültig abwärts, in 10 Minuten zum Friedhof von *Niederraden.* Rechts durch das *Radenbachtal* in den Ferienort *Sinspelt* (279 m). Von Neuerburg 1½ Stunden.

Die *Enz* wird bei der ehemaligen Mühle überschritten. Rechts der Auberge Altringer nimmt man den ansteigenden Forstweg: *Wegnummer 25.* Zwischen Häusern durch. Nach 300 Metern weiter auf breitem Weg, eine Schutzhütte passieren und stetig aufwärts, etwa ½ Stunde, zur *Kreisstraße 63.*

Die Stadt Neuerburg und ihre Umgebung im Deutsch-Luxemburgischen Naturpark aus der Vogelperspektive, welche den begrenzten urbanen Platz im Tal der Enz deutlich vor Augen führt.

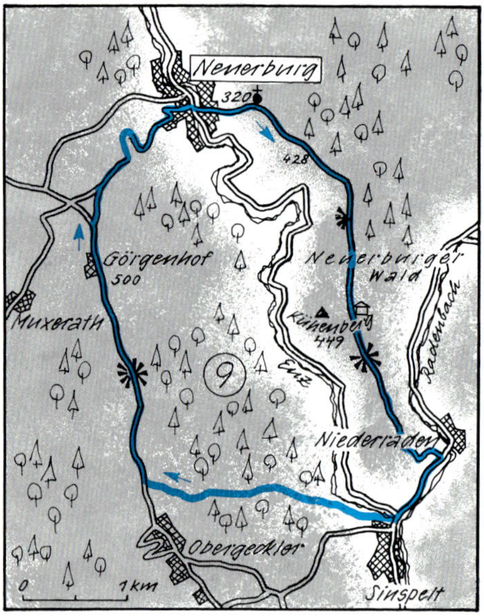

Links erhebt sich die Kuppe des Schlammenberges (Wasserbunker), hinter dem sich die Ortschaft Obergeckler versteckt, wo man früher »äs schwarze Pittche«, den Teufel, leibhaftig gesehen haben will. Überhaupt: Die Gegend ist verknüpft mit Hexen- und Gespenstergeschichten. Wir sind im »Bekow«. So nennt der Volksmund das Gebiet, im Gegensatz zum nördlich von Neuerburg ausgebreiteten »Islek«. Während der »Bekow« aus erdmittelalterlichen Ablagerungen einer Meeresbucht besteht, dominieren im »Islek« Formationen des Erdaltertums, reich an Versteinerungen von Meerestieren.

Auf der Straße, dem alten Verkehrsweg Sinspelt–Neuerburg, nach rechts in Längsrichtung des stumpfen Kammes. Ungehindert schweifen die Blicke beiderseits aus. Jenseits des Gecklerbachtales erscheint westlich Muxerath. Nacheinander werden zwei Kuppen überschritten. Wir marschieren etwa 35 Minuten dahin. Nach dem letzten Haus des Weilers *Görgenhof* (500 m) rechts ab, der *L-Markierung* nach. Geradeaus. Eine Talmulde am obersten Rand traversieren und zu einem Teersträßchen. Rechts – jenseits über dem Tal die Häuser von Scheuern – 5 Minuten zu einer Rastbank am Waldrand. Weiter auf dem breiten Weg (oder links auf dem Weg Nummer 3 über die legendenumwobene Eiche *»Bildchesbom«* mit einer 46 Zentimeter hohen Kopie der Altöttinger Muttergottes, dem Heiligtum Schwarzbildchen) im Wald hinab nach *Neuerburg*.

Nützliche Informationen

Ausgangsort: Neuerburg (320 m). Von Bitburg 24 km, von Irrel 20 km, von Prüm 33 km. Gute Busverbindungen nach Trier, Bitburg, Prüm, Vianden.
Parkplätze: Am Markt.
Gehzeiten: Insgesamt 3¼ Stunden. Neuerburg–Sinspelt 1½ Stunden. Sinspelt–Neuerburg 1¾ Stunden.
Unterkunft und Verpflegung: Hotels (empfehlenswert: »Kölner Hof«, Am Markt 8), Gasthöfe, Pensionen. Campingplatz.
Einkehr unterwegs: In Sinspelt.
Sehenswürdigkeiten: Spätgotische *Pfarrkirche*, unter den Grafen von Manderscheid aus der Burgkapelle hervorgegangen, bestes Beispiel für die in der Südwesteifel charakteristischen zweischiffigen Hallenkirchen. 1913 wurde das Langhaus um ein Joch verlängert. Herrliche, bemalte Netz- und Sterngewölbe; Taufstein und zierliches Sakramentshäuschen aus dem 16. Jahrhundert; der geschnitzte Beichtstuhl ist der Rest der im 19. Jahrhundert entfernten Barockausstattung. – Freistehender Glockenturm als Torturm des Burgweges. Die *Burg* wurde wegen des Niederländisch-Spanischen Krieges zur uneinnehmbaren Festung ausgebaut, die Mauern der Bastionen und Kasematten teilweise 5,5 Meter stark. Die Anlage zeigt der Stadt ihre 42 Meter breite Front; 1692 wurde sie von den Franzosen gesprengt. Beachtenswert sind der Torbau (ursprünglich 13. Jahrhundert) und der anschließende Palas des 14. Jahrhunderts; Jugendheim. An die *Stadtbefestigung*, einst aus 16 Türmen, drei Toren und Mauern bestehend, erinnert über dem jenseitigen Enzufer (gegenüber Hotel Kölner Hof), der innen offene *Beilsturm*.
Auskunft: Fremdenverkehrsverein: 5528 Neuerburg, Tel. 06564/2673.
Wanderkarte: Topographische Karte 1:50000, Blatt Deutsch-Luxemburgischer Naturpark.

10 An der Grenze zu Luxemburg

Aus dem Ourtal zur Hohen Kuppe

Tourencharakter: Unschwierige Rundwanderung.
Beste Jahreszeit: Frühsommer bis Herbst.
Reine Gehzeit: 3½ Stunden.

»Clerf« steht auf den Wegweisern der Bundesstraße 410 in Richtung Luxemburg, nach Clervaux. Kein Wort zunächst von Dasburg an der »Ferienstraße Südeifel«. Erst im Raum der Verbandsgemeinde Arzfeld, zu welcher Dasburg gehört, erscheint auch Dasburg auf den Schildern. Trügt das Gefühl, dem Ende der Welt entgegenzusteuern? In Dasburg am luxemburgischen Grenzfluß Our endet die Bundesstraße. Allerdings kümmert es offensichtlich niemanden, wenn die Grenze überschritten wird.
Wie auch Prüm und Irsen fließt die Ur – so der deutsche Name – wegen der südwärts geneigten Abdachung des Gebirges der Mosel zu. Die Höhen bestehen zum Teil noch aus den Schichten des Unterdevons, das mancherorts Fossilienfunde erlaubt, die bis zu 370 Millionen Jahre alt sind.
Dasburg gelangte im 13. Jahrhundert als Lehen der Abtei Prüm an die Grafen von Vianden. Hier gaben sich im Laufe der Zeit große europäische Geschlechter ein Stelldichein, bis hin zum Hause Nassau-Oranien, wodurch Dasburg an die Krone von England fiel. Dieser Glanz ist längst erloschen. 1794 hatte nämlich Frankreich die Herrschaft beschlagnahmt. Es kam zu Aufständen und 1798 zum sogenannten »Klöppelkrieg«, weil die Bauern nur mit »Klöppeln« (Stöcken) bewaffnet waren. Allein bei Arzfeld beklagten sie 40 Gefallene, beigesetzt in einem Massengrab auf dem Friedhof. Neben der alten Pfarrkirche erinnert ein Denkmal an den vergeblichen Freiheitskampf.
Napoleon schenkte Dasburg 1811 seinem Marschall Oudinot. Der wiederum versteigerte die Burg 1813 für 4400 Franken zum Abbruch. Und dementsprechend gestutzt präsentiert sich die einstige Festung im doppelten Ringmaueroval dem Besucher, stellt aber immer noch das nicht zu übersehende, hochgelegene Wahrzeichen des Ortes dar. Wegen der Lage an Deutschlands äußerster Grenze ist er wieder in Vergessenheit versunken. Dasburg wirkt verschlafen. Nirgendwo ein Zeichen von Hektik. Es ist ruhig an den Hängen der Our wie auf den Wanderpfaden durch die Flanken des tiefen Tales, das bis heute ein Geheimtip in der Eifel und im Deutsch-Luxemburgischen Naturpark geblieben ist.

Der Wegverlauf

Von der *Kirche* westwärts absteigen zu einem Querweg, dem man rechts ansteigend folgt, gleichlaufend mit Wegnummer 17. Von Felsen begleitet, schwenkt die Route rechts in ein Tälchen ein, das man linkshaltend ausgeht, ebenso 5 Minuten später das nächste Seitental. In der Tiefe wird die Grenzbrücke sichtbar: Dasburgerbrück–Dasbourg Pont, wo die Nationalstraße 10 die Bundesstraße 410 ablöst.
Fast eben durch bewaldete Hänge, zwischendurch unterbrochen von Ausblicken zu den Anhöhen im benachbarten Luxemburg. Während der Pestzeit seien die Dasburger vor der Seuche in die Wälder geflüchtet. Als sich ein Mann kurz ins Dorf begab, soll er angesteckt worden sein. »Und alle Dasburger sind gestorben«, schreibt Matthias Zender in seinem Sagenschatz, »keiner kam davon«.
Etwa 50 Minuten hinter der Kirche sind wir am Treffpunkt mehrerer Wege. Hier nimmt man die Haarnadelkurve des Hauptweges (geradeaus der Uferwanderweg) und steigt spürbar an. Der Wegweiser zeigt nach »Dahnen«. Schon 10 Minuten später ist die größte Steigung geschafft. Verschnaufpause in der *Schutzhütte*. Von Dasburg 1 Stunde.
Die Senke durchschreiten. Der geteerte Fahrweg leitet hinauf zu freien Wiesenhöhen.

Folgende Abbildung: Dasburg, von Waldbergen ummantelt, durch den Fluß Our von Luxemburg getrennt, zählt zu den eher abgelegenen Landschaftsräumen im Deutsch-Luxemburgischen Naturpark. Am südwestlichen Rand der Eifel bieten sich hier einsame Wanderreviere an.

Die einstige Lehensburg der Grafen von Vianden ist selbst in ruinösem Zustand noch immer das Wahrzeichen von Dasburg, dazu schönster Aussichtsplatz an diesem Flußabschnitt der Our. Rechts die Pfarrkirche Sankt Jakob.

Nordwestlich grüßt von Luxemburg das hochgelegene Dorf Heinerscheid, westlich die Häuser von Fischbach. Voraus erscheint Dahnen. Rechts von unserem Weg wölbt sich eine früher mit Westwallbunkern bestückte Wiesenkuppe. Die Toten des Zweiten Weltkrieges, der hier im deutschen Abwehrkampf gegen die Alliierten tobte, ruhen auf dem Soldatenfriedhof in Daleiden – 3224 Gefallene!

Etwa 20 Minuten hinter der Schutzhütte trifft man auf die *Landstraße 1*. Links in 5 Minuten zur Ortstafel von *Dahnen* (495 m) bei einer Marienkapelle. Von Dasburg 1½ Stunden.

Dahnen und seine ursprünglich spätgotische Trinitarierkirche bleiben links liegen: Nach dem ersten Haus (Nr. 33) wird die Straße nach rechts verlassen, 5 Minuten bis zum *Sportplatz*. An der folgenden Gabelung rechts, jetzt auf Wegnummer 15. Rechts steht nach 5 Minuten eine *Schutzhütte* (482 m). Hier an der Wegeteilung halblinks. Südwestlich zeigt sich die Hohe Kuppe: letztes »Bergziel« der Wanderung; östlich grüßt Daleiden.

Abwärts in einer Viertelstunde ins *Mühlbachtal*, das uns mit einem idyllischen Weiher empfängt. Im Talgrund drehte sich einst das Wasserrad der Steinkaulsmühle. Von Dasburg 2 Stunden.

Am Weiher rechts vorbei und weiter (die rechts abzweigende Hauptwanderlinie 6 stellt den kürzesten Rückweg dar!) am orographisch rechten Ufer. Ursprünglichkeit und Stille! Nur das Bächlein murmelt und gluckert. Feuchte Wiesen unterbrechen den Talboden. Nach einer Viertelstunde oberhalb von einem Fischteich vorbei. Dort ist noch

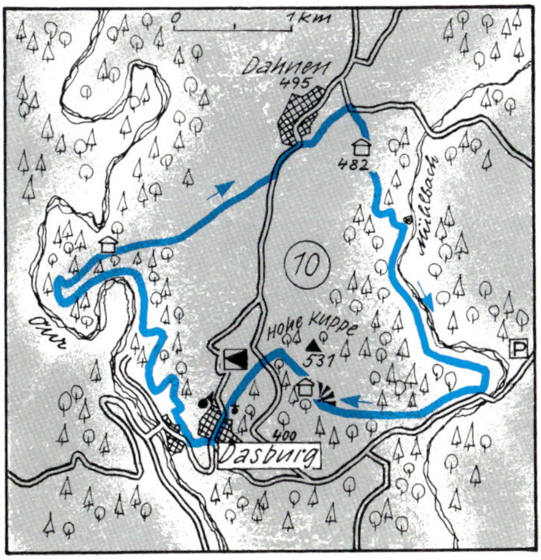

der alte Mühlenkanal erkennbar. Und 10 Minuten später geht es vor einem Weiher nach links. Rechts wölbt sich der Hügel eines Bunkers. Von Dasburg 2½ Stunden.
Gleich hinter dem Bunker, also vor der Bundesstraße 410, wird der breite Weg halbrechts verlassen. Nun auf grasiger Spur den letzten Aufstieg antreten! Im Mai bildet blühender Ginster das Spalier, parallel zu den Leitungsmasten. In 15 Minuten wird ein breiter Fahrweg erreicht. Auf ihm rechts bzw. mit der Linkskurve weiterhin bergan. Die Rundschau in Südostrichtung wird umfassender. Nach 15 Minuten führt die Route an einer *Schutzhütte* (490 m) rechts vorbei und in den Staatsforst im Südwesthang der bis obenhin bewaldeten Hohen Kuppe (530 m). Beim Abstieg stößt man bald auf den querziehenden *Eifelverein-Hauptwanderweg 6* und seinen schwarzen Markierungskeil sowie das P-Zeichen. An dieser Kreuzung (501 m) nach links, die *Landstraße 1* kreuzen und jenseits absteigend *Auf dem Knupp* zu den obersten Häusern. Vorbei an der 1683 geweihten *Pestkapelle* mit Blick zur Burg und vollends hinunter zur Kirche.

Nützliche Informationen

Ausgangsort: Dasburg (400 m), Ortsteil der Verbandsgemeinde Arzfeld am Grenzübergang nach Luxemburg. Busse von Neuerburg (16 km) und von Prüm (36 km).
Parkplätze: Am oberen Ortseingang (Postamt, Hotel Post) sowie neben der Kirche bzw. am Aufgang zur Burgruine.
Unterkunft und Verpflegung: Hotel »Post«, Gasthaus »Thielen«. Privatzimmer, Ferienwohnungen. Campingplatz Relles-Mühle (Gaststätte und Pension). Jugendwaldheim: Tel. 06550/1005.
Einkehr unterwegs: Dahnen, zwei Gasthöfe etwas abseits der Route.
Auskunft: Verkehrsamt: 5529 Arzfeld, Tel. 06550/41-0.
Sehenswürdigkeiten: Im *Jugendwaldheim*, einer wald- und wildkundlichen Bildungs- und Freizeitstätte, lehrreiche Schauflächen zu den Sachbereichen Forstmaschinen, Waldarbeit, Holzfehler, Vogelschutz, Wild, Forstkarten, Waldfunktionen, Pilze, Waldtiere usw. – *Pfarrkirche St. Jakob*, 1767 errichteter, architektonisch interessanter Achteckbau, einer der wenigen Sakralbauten im Rokokostil in der Südwesteifel; 1779 barock ausgestattet.
Wanderkarten: Topographische Karte 1:50000, Blatt Deutsch-Luxemburgischer Naturpark, oder 1:25000 Naturpark Südeifel, Blatt 1 (Nord).

11 Zwischen Kyllburg und St. Thomas

In der Kyllburger Waldeifel

Tourencharakter: Unschwierige Rundwanderung.
Beste Jahreszeit: Frühjahr bis Herbst.
Reine Gehzeit: 2¼ Stunden; über Mohrweiler etwa 2½ Stunden.

An der südlichen Absenkung der Hocheifel breitet sich das Kyllburger Land aus: Herzstück eines uralten Kulturlandes in Höhenlagen zwischen 300 und 500 Metern, die Ortschaften eingebettet in weiträumige Bergwälder. »Kiliberg« wird erstmals im Jahre 800 in einer Schenkung an die Abtei Prüm erwähnt. 1222 liest man schon »Kileburhc«, obwohl die Burg auf dem langgestreckten, zum Wassergürtel der Kyll steil abfallenden Bergrük-

ken – im Volksmund »Hahn« genannt – erst 1239 durch Erzbischof Theoderich von Trier errichtet wurde, angeblich aus Anlaß einer Fehde mit Rudolf von Malberg, der das Kloster St. Thomas zu unterdrücken trachtete bzw. die Güter, welche seine Tante Agnes dem Kloster vermacht hatte, zurückforderte.
Die Zisterzienserinnen seien nach Trier geflohen und sollen durch tägliche Bittprozessionen um Hilfe gebeten haben, berichtet die Chronik. Theoderich dürfte das Anliegen in seine Territorialwünsche gepaßt haben, ein kurtrierisches Bein in die Hegemonialsphäre der Abtei Prüm und der Grafen von Luxemburg zu setzen. Dadurch kam es bald zu Auseinandersetzungen. 1256, nach endgültiger Schlichtung, wurde die Burg im Rahmen der Ortsbefestigung unter Erzbischof Arnold von Isenburg erweitert und ausgebaut. Er regelte auch die Privilegien und Pflichten der Stände. Beispielsweise mußte der Bäcker das Brot nach dem Burgherrn sofort den Wirten liefern, um die Wallfahrer bei Laune zu halten, erst danach waren die Bürger an der Reihe.
Die Burg stand oberhalb des tiefen Sattels bzw. der schmalsten Stelle des Rückens, am Südrand der heutigen Altstadt, nicht auf dem höchsten und äußersten Punkt, wo eine keltische Befestigungsanlage vermutet wird. Dort legte Erzbischof Heinrich II. von Vinstingen, Sproß einer Seitenlinie des benachbarten Malberger Hochadels, 1276 den Grundstein für das Marienstift, und zwar bei einer schon im 9. Jahrhundert nachweisbaren Kirche. Gleichzeitig mit dem Kollegiatstift erwuchs aus heimischem Sandstein unter der Bauleitung eines Himmeroder Zisterziensers namens Heinrich das dazugehörige, kurz nach 1300 samt Kreuzgang vollendete Gotteshaus: als Ensemble ein mittelalterliches Unikum zwischen Trier und Maria Laach. Infolge der Stiftsimmunität war Kyllburg nun so gut wie unantastbar. Ein kluger machtpolitischer Schachzug!
Das von Kaiser Ludwig dem Bayern 1332 erlassene Sammelprivileg, in welchem die Orte aufgeführt sind, denen er das Frankfurter Stadtrecht verlieh, enthält neben Koblenz und Trier auch den Namen des Fleckens Kyllburg. Diese Stadtrechtsverleihung besiegelte 1347 eine Lehensurkunde im Anhang. Von der Burg ist noch der fünfgeschossige Bergfried erhalten. Die Stadt verlor ihre alten Rechte während der französischen Besetzung. Erst am 15. September 1956 erhielt Kyllburg wieder das Stadtrecht. Heute hat der Luft- und Kneippkurort 1120 Einwohner.

Der Wegverlauf

Vom *Bahnhof* ansteigend in den Ort bzw. zum *Kurhotel Eifeler Hof.* An der Kreuzung nach rechts, neben der *Kreissparkasse* in die *Marienstraße,* vorbei am Restaurant *Kurfürst von Trier* und steil bergan. Nach 200 Metern erinnert rechts ein Gedenkstein an die von den Nazis 1938 zerstörte Synagoge.
Hinter dem obersten Haus wird der *Wanderweg B 4* vom Annenbergwald aufgenommen. Eine *Schutzhütte* bleibt zurück. Man stößt auf einen geteerten Weg – schöner Blick auf Kyllburg –, dem man 300 Meter bis zu einem *Bildstock* (407 m) folgt. Vom Bahnhof ½ Stunde.
Nun gibt es zwei Möglichkeiten:
1. Geradeaus über die Kreuzung, also weiterhin mit Markierung B 4 und in den Hangwald. Etwa 10 Minuten später an der Gabelung halbrechts mit dem unteren Weg. Er durchmißt die Hangwälder in Nordrichtung. Oberhalb des Pfades sind mehrere aufgelassene Buntsandsteinbrüche. Der Abbau war einst wichtige Erwerbsquelle und schuf Arbeitsplätze, vor allem nach Eröffnung (1873) der Kylltalbahn, die das Material abtransportierte. Ungefähr ½ Stunde nach dem Bildstock mündet von links die Variante über Mohrweiler. Kurz dahinter wird ein Teerweg betreten. Rechts abwärts. Neben dem Haus von *Kasholz* steht ein 1736 gesetzter Gedenkstein, der an einen Unfall an dieser Stelle erinnert. Bald tritt das Kloster ins Blickfeld. Nach 15 Minuten auf dem Sträßchen empfängt uns *St. Thomas* (288 m). Von Kyllburg knapp 1 Stunde.
2. Etwa eine Viertelstunde länger, auf asphaltierter Straße, indes aussichtsreicher. Ab der Kreuzung nach links in 20 Minuten nach *Mohrweiler.* Etwa 400 Meter durch den Ort, bis gegenüber dem Haus Nr. 17 rechts eine Tafel nach St. Thomas weist. Abwärts, kurz danach links und durch den Wald zum unte-

Im lieblichen Kylltal bei St. Thomas, auf dem Rückweg der Tour von St. Thomas nach Kyllburg, parallel zum Lauf der Kyll. Sie mündet bei Ehrang in die Mosel.

ren, bei 1. beschriebenen Wegverlauf, dem man nach links zum nahen Sträßchen oberhalb von Kasholz folgt.
Gemeinsamer Weiterweg: In St. Thomas vor dem Bahnkörper nach links zum Barockkomplex des ehemaligen, 1185 durch Ritter Ludwig von Deudesfeld und seine Gemahlin Agnes von Malberg als adelige Frauenabtei gegründeten *Klosters,* in das die beiden Töchter des Ehepaares eintreten mußten; Elisabeth wirkte als Äbtissin bis 1225. Der heilige Thomas – in der Klosterkirche anwesend als polychrom gefaßte, um 1370 gearbeitete Steinfigur – ist Thomas Becket, Erzbischof von Canterbury, 1118 zu London geboren. Der in seiner Kathedrale 1170 mit Wissen König Heinrichs II. – er hatte ihn 1155 zum Lordkanzler erkoren – vor dem Altar von vier Rittern Erschlagene erfuhr schon drei Jahre später Heiligsprechung und Verehrung als Märtyrer, weil er aus französischem Exil freiwillig auf die Insel zurückgekehrt war. Um diese Zeit, 1173, möglicherweise schon vorher, entstand an der Kyll eine Thomaskapelle. Sie wurde etwa zwei Jahrzehnte später durch eine einschiffige Klosterkirche ersetzt, die besterhaltene mittelalterliche Nonnenkirche im Rheinland. Die aus Sandstein und Muschelkalk im Übergangsstil Spätromanik-Frühgotik errichtete Kirche bildet praktisch den vierten Klosterflügel. Unter der Nonnenempore hatten in der stimmungsvollen, zweischiffigen Halle die Laien ihren Platz; seit dem späten 19. Jahrhundert wird der Boden bedeckt von den Grabplatten der Äbtissinnen und einiger Priester, die früher im östlichen Langhaus lagen. Das Weihejahr fixiert die Chorinschrift: 1222. »Structor« (Erbauer) war der Himmeroder Probst Isenbard. »Nur Zisterzienser vermochten einem verhältnismäßig so kleinen Gebäude soviel Zwingendes in der Erscheinung, so viel Ernst und Wucht zu geben«,

charakterisiert Georg Dehio das sakralarchitektonische Kleinod.
Rückweg: Am Bahndamm entlang, vorbei am Gasthaus Erasmy. Dann nicht links über die Schienen (zum Gasthaus »Thomasstube«), sondern geradeaus dem *Kyllweg* folgen: *Eifelverein-Hauptwanderlinie 4,* bezeichnet mit schwarzem Keil, sowie Fernwanderweg Rhein–Maas, erkennbar an der weißen Wellenlinie.
Wir sind noch 3 Kilometer vom Ausgangspunkt entfernt. Das Kylltal empfängt uns mit einer reizvollen Weitung. Danach setzt sich die Tour im Wald fort, quert einen ehemaligen Steinbruch und macht am *»Strengen Hals«,* dem von einer Kyllschleife umspülten Geländerücken mit Eisenbahntunnel, einen Rechtsknick. An der Wegeteilung halblinks mit *Markierung C 3* abwärts und entlang den Geleisen, unterhalb von Obstkulturen, zum *Bahnhof.*

Nützliche Informationen

Ausgangsort: Kyllburg (301 m), Luft- und Kneippkurort im Kylltal. Von Bitburg 15 km, von Wittlich 28 km, von Erdorf 6 km. Bahnhof der Strecke Trier–Köln. Busverbindungen mit Prüm, Bitburg, Wittlich.
Parkplätze: Beim Rathaus im Ort; für die Wanderung am Bahnhof.
Gehzeiten: Insgesamt etwa 2¼ Stunden. Kyllburg–St. Thomas knapp 1½ Stunden. St. Thomas–Kyllburg 45 Minuten.
Unterkunft und Verpflegung: Hotels, Gasthöfe, Pensionen, Privatzimmer in Kyllburg.
Einkehr unterwegs: In St. Thomas »Gasthaus Erasmy« (Montag Ruhetag) und »Gasthaus Thomasstube«. In Mohrweiler 2 Gaststätten.
Sehenswürdigkeiten: Vom Kurhotel »Eifeler Hof« mit der Hoch- und Stiftstraße durch die *Altstadt.* Links der 23,70 Meter hohe *Burgturm;* Informationstafel. Rechts, unter den Linden des heutigen Kriegerehrenmales, übte das Stift die Gerichtsbarkeit aus.
An der Stelle des Kreuzes stand der Galgen.

Die Kyllburg, geschützt durch eine Flußschlinge der Kyll, aus dem Flugzeug. Im Vordergrund die ehemalige Stiftskirche auf dem höchsten Punkt des Ortes. Hinter der Kirche reckt sich der Burgturm.

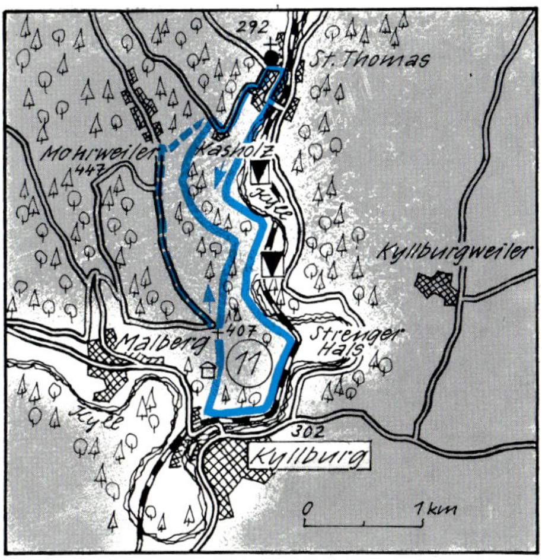

Danach die *Stiftskirche* (katholische Pfarrkirche). Hinter dem Hochaltar besticht eine schlanke, steingehauene Madonna aus der zweiten Hälfte des 14. Jahrhunderts. Die drei, von zwei hiesigen Kanonikern gestifteten (1533/34) Chorschlußfenster sind brillante Glasmalereien der Frührenaissance aus flandrisch-kölnischer Schule. Wie ein Rittersmann des frühen 15. Jahrhunderts gewappnet war, zeigen die Grabsteine von Konrad und Johann von Brandscheit neben der Rokokokanzel. Südseitig angebaut ist das Geviert des *Kreuzganges.* In der Gesamtheit ist der Komplex das vollständig erhaltene, seltene Beispiel einer kleinen Stiftsanlage des frühen 14. Jahrhunderts.
Sehenswürdigkeiten der Umgebung: *Malberg* (2 km). Das neue *Schloß* entstand zwischen 1708 und 1715 durch den venezianischen, in kurpfälzischen Diensten stehenden Meister Matteo Alberti im Palladio-Stil: einmalig im gesamten Trierer Raum; keine Innenbesichtigung. – *Otrang* (10 km): *Römisches Herrenhaus* mit großartigen Fußbodenmosaiken, Bestandteil eines Gutes (400×130 m). Experten beziffern die damaligen Kosten allein für den Bau der Villa auf umgerechnet mehr als 15 Millionen Mark! Geöffnet vom 1. April bis 30. September 9.00–13.00 und 14–18.00 Uhr, sonst bis 17.00 Uhr; letzter Einlaß ½ Stunde vor Schließung; geschlossen am ersten Werktag jeder Woche sowie im Dezember und Januar. Führer in der Gaststätte erhältlich.

Auskunft: Kurverwaltung: 5524 Kyllburg, Tel. 06563/5938.
Wanderkarte: Topographische Karte 1:50000, Blatt L 5905 (Kyllburg). Eifelverein-Wanderkarte 1:25000, Blatt Kyllburger Waldeifel.

12 Im Wald von Speicher

Zu römischen Töpfereien

> *Tourencharakter:* Unschwierige Rundwanderung.
> *Beste Jahreszeit:* Mai bis Spätherbst.
> *Reine Gehzeit:* Etwa 2 Stunden.

Sommer 1990. Schlimm sieht es aus im Speicherer Wald. Der Frühjahrsorkan hat über Hunderte von Metern gewaltige Lichtungen gerissen. Für den Spaziergänger auf Römerspuren brachte dieses Chaos aber Überraschendes: Unter den entwurzelten Tannen lagen an den Stellen einstiger Töpfereien massenweise Tonscherben, ans Tageslicht geschleuderte Bruchware. Und die entschädigte vollauf dafür, daß die Brennöfen nur mehr als Mulden vorhanden sind, ausgeräubert seit Jahrzehnten!
Das weitum bekannte Ton- und Steinzeuggewerbe in Speicher verdankt seine Entstehung dem römischen Imperium. Es vereinnahmte nach dem Gallischen Krieg (58–51 v. Chr.) und der Niederwerfung des keltischen Trevererstammes diese Landstriche, kultivierte und förderte sie wirtschaftlich nach eigenen Vorstellungen. Dazu gehörte auch die Geschirrproduktion, der wichtigste Zweig antiker Konsumgüterfabrikation. Neben Töpfereien bei Gutshöfen, Siedlungen, Städten (Trier), Legionslagern (Mainz) entstanden regelrechte Zentren, wie beispielsweise in Speicher und Mayen. Ausschlaggebend war das Vorhandensein von Ton und Brennstoff sowie Anbindungen an das Verkehrsnetz. Älteste Keramikfunde in diesem Gebiet stammen vom Trierer Römerlager am Petrisberg. Sie werden um 30 v. Chr. datiert. Die Industrie zwischen Speicher und Herforst, wo ein Dutzend Öfen lokalisiert werden konnte, basierte auf reichhaltigen Lagern weißen und grauen Tons aus dem Tertiär. Sie entstand im zweiten nachchristlichen Jahrhundert und fertigte noch im späten vierten Jahrhundert, ergaben Untersuchungen der bisher sichergestellten Funde.
Bereits 1856 war man im Wald auf Fragmente römischer Töpfereien gestoßen; 1876 bis 1878 legte ein Töpfermeister aus Speicher die ersten Öfen frei und formte ein Modell (Landesmuseum Trier). Bei weiteren Grabungen stießen die Archäologen auf Tongruben, Werkstattgebäude, einen Brunnen für das notwendige Wasser bei der Arbeit an den Töpferscheiben, von denen ebenfalls mehrere gefunden wurden, u. a. ein Schwungrad von 75 Zentimetern Durchmesser aus Basalt. Ein Ofen war 3,50×1,80 Meter groß, eine Werkstatt 8×4,50 Meter, das dazugehörende mauerumschlossene Betriebsgelände 17,50×6,50 Meter. Produziert wurde hauptsächlich Gebrauchsgeschirr, das im Gegensatz zum Tafelgeschirr keine besonderen Anforderungen an die Tonqualität stellte. Da man die Speisen bei der Zubereitung garte – nicht kochte! –, genügte Keramik. Hergestellt wurde die gesamte Palette rauhwandigen Geschirrs sowie Lampen, Spardosen und schwere Amphoren; als lokale Spezialität bunt bemalte Krüge, »deren Ausgüsse als Köpfe in Tier- und Menschengestalt (Affe, Maske, bärtige Treverer) ausgeformt waren«

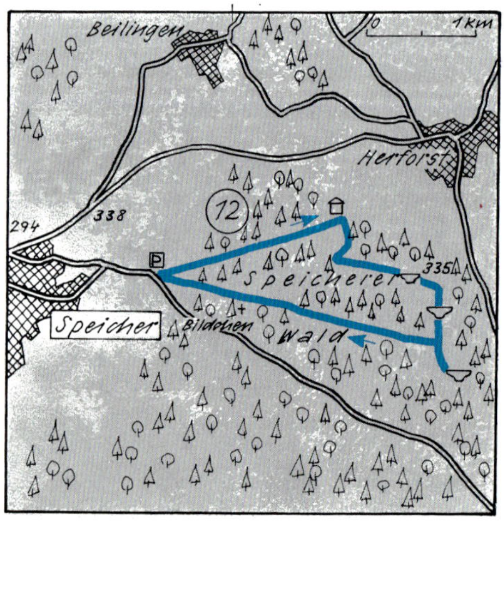

(Heinz Cüppers). Die Erzeugnisse fanden sogar im verwöhnten Trier Abnehmer.
Karin Goethert-Polaschek erwähnt noch einen anderen römischen Industriezweig im Speicherer Wald: »An vier verschiedenen Stellen hat man reichhaltige Eisenschlacken entdeckt, die deutlich darauf hinweisen, daß hier Eisen verhüttet wurde.«
Die Töpfereien lagen innerhalb eines riesigen Areals, der 72 Kilometer langen, 65 bis 95 Zentimeter starken sogenannten »Langmauer«, laut Bauinschriften während der zweiten Hälfte des 4. Jahrhunderts n. Chr. von römischen Legionären errichtet. Ihr Zweck ist bis heute nicht geklärt. Die Hypothesen konzentrieren sich mehrheitlich auf eine Art »Wildpark«, vielleicht eine kaiserliche Domäne für Pferdezucht, wie Dr. Joseph Steinhausen (1885–1959) in die Diskussion warf, oder ein spätantikes Jagdgehege, wohin W. Binsfeld tendiert, angesichts der bezeugten Jagdleidenschaft Kaiser Gratians (375 bis 392), der »darüber oft seine eigentlichen Aufgaben vernachlässigte«.

Scherben römischer Gebrauchskeramik, wie sie der Autor nach den Frühjahrsorkanen 1990 am Ort der antiken Töpfereien in den Wäldern um Speicher fand.

Der Wegverlauf

Vom *Parkplatz* nicht auf den breiten Weg zum sichtbaren »Bildchen«, sondern halblinks mit Wegnummer 1 in den Wald. Nach 15 Minuten wird ein breiter Querweg gekreuzt. Dann einen anderen Querweg überschreiten und jenseits weiter im lichten Tannenwald in 10 Minuten zu einer *Schutzhütte* am Waldrand. Hier öffnet sich der Blick nordwärts zur amerikanischen Luftwaffenbasis Spangdahlem, wo Massenvernichtungsmittel deponiert sind, wo fast ununterbrochen Flugzeuge starten und landen – mit furchtbarem Lärm, dem Bevölkerung und Wanderer schutzlos ausgesetzt sind, voller Wut im Bauch, die Faust in der Hosentasche. Willkür einer Besatzungsmacht!
Bei der Hütte ist an einem Baum der Rechtsknick von Weg 1 und 2 markiert. Er ist an Fahrrillen erkennbar. Die in der Nähe vorhandenen Reste der Töpfereien, zu ersehen aus der topographischen Karte, sind so minimal, daß sie kein näheres Eingehen verdienen.
Etwa 10 Minuten nach der Schutzhütte wird eine Kreuzung erreicht. Hier links, schnurgerade abwärts und durch die Senke, ein Bachrinnsal überschreitend. Ungefähr 10 Minuten nach der Kreuzung heißt es Augen auf! Rechts am Weg ist nämlich eine Mulde erkennbar, in der noch etliche Mauerblöcke einer römischen *Töpferei* liegen, drumherum Geschirrscherben. Sie verraten dem Experten die Form des Gefäßes. Im Speicherer Wald sind bisher fast 100 verschiedene Gefäßformen aus dem zweiten und dritten Jahrhunderts n. Chr. registriert worden. Vom Parkplatz ¾ Stunden.
Weiter in gut 5 Minuten zu einem Querweg. Nach rechts, südwärts. Die Gräben links des Weges sind Manöverstellungen. Über die nächste Kreuzung geradeaus. Noch 100 Meter, dann wölbt sich links ein kleiner Hügel. Und dahinter führen erhaltene Steinstufen in die Mulde eines römischen *Töpferofens*, genau gesagt in den ursprünglich unterirdi-

schen Bedienungsraum für die Feuerung, von dem freilich nichts mehr vorhanden ist außer Blöcken, die als Mauerwerk dienten. Der Brand stand auf durchlöchertem Brennboden. Vor 1800 Jahren sind Römer über diese Stufen gegangen; vielleicht jener Satto, Primanus oder Justinus, Quintus oder Marianus, deren Namen uns durch Stempel in der Ware bekannt sind.
Wenige Minuten später, an der *Kreuzung*, zweigt der offizielle Rundweg rechts in Westrichtung ab. Geht man noch 100 Meter geradeaus, an der Gabelung ebenfalls geradeaus, nach 100 Metern nach links, entdeckt man 150 Meter weiter, rechts vom Weg, Erdaufwerfungen am Platz eines antiken *Töpferofens* mit herumliegenden Scherben.
Ab der erwähnten *Kreuzung* geht es auf dem breiten Waldweg, der *Bildchenschneise*, in etwa 20 Minuten zu einer *Schutzhütte;* links steht ein von der Witterung gezeichnetes *Steinkreuz*. Weiter geradeaus in 10 Minuten zum *»Bildchen«*, einer 1877 erbauten Marienkapelle, in der Votivtafeln von Volksfrömmigkeit und tiefem Glauben zeugen: »Schmerzhafte Muttergottes, bitte für uns...«

Nützliche Informationen

Ausgangsort: Speicher (338 m), Mittelpunkt einer Verbandsgemeinde im Dreieck Trier (27 km) – Bitburg (18 km) – Wittlich (20 km), von wo auch Busse verkehren. Bahnstrecke Trier–Köln.
Ausgangspunkt: Wanderparkplatz »Bildchenschneise« am östlichen Stadtrand, neben der Trierer Straße, 1,6 km vom Zentrum (Kirche). Übersichtstafel der Wanderwege.
Gehzeiten: Insgesamt etwa 2 Stunden. Parkplatz–Schutzhütte 25 Minuten. Von dort zum letzten erwähnten Töpferofen etwa ¾ Stunden. Rückweg ¾ Stunden.
Unterkunft und Verpflegung: Hotel und Gasthöfe in Speicher.
Sehenswürdigkeit: *Töpferei-Museum* der PLEWA-Werke, Besichtigung Montag bis Donnerstag 8.00–12.00, 13.00–16.00 Uhr, Freitag 8.00–11.00 Uhr, Frühstückspause täglich 9.30–9.45 Uhr. – *Heimatmuseum*, geöffnet an Sonn- und Feiertagen 14.00–16.00 Uhr. – Die *Steinzeugfabrik Willems-Thiel*, Katzstraße 1, bewahrt einen römischen Brennofen; wegen Besichtigung Tel. 06562/2365.
Auskunft: Fremdenverkehrsamt: 5522 Speicher, Tel. 06562/6421.
Wanderkarten: Topographische Karte 1:50000, Blätter 6104 (Bitburg) und 6106 (Wittlich).

13 Kloster Himmerod

Welt der Zisterzienser

Tourencharakter: Unschwierige Rundwanderung.
Beste Jahreszeit: Frühling bis Herbst.
Reine Gehzeit: Etwa 2 Stunden.

Im Halbdunkel der David-Kapelle flackern Kerzenlichtlein, zwei Dutzend mögen es sein, meist von Müttern entzündet, denn David, 1971 seliggesprochen, wird als ihr Patron angerufen. Der Florentiner gehörte zu jenen zwölf Mönchen aus Clairvaux, die 1135 im sumpfigen Salmtal einzogen. David, ein Priestermönch, lebte hier 44 Jahre auf die gleiche Art wie heute noch die zwölf Patres und zehn Brüder. Wochentags ruft die Glokke um 4.30 Uhr zum Chorgebet. Jeder erfüllt die ihm vom Abt zugewiesene Aufgabe. Ihr Haupteinkommen besteht aus den Erträgen des Gutes Altenhof, wo 70 Kühe im Stall stehen. Außerdem gehört zur Abtei ein Gäste- und Exerzitienhaus. Die Priester helfen in der Umgebung als Seelsorger aus. Von Mai bis Oktober pilgern Wallfahrer hierher. Patrozinium: Maria Königin, am 15. August.
Kein Geringerer als Bernhard von Clairvaux, geboren 1091 auf der Burg Fontaines in Burgund und 1115 eigentlicher Gründer des Zisterzienserordens zu Clairvaux, hatte den Platz für die Klostergründung in der Waldeinsamkeit der Südwesteifel bestimmt, und zwar getreu der Ordenstradition im Tal. Es war Rodungsland eines Hörigen namens Haymo (daraus wurde im 13. Jahrhundert »Himmerod«), das der Trierer Erzbischof Albero dem

Eisenschmitt im Salmtal, unweit des Klosters Himmerod, bildete den historischen Hintergrund zur Novelle »Das Weiberdorf« der Schriftstellerin Clara Viebig, die Ende des 19. Jahrhunderts lebte.

Konvent überließ. Er siegelte die Stiftungsurkunde im Jahre 1138. Zisterziensische Askese, Bescheidenheit, Demut sowie Marienverehrung erfüllten nun den weltvergessenen Erdenfleck. Aus Holzhütten erwuchsen Steingebäude. Bernhard schickte seinen Ordensbaumeister Achard an die Salm. Geweiht wurde das erste Gotteshaus infolge kirchenpolitischer Krisen unter Kaiser Barbarossa aber erst am 1. Juni 1178, vier Jahre nach der Heiligsprechung Bernhards. Achards Werk entsprach dem sogenannten »Bernhardinischen Chorschema« bzw. der Mutterkirche zu Clairvaux: eine dreischiffige, 65 Meter lange Pfeilerbasilika mit Querhaus, rechteckigem Chorhaupt und je drei Kapellen an den Querhausarmen. Sie beherrschte fast sechs Jahrhunderte das Kloster, das 1519 durch Papst Leo X. in den Rang einer Abtei aufrückte. Nachkommen zahlreicher Eifelgeschlechter zogen die weiße Kutte an. Wer zu Lebzeiten bezahlte, dem garantierte Himmerod eine würdige Begräbnisstätte unter dem Schutzmantel des hl. Bernhard. Das Kloster führte Höfe in Koblenz, Bonn, Echternach, Leutesdorf und Speyer als Schaltstellen seines Streubesitzes. Der Wein wurde auf eigenen Schiffen bis nach Holland transportiert.

Anfang des 18. Jahrhunderts, vor 1735, schien das Gotteshaus dem Abt Leopold Camp nicht mehr der Zeit zu entsprechen. Er wünschte einen Barockbau, allerdings im

Geist und Stil der Ordensprinzipien, das bedeutete neben offenkundiger Schlichtheit auch »turres non habemus« – ohne Türme, in denen die Zisterzienser eine Anmaßung sehen. Lediglich ein Dachreiter durfte aufgesetzt werden. Außerdem mußte der Neubau geländebedingt den Abmessungen der Vorgängeranlage entsprechen. Die Synthese fand Hofbaumeister Christian Kretschmar, ein Sachse. Er schuf im Laufe von elf Jahren einen 68 Meter langen und 20,50 Meter breiten Hallenbau, eine der eigenwilligsten deutschen Barockkirchen, was besonders in der ungewöhnlich hohen (38,50 m) und schlanken Giebelfassade zum Ausdruck kommt – ein würdiger Turmersatz! Geweiht wurde sie am 10. Oktober 1751.

Die Säkularisation brachte der Abtei, wie allen linksrheinischen Klöstern, 1802 ein vorläufiges Ende. Frankreich versteigerte Himmerod für 40000 Franken. Die Kirche verlor ihre Ausstattung, 1803 das Kupferdach; dann diente die so gedemütigte Stätte als Steinbruch. Allein die Fassade kündete grandios, scheinbar unverdrossen von besseren Tagen und wurde zu einer Art Wahrzeichen der Eifel. Als die Reichsgrafen Kesselstatt 1816 den Besitz erwarben, standen sie vor Ruinen. Und Ruinen blieben dort für mehr als ein Jahrhundert. Erst 1919 zogen wieder Zisterzienser ein, deutsche, aus Bosnien vertriebene Mönche. Und schon 1922 gab es wieder die Abtei Himmerod, bestätigt von Pius XI. Das Kloster wurde nach Plänen des Kölner Architekten Lehmenkühler gebaut. Bis zum Neubau der Kirche verstrichen aber nochmals drei Jahrzehnte. Die Rekonstruktion, 1952 unter Abt Vitus Recke begonnen und 1960 abgeschlossen, wird von Experten als gelungen bewertet. Der »Mariadom der Eifel« als Muster deutscher Denkmalpflege!

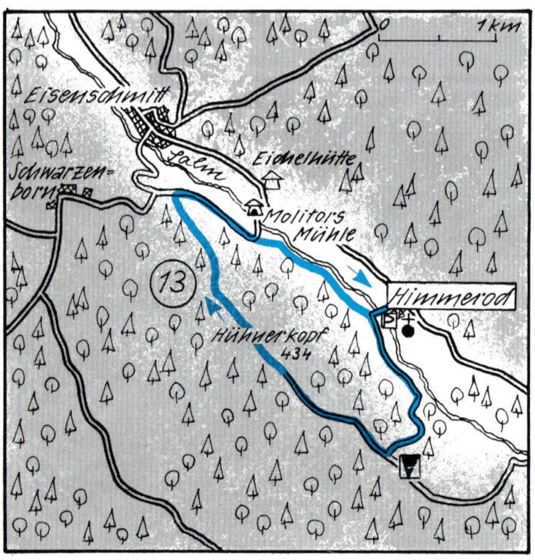

Der Wegverlauf

Vom *Hotel Graf-Zils* hinunter, 250 Meter zur *Salm*, die bei der gleichnamigen Ortschaft unterhalb von Prümscheid entspringt und in Klüsserath in die Mosel mündet. Am anderen Ufer, ab dem *Wanderparkplatz* (Wege-Übersichtstafel), folgt man zunächst dem schwarzen Keil der *Eifel-Hauptwanderstrecke 2* und folgt halblinks dem Waldfahrweg am Klosterberg aufwärts. Von einer Rastbank schöne Blicke zur Abtei. Am Waldrand nicht links-, sondern rechtshaltend zur *Weinstraße*. Vom Kloster 15 Minuten.

Auf ihr nach rechts, nun gemächlicher ansteigen durch den Staatsforst, über die Kreuzungen geradeaus nordwärts, in ½ Stunde zur flachen Kuppe des *Hühnerkopfes* (434 m). Auch an dieser Kreuzung geradeaus, noch etwa 5 Minuten zur nächsten Kreuzung bzw. Gabelung. Hier halbrechts weiter, ebenfalls auf breitem Weg abwärts und schwach linkshaltend. Nach einiger Zeit am Waldrand entlang und hinab zur *Landstraße 34* (382 m).

Nordwestlich liegt der Erholungsort Eisenschmitt im Salmtal. Er ist Schauplatz der 1900 in Berlin erschienenen Novelle »Das Weiberdorf« von Clara Viebig, einer Erzählerin des gesellschaftskritischen Naturalismus. Mit Humor und Vitalität schildert sie die Verhältnisse in Eisenschmitt um 1878, nachdem die Hüttenwerke im Tal stillgelegt worden waren und die Männer an Rhein und Ruhr malochen mußten. Auftragsmangel führte auch zur Schließung der 1701 durch Franz von Pidoll gegründeten Eichelhütte, deren barockes Herrschaftshaus offensichtlich dem Verfall preisgegeben wird.

Unsere Wanderung folgt der Landstraße rechts etwa 10 Minuten. In der Linkskurve rechts ab zum *Wanderparkplatz Eichelhütte*. An der Gabelung geht es zwei, drei Schritte

Die glanzvolle Fassade der Klosterkirche von Himmerod, Mittelpunkt des monastischen Lebens der Zisterzienser unter dem derzeitigen Abt Ambrosius Schneider im Salmtal.

halblinks auf dem unteren Weg. Dann folgt man links (geradeaus kürzeste Route nach Himmerod; ½ Stunde, ratsam bei Nässe) dem Pfad. Bald erlaubt ein Holzsteg den Abstecher über die Salm zum *Hotel »Molitors Mühle«:* 125 Jahre Tradition vereinen sich mit gediegener Atmosphäre, ausgezeichnet 1987 beim Wettbewerb »Das gastliche Haus«. Als Spezialität preist die Karte frische Forellen in verschiedenen Zubereitungen.
Wird auf die Einkehr verzichtet, bleibt man diesseits, steigt dem Holzgeländer entlang etwas an, stößt bald auf einen breiten Weg und trifft 25 Minuten nach dem Salmsteg wieder in *Himmerod* ein.

Nützliche Informationen

Ausgangsort: Himmerod (300 m), an der Landstraße 13, nordwestlich von Wittlich (13 km), Ortsteil der Gemeinde Großlittgen (2 km). Von Manderscheid 13 km. Busverbindungen mit Wittlich (nächster Bahnhof), Manderscheid, Daun.
Parkplätze: Gegenüber dem Hotel »Graf-Zils« sowie beim Hotel, etwa 50 Meter vor der Klosterpforte.
Gehzeiten: Insgesamt 2 Stunden. Himmerod – Hühnerkopf 50 Minuten. Abstieg zum Hotel »Molitors Mühle« ¾ Stunden. Rückweg 25 Minuten.

Unterkunft und Verpflegung: Beim Kloster das Hotel »Graf-Zils«; Kloster-Gaststätte. Hotel »Molitors Mühle«, Tel. 06567/581.
Sehenswürdigkeit: *Zisterzienserabtei*, auf Wunsch Führung mit Orgelspiel. Telefonische Anmeldung: 06575/4110. Schrifttum in der Kirche und im Buchladen.
Sehenswürdigkeit der Umgebung: *Wittlich.* Alljährlich im August weitum bekannte *Säubrennerkirmes;* siehe Tour 39.
Auskünfte: Verkehrsverein: 5561 Großlittgen, Tel. 06575/4129.
Wanderkarte: Topographische Karte 1:50000, Blatt 5906 (Daun).

14 Meerfelder Maar und Mosenberg

Erloschene Feuer

> *Tourencharakter:* Unschwierige Rundwanderung.
> *Beste Jahreszeit:* Frühjahr bis Herbst.
> *Reine Gehzeit:* 3½ Stunden.

Auf rund 30000 Jahre wird das Alter des Mosenberges geschätzt: vier Vulkankrater in Abständen von 375 bis 400 Metern, in gerader Reihe über 1650 Meter Luftlinie von Südost nach Nordwest. Zwei Kilometer vom Hinkelsmaar-Krater entfernt liegt das Meerfelder Maar. Es dürfte ca. 20000 Jahre jünger sein als die Vulkankrater. Vor etwa 11500 Jahren wurden hier durch Wasserdampf- und Gasexplosionen Asche und Gestein bis in Höhen von 1000 bis 2000 Meter geschleudert, aber keine flüssigen Lavamassen wie bei den Vulkanen. Und dieser Lava begegnen wir im Aufstieg aus dem Tal der Kleinen Kyll durch die wildromantische Wolfsschlucht, einem Höhepunkt der Westeifel.

Der Wegverlauf

Von der *Kirche* (Gasthaus »Heberding«) nicht auf dem Vulkanweg, sondern geradeaus nordwärts auf dem *Schulweg.* Ab den letzten Häusern weiter auf dem unteren Weg durch die 150 Meter hohen Hänge über der Wanne des größten Westeifeler Maares. Die charakteristische Nierenform ist die Folge der Grundwassersenkungen 1842 sowie 1877 bis 1880, um Weide- und Ackerland zu gewinnen, was an der ausgedehnten Verlandungszone erkennbar ist. Der restliche Maarsee, seit 1986 unter Naturschutz, umfaßt noch 24,5 Hektar und erreicht Tiefen bis 17 Meter. Die angrenzenden Felder wurden von der Gemeinde gekauft. Damit soll die Überdüngung des Sees vermieden werden. Diesbezügliche Maßnahmen waren schon 1950 erfolgt, als der Meerbach am See vorbeigeleitet wurde. Trotzdem wird im Juli das Wasser durch Braunalgen trübe.

Wir gehen den Halbkreis des Maarkessels aus, passieren eine *Schutzhütte* und gelangen zum östlichen Zipfel des 1,5 Kilometer langen, 1,2 Kilometer breiten Gewässers; Informationstafel. Links berichtet ein Gedenkstein von der Absenkung des Grundwassers (zwei Meter) zur Zeit Kaiser Wilhelms I. Von der Kirche 35 Minuten.

Die *Kreisstraße 10* schräg rechts überqueren. Vor der *Marienkapelle* bzw. gleich nach dem *Meerbach* biegt man links in den Weg ein. Bergan. Nach 500 Metern wird der breite Weg halblinks verlassen (Holzgeländer), hinunter zur Kläranlage und zur *Schutzhütte Ratzgraben* (213 m) an der Mündung des gleichnamigen Tälchens. Von der Kirche ¾ Stunden.

Auf dem breiten Weg weiter talaus, in 10 Minuten zum Rastplatz an der *Kreisstraße 10.* Auf ihr im hübschen Tal der Kleinen Kyll etwa 500 Meter zur Straßengabelung vor der *Kyllbrücke.*

Rechts (Landstraße 16) 5 Minuten leicht bergan. In der Rechtskurve nach links in den Wanderweg. Spaziergang durch das Tal.

Der Mosenberg-Vulkan beim Anflug aus nördlicher Richtung. Vorne der Windsbornkrater, dahinter die Kuppe des eigentlichen Mosenberges. Links im Hintergrund das Kylltal.

Folgende Abbildung: Der bis zu drei Meter tiefe Windsbornkrater am Mosenberg bildet den einzigen wassergefüllten Vulkankrater nördlich der Alpen.

klingenden Vulkanismus, wird stark aggressiv und löst die in den Steinklüften vorhandenen Mineralien. Einmalig in Europa ist die im Volksmund »Brubbel« genannte, periodisch alle 35 Minuten wie kochendes Wasser aufwallende, schwefel- und eisenhaltige Kohlensäurequelle in Wallenborn, 10 Kilometer von Daun.
Im Mai und Juni, wenn das »Eifelgold« blüht, sind die Maare ein Traum in Gelb, gelb von den Ginsterbüschen ringsum. Der Himmel soll blau sein, mit schweren weißen Wolkenballen behangen – dann wird der Traum zur Wirklichkeit.

Der Wegverlauf

Am Nordrand des Parkplatzes, bei einer Rastbank mit herrlichem Blick über das Weinfelder Maar, geht es auf dem *Vulkanweg* zum *Mäuseberg* (561 m) und in wenigen Minuten zum zehn Meter hohen *Dromke-Turm:* Erinnerung an den »Eifelvater« Dr. Adolf Dromke (†1898), Gründer und erster Vorsitzender des Eifelvereins. Auf der Plattform befinden wir uns genau 164,50 Meter über dem Spiegel des von Laubwald umschlossenen Gemündener Maares. Direkt im Süden glänzen die Kuppeln der 1966 durch die Universität Bonn errichteten Sternwarte – zweitgrößte Deutschlands – auf dem Hohen List. Bei klarem Wetter sind sogar die Moselberge und die Hunsrückhöhen erkennbar.
Anschließend dringt der Vulkanweg in den Mischwald ein und beschreibt eine lange Serpentine. Später überquert man einen breiteren Weg und folgt den Markierungen hinunter zum *Wald-Café.* Hier feierte der preußische Heerführer und Generalfeldmarschall Helmuth von Moltke am 26. Oktober 1847 Geburtstag, bekundet der Gedenkstein. Es war der siebenundvierzigste des »großen Schweigers«, wie der Graf wegen seiner Wortkargheit und Bescheidenheit auch ge-

Von Sagen und Legenden umwoben ist das Weinfelder Maar, auch Totenmaar genannt, in der Vulkaneifel südlich von Daun. Am gegenüberliegenden Hang steht das Weinfelder Kirchlein, ehemals Pfarrkirche des untergegangenen Ortes Weinfeld.

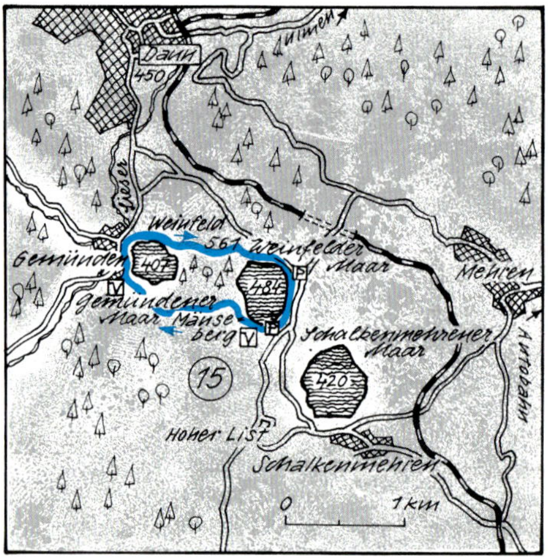

nannt wurde. Eine Informationstafel belehrt über das Naturschutzgebiet Dauner Maare und verdeutlicht zeichnerisch den Unterschied zwischen Krater und Maar. Vom Parkplatz 35 Minuten.

Zum nahen Kriegerehrenmal. Dort halbrechts, abwärts zu dem annähernd kreisrunden *Gemündener Maar* (407 m). Es liegt 77 Meter unter dem Spiegel des Weinfelder Maares, weist einen Umfang von 975 Meter auf, Tiefen bis 38 Meter und nimmt 7,2 Hektar Fläche ein.

Vom *Strandbad* leitet das Sträßchen empor in einen Sattel. Die Tafel zeigt rechts zur Skipiste: zunächst auf asphaltiertem Sträßchen, dann geradeaus zum Schlepplift. Der Wald bleibt zurück. In gut 5 Minuten gelangt man zur Höhe einer sanft gewölbten Kuppe. Oberhalb einer Lava-Abbaugrube weiter. Danach spitzwinkelig rechts auf dem Feldweg, dem man ansteigend folgt. Er wendet sich bald links, später rechts. In der Kurve geht es links auf schmalem Pfad abwärts zum gotischen *Weinfelder Kirchlein,* ehemals Pfarrkirche des im 16. Jahrhundert durch die Pest untergegangenen Dorfes Weinfeld, das an der Stelle einer römischen Villa entstanden war. Auf dem Friedhof ruhen die Verstorbenen des Ortes Schalkenmehren. Vom Parkplatz 1¼ Stunden.

Ab dem Kirchlein noch 150 Meter weiter. Dann rechts, entsprechend dem »Maar-Rundweg«, an das Ufer des *Weinfelder Maares* (484 m), auch Totenmaar genannt. Die Stimmung ist melancholisch. Erkennen Sie das versunkene Schloß auf dem dunklen Lavasand des unbewegten Sees?

Gemütlich am Ufer entlang, das einen Umfang von 1525 Metern aufweist, während der größte Durchmesser 525 Meter beträgt. Abschließend hinauf zum Parkplatz.

Nützliche Informationen

Ausgangsort: *Daun* (450 m), Kreisstadt und heilklimatischer Kurort im Dreieck Mosel–Rhein–Ahr. Von der Autobahnausfahrt Daun-Mehren 9 km, von Gerolstein 20 km, von Cochem und Mayen jeweils 35 km, von Bonn 88 km. Bahnhof der Strecke Andernach–Gerolstein. Gute Busverbindungen.
Ausgangspunkt: Parkplatz südöstlich von Daun (4 km) im Sattel zwischen Weinfelder Maar und Schalkenmehrener Maar, an der Landstraße 64. Bushaltestelle (schlechte Verbindungen) 800 m entfernt beim dortigen Parkplatz, in Richtung Daun.
Parkplätze: Siehe Ausgangspunkt.
Gehzeiten: Insgesamt etwa 1½ Stunden. Parkplatz – Mäuseberg 20 Minuten. Abstieg zum Gemündener Maar 20 Minuten. Gemündener Maar – Weinfelder Kirche ½ Stunde. Von dort zum Parkplatz 10 Minuten.
Unterkunft und Verpflegung: Hotels, Pensionen usw. in *Daun* und *Gemünden.* Jugendherberge außerhalb der Stadt Daun in Richtung Maare: Tel. 06592/2884. Campingplätze in der Umgebung.
Einkehr unterwegs: »Wald-Café« am Gemündener Maar.
Sehenswürdigkeiten: *Heimatmuseum,* geöffnet von Mai bis Oktober Dienstag und Donnerstag 15.00–17.00 Uhr, Sonntag 10.30–12.30 Uhr. – *Hirsch- und Saupark* im Dauner Stadtteil Pützborn, 11 km lange Straße durch den Park (200 Hektar), geöffnet von Juni bis August 9.00–19.00 Uhr, sonst 9.00–18.00 Uhr. – *Mineralbrunnenbetrieb Dauner Sprudel:* Besichtigung: Tel. 615.
Sehenswürdigkeiten der Umgebung: *Schalkenmehren* (7 km): Sternwarte Eifelobservatorium Hohe List, geöffnet vom 1. April bis 31. Oktober jeweils Mittwoch ab 14.00 Uhr; Voranmeldung beim Verkehrsamt erforderlich. – *Brockscheid* (9 km): Eifel-Glockengie-

ßerei Mark, Führungen Montag bis Samstag 10.00, 11.00, 12.00, 14.00, 15.00, 16.00 Uhr. Übrigens ist Cornelia Mark Deutschlands einzige Glockengießerin. – *Neroth* (8 km): Mausefallen-Museum (Dorfschule), geöffnet mittwochs und freitags 14.00–16.00 Uhr oder nach Vereinbarung (Museumsführer Heinz Hans, Tel. 06591/7230), ab Sommer 1991 eventuell auch an Wochenenden.
Auskunft: Kur- und Verkehrsamt: 5568 Daun, Tel. 06592/71477.
Wanderkarte: Topographische Karte 1:50000, Blatt 5906 (Daun).

16 Gerolsteiner Dolomiten und Kasselburg

Durch 60000 Jahre Geschichte

Tourencharakter: Unschwierige Rundwanderung.
Beste Jahreszeit: Frühsommer bis Spätherbst.
Reine Gehzeit: Etwa 2¼ Stunden.

Das Amphitheater von Gerolstein vereint die Faszination steiler Kalkriffe, die im Abendrot zu brennen scheinen, und einer unvorstellbar alten Menschheitsgeschichte. Drei Erdzeitalter haben diese Gegend geprägt. Die Devonzeit vor ungefähr 360 Millionen Jahren, als die Eifel weitgehend vom Wasser bedeckt war und die Abflutung versteinerte Meerestiere – Tintenfische, Krebse, Panzerfische, Haie und andere – zurückließ, die Buntsandsteinzeit (Trias) vor 220 Millionen Jahren und schließlich die vor 10000 Jahren ausklingende Vulkanzeit, die die Papenkaule modellierte. Überhaupt: Im Talkessel der Kyll muß in »Ewigkeiten« gedacht werden, denn die ältesten menschlichen Spuren reichen 60000 Jahre zurück. Da erscheint die Präsenz des römischen Imperiums vor 1800 Jahren als ein geradezu »neuzeitliches« Intermezzo. Es nutzte bereits den Gesundbrunnen der heilenden Wasser aus dem Erdinnern. Heutzutage setzt die Gerolsteiner Brunnen GmbH jährlich 640 Millionen Flaschen Mineralwasser ab.

Der Wegverlauf

Vom *Bahnhof* über die *Kyllbrücke*. Links entlang der *Bundesstraße 410*, die *Gerolsteiner Sprudel GmbH* passierend. Nach 800 Metern links auf der eisernen *Hustleybrücke* erneut über die Kyll und die Schienen. Im Hang dräuen die Bastionen der Hustley. Sie stellt, wie alle anderen Felsen in der Stadtkulisse bzw. den »Gerolsteiner Dolomiten«, kalk- und mergelhaltige Ablagerungen des Devonmeeres dar.
Auf dem *Kasselburger Weg* rechts. Links zweigt der markierte Steig zur Hustley ab (kürzester Zugang zum »Juddekirchhof«). Der Kasselburger Weg passiert ein Kalkwerk und liefert uns nach 20 Minuten an der *Kyllbrücke* von *Pelm* ab. Dort entdeckte man bei der Willibrordkirche ein Gräberfeld adeliger Franken, die nach dem Abzug der Römer in die fruchtbare Gerolsteiner Kalkmulde einrückten. Auf der Höhe lockt die im 12. Jahrhundert erbaute Kasselburg. Vom Bahnhof ½ Stunde.
Nun der *Kreisstraße 33* folgend in einer Viertelstunde bergan zum Restaurant »Forsthaus Kasselburg« (mit Wasserorgel) und zum Basaltkopf (490 m), der die architektonisch außergewöhnliche *Kasselburg* trägt, mit eindrucksvollem, 37 Meter hohem neungeschossigem Doppelturm: Tor- und Wohnturm aus der zweiten Hälfte des 14. Jahrhunderts, als die Herren von Blankenheim die Besitzer waren, Nachfolger der Grafen von Castel, von denen sich der Name ableitete. Hätte die Rheinische Eisenbahngesellschaft beim Bau der Strecke Köln–Trier nicht 1000 Taler für die Restaurierung des in Deutschland einzigartigen Turmes gespendet, wäre er wohl dem Verfall überlassen worden.
Angeschlossen ist der *Adler- und Wolfspark*. Geöffnet vom 1. April bis 30. September zwischen 9.00 und 18.00 Uhr, sonst 10.00 Uhr bis Einbruch der Dämmerung. Wolfsfütterung täglich 15.00 Uhr; 15.30 Uhr Hauptflugvorführung. Vom Bahnhof 50 Minuten.
Der *Kreisstraße* noch 200 Meter folgen. Dann wendet sich der markierte *Vulkanweg* links. Er führt durch die Südseite der *Kreuzkaul*, wo Lava abgebaut wird, und setzt sich südwestlich oberhalb der Kalkbrüche fort. Im

Wald mündet links der direkte Zugang ab Kasselburger Weg. Kurz danach rechts und am Waldrand zum *»Juddekirchhof«*. So nennt die Mundart das großräumige, im aufgehenden Mauernwerk 1985 konservierte keltisch-römische Heiligtum. Ein Umgangstempel war 124 n. Chr. von Marcus Victorius Polentinus der keltischen Göttin Caiva gestiftet worden, sagt die Weiheinschrift. Im anderen Tempel regierte Herkules. Seine zerschlagene Statue wurde gefunden, neben Münzen, die zurückreichen bis Kaiser Augustus um die Zeitenwende, sowie Sühne- und Bittgaben, Bronzeschmuck, Lämpchen und kleinen Götterfiguren. Eine Informationstafel erklärt die Gegebenheiten.

Westlich der Umfassungsmauer »sind in kaum 20 Meter Entfernung die leider stark gestörten Reste eines Kulttheaters und eines rechteckigen Gebäudes noch unbekannter Bestimmung beobachtet worden«, bemerkte Dr. Heinz Cüppers 1990. Von der Kasselburg 20 Minuten.

Geradeaus 100 Meter zum querverlaufenden Asphaltweg. Auf ihm links in 10 Minuten zu einer großen *Schutzhütte* (504 m). Nun abwärts in wenigen Minuten zum Rand der grasigen Mulde *Papenkaule*. Es handelt sich um den ovalen Trockenkrater eines Vulkanes, dessen letzter Ausbruch vor 10000 Jahren vermutet wird. »Das Magma hat bei der ersten gasreichen Förderung den Dolomit vollständig durchschlagen«, erfährt man von Professor Dr. Josef Frechen.

Bei der Informationstafel rechts, am Kraterrand entlang. Links vom Weg folgt eine Stelle mit Lavagestein. Kurz danach halblinks bergan. Über eine Höhe hinweg zu mächtigen Felsen. Dort gähnt das *Buchenloch*. Holzstufen bringen uns hinauf zur Höhle. Im Jahre 1883 fand Eugen Bracht hier Spuren des »Mousterier-Menschen« aus der mittleren Altsteinzeit – ungefähr 60000 Jahre vor unserer Zeitrechnung. Mousterien ist eine Kulturstufe, benannt nach dem Fundort Le Moustier in Frankreich. Als Träger dieser prähistori-

Die Mineralbrunnen von Gerolstein wurden nachweislich schon von den Römern gegen viele Krankheiten genutzt. Rechts im Hintergrund das hornähnliche Felsriff des Auberges.

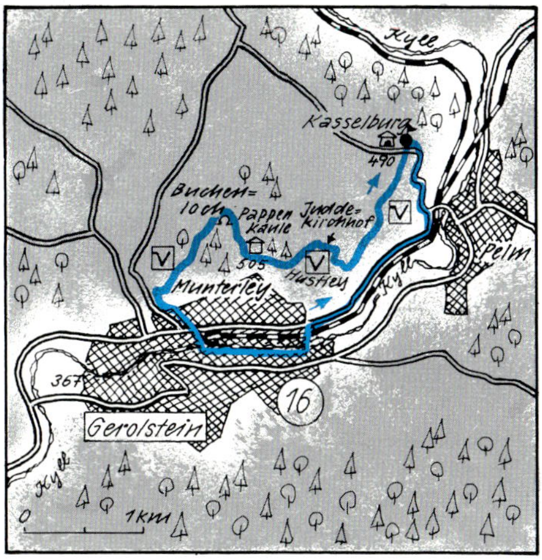

schen Kultur gilt der Neandertaler. Werkzeuge des »Gerolsteiner Neandertalers« zeigt das Naturkundliche Museum.

Auch im Anschluß vertraut man auf die Markierungen des *Vulkanweges* und gelangt in 15 Minuten zu Schutzhütte und Rastplatz *Munterley* (491 m), der herrlichsten Loge über Gerolstein, das etwa 8000 Einwohner zählt. Von der Kasselburg 1 Stunde.

Jetzt hält man sich an die westliche Fortsetzung der Kanzel, absteigend weiterhin den inzwischen vertrauten Markierungen nach. Westlich taucht das markante Felsriff des Auberges auf. Zwischen ihm und der Munterley floß die Lava des Papenkaule-Vulkans ins Kylltal.

Der erste schmale, linksabzweigende Pfad bleibt unberücksichtigt. Etwas später senkt sich die Route links in den Laubwaldschatten, den Felsen durchsetzen. Nach 5 Minuten an der Wegeteilung (Felsen) halbrechts auf dem breiten Weg in 5 Minuten zur Straße *Unter den Dolomiten*. Auf ihr nach links, leicht bergan, etwa 150 Meter. Nach Hausnummer 10 halbrechts und den Markierungen folgend hinunter zur Eisenbahnbrücke. Auf ihr links, über Stufen zum *Bahnhof*. Von der Munterley 20 Minuten.

Nützliche Informationen

Ausgangsort: Gerolstein (360 m). An der Bundesstraße 410, von Daun 21 km, von

Die Kasselburg bietet nicht nur geschichtsträchtiges mittelalterliches Gemäuer, sondern auch den besuchenswerten Adler- und Wolfspark mit Flugvorführungen und Wildfütterungen.

Prüm 20 km, von Bitburg 43 km. Bahnhof der Strecke Köln–Euskirchen–Trier. Gute Busverbindungen.
Parkplätze: In der nächsten Umgebung des Bahnhofs, u. a. auf der Südseite der Kyll; beschildert. Am Bahnhof selbst nur 2 Stunden mit Parkscheibe.
Gehzeiten: Insgesamt etwa 2¼ Stunden. Gerolstein–Kasselburg 50 Minuten. Kasselburg–Munterley 1 Stunde. Abstieg 20 Minuten.
Unterkunft und Verpflegung: Hotels, Gasthöfe, Pensionen, Privatzimmer, Ferienwohnungen in Gerolstein. Jugendherberge: Tel. 06591/4745.
Einkehr unterwegs: Kasselburg.
Sehenswürdigkeiten: *Naturkundliches Museum* im Alten Rathaus, geöffnet Dienstag bis Sonntag 10.00–12.30 Uhr und 14.00–17.00 Uhr. *Kreisheimatmuseum*, Führungen: Montag 14.00, 15.00 Uhr, Mittwoch und Donnerstag 10.00, 11.00, 14.00, 15.00 Uhr, Freitag 10.00, 11.00 Uhr.
Römisch-Germanisches Altertumsmuseum »Villa Sarabodis«, Führungen vom 1. Mai bis 30. September Dienstag 15.00, 16.00, 17.00 Uhr, Mittwoch und Samstag 9.30, 10.30, 11.30 Uhr.
Auskunft: Verkehrsamt: 5530 Gerolstein, Tel. 06591/1380.
Wanderkarte: Vulkan-Eifel um Gerolstein 1:25000. Wanderkarte des Eifelvereins, Blatt 19. – Topographische Karte 1:50000, Blätter 5704 (Prüm) und L5706 (Adenau).

17 Behäbige Schnee-Eifel

Deutsch-Belgischer Naturpark

> *Tourencharakter:* Unschwierige Rundwanderung.
> *Beste Jahreszeit:* Frühjahr bis Herbst.
> *Reine Gehzeit:* 4½ Stunden.

Vom Naturpark Nordeifel, der im Mai 1960 ins Leben gerufen wurde und eine Fläche von 1760 Quadratkilometern ausmacht, nimmt die Schnee-Eifel – üblicherweise »Schneifel« genannt – 405 Quadratkilometer ein: Sie ist Bestandteil des 1972 gegründeten Deutsch-Belgischen Naturparks, seinerzeit zweiter europäischer Naturpark überhaupt. Insgesamt 2485 Quadratkilometer! Davon sind 45 Prozent von Wäldern bedeckt, das grüne Herz Westeuropas sozusagen. Das gilt im Detail auch für die Schneifel, die ausgedehnten Waldberge nordwestlich von Prüm. Sie entstand im Unterdevon, einer geologischen Periode des Paläozoikums vor mehr als 300 Millionen Jahren, als das Meer von Frankreich einfloß. Niederschlagsreichtum bringt Quellen hervor – sie spielen in der Sagenwelt eine große Rolle – und Bäche. Seit der Autor vor zwei Jahrzehnten das Gebiet erstmals erwanderte, hat sich vor allem in den Ortschaften Grundlegendes geändert. Überall sind schmucke neue Häuser aus dem Boden geschossen, und auch Wohlstand ist eingekehrt, zwar nicht übermäßig, aber im Vergleich zu früher doch erheblich. Das gilt für Gondenbrett mit gerade 500 Seelen ebenso wie für die anderen Siedlungen. Trotzdem gehört das Gebiet zu den ärmsten und unwirtlichsten der Eifel: Sibirien der Rheinlande, wie noch immer gelästert wird. Dieses Prädikat darf jedoch positiv im Sinne von Ruhe und Behäbigkeit aufgefaßt werden. Abseits der Dörfer ist das Land menschenleer. Wiesen, Äcker und Fichtenhochwälder zeichnen das Bild. Einzig und allein hier wächst der Königsfarn im Eifelgau. Die gesprengten Westwallbunker sind überwachsen, als solche überhaupt nicht mehr erkennbar. Sie waren in der Schneifel dicht gestaffelt, wie man auf der topographischen Karte sieht: Relikte der Fortifikationslinie zwischen Weil bei Lörrach und Aachen, die aus rund 14000 Bunkern und Kampfanlagen bestand, errichtet durch 450000 Mann vornehmlich ab 1938 mit einem Kostenaufwand von 3,5 Milliarden Mark. Doch auch dieser materielle Kraftakt – 8 Millionen Tonnen Zement, 1,2 Millionen Eisen, 20,5 Millionen Zuschlagstoffe, 950000 Festmeter Holz – konnte den Untergang des Dritten Reiches nur hinauszögern, nicht verhindern!

Der Wegverlauf

Vom Parkplatz in *Gondenbrett* hinauf zur nahen *Dorfstraße*. Links abwärts, über den *Mehlenbach*. Gleich danach links auf dem Sträßchen *In der Klamm*, vorbei an der Gaststätte »Schneifel«. Aufwärts 50 Meter bis zu einer Querstraße. Auf ihr links. Nach 200 Metern an der Gabelung (Wildgehege) halbrechts, jetzt klar bezeichnet mit dem schwarzen Keil des *Eifelverein-Hauptwanderweges 5*; zusätzlich eine weiße Wellenlinie: das Zeichen für den Weitwanderweg Rhein –Maas. Der Fahrweg führt rechts an der Kuppe des Dickenberges vorbei. Im Tal erscheinen die Häuser von Wascheid; der dortige Stausee bleibt aber den Blicken verborgen. Nordwestlich überragt die amerikanische Radaranlage die Höhen der Schneifel. Ungefähr 35 Minuten nach Gondenbrett endet der Asphalt. Die Wege gabeln sich; halbrechts am Waldrand entlang. Rechter Hand schweift das Auge über die Geländewellen des Mehlenbachtales, aus dem im Frühjahr das satte Gelb der Rapsfelder leuchtet. Dann in den Tannenwald. Die Lichtung wurde von den Orkanen 1990 gerissen. Insgesamt fielen in der gesamten Bundesrepublik 37,5 Millionen Festmeter Holz dem Sturm zum Opfer. Wir kommen zur *Kreuzung*, wo rechts der Fahrweg von Wascheid mündet. Von Gondenbrett ¾ Stunden.

Die Kreuzung schräg links überqueren. Anschließend noch kurz am Waldrand, dann im Wald gut markiert in Nordwestrichtung. Etwa 20 Minuten später steht links des Weges eine *Unterstandhütte* (610 m). Kurz danach mündet rechts ein Zugang von Knaufspesch. Bergan, vorbei an einem kleinen Steinkreuz.

An den Kreuzungen geradeaus auf der alten *Landstraße 18.* Ungefähr ½ Stunde nach der Unterstandhütte betreten wir die *Kreisstraße 108*, ehemals der Schneifel-Höhenweg; links ein überwachsener Westwallbunker. Irgendwo liegt eine riesige Truhe voller Geld begraben, weiß die Sage, behütet von zwei kreuzweise daraufgelegten Gewehren... Ab Gondenbrett knapp 1¾ Stunden.

Auf der anderen Straßenseite, vom *Parkplatz* (675 m) links in den Wald, jetzt dem Keil des *Hauptwanderweges 6* folgend. Parallel zur Straße in 10 Minuten zum *»Kettenkreuz«* (695 m), das eigentlich »Käthchenkreuz« heißen müßte, wie die auf der Informationstafel erzählte Geschichte weiß.

Der Wanderschutzpfad setzt sich entlang der Straße fort. Nochmals 10 Minuten, dann die Straße links überqueren. Am Waldrand entlang. Nach 150 Metern nehmen wir die zweite Rechtsabzweigung und treffen 5 Minuten später beim *Restaurant »Schwarzer Mann«* (694 m) ein, kurz »Blockhaus« genannt, dem Wintersportzentrum der Schneifel. Von Gondenbrett 2 ¼ Stunden.

Auf der *Kreisstraße* etliche Schritte links, worauf uns erneut ein Wanderschutzweg übernimmt, jetzt links der Straße. Nach 20 Minuten befindet sich rechts ein Parkplatz neben dem Hügel eines Westwallbunkers. Und rechts davon steht das *»Franzosenkreuz«*, ein zylinderförmiger Stein. Das Denkmal erinnert an die napoleonische Landvermessung 1803 und das dadurch entstandene, von Oberst Tranchot angefertigte flächendeckende Kartenwerk der linksrheinischen Gebiete, die nach dem Frieden von Lunéville (1801) Frankreich bestätigt worden waren. Wir sind am höchsten Punkt – 698 Meter – der Schneifel, dem *Kerschtgeroth.* So lautet der hergebrachte Name. »Schwarzer Mann« kam erst später, »vermutlich im Zusammenhang mit der Bergwerkstätigkeit im nahen Bleialf von Harzer Bergleuten benutzt und von der Bevölkerung übernommen«, sinniert Hans Naumann.

Weiter links von der Straße. Die 225 Meter hohe Funkantenne bleibt zurück. Rechts schufen die Orkane 1990 mit Windstärke 12 freie Sicht nach Westen. Etwa 15 Minuten nach dem Parkplatz steht links ein *Holzhüttchen* (652 m). Hier wird die Kreisstraße links verlassen. Nach 10 Minuten geradeaus über die Kreuzung; Wegweiser »Sellerich«, örtlicher Wanderweg 1. Nach 200 Metern an der Gabelung entweder halblinks der Wegnummer 1 nach über die *Marienkapelle* (etwas abseits) oder halbrechts der Nummer 8 nach in 15 Minuten in den Weiler *Hontheim* (470 m), wo sich beide Routen an der Bushaltestelle treffen. Von Gondenbrett 3¼ bis 3½ Stunden.

Abwärts zum *Mönbach.* Jenseits Gegenanstieg auf der *Kreisstraße 110,* vorbei am Friedhof mit der kleinen Kirche zur *Landstraße 17,* die emporführt zur *Sellericher Höhe* (528 m) am Scheitelpunkt der Landstraße. Hier soll ebenfalls ein Schatz vergraben liegen! Von Hontheim 20 Minuten.

Links, etwa 70 Meter der Markierung folgen. Dann rechts und zum letzten Gehöft (Kälbermast). Vor den Stallungen rechts, dann links und anschließend auf einem Wiesenweg. Er mündet nach gut 5 Minuten in einen geteerten Fahrweg, der uns in 10 Minuten zum Dörfchen *Obermehlen* bringt.

Links der Ortsstraße folgen, etwa 500 Meter. Gegenüber von Haus Nummer 31 rechts zum *Litzenmehlenbach* (450 m). Letzter Anstieg auf geteertem Fahrweg! Durch die Westflanke des *Thomasberges* und in freier Flur hinüber nach *Gondenbrett.* Von Obermehlen ½ Stunde.

Nützliche Informationen

Ausgangsort: Gondenbrett (449 m), nördlich von Prüm (4 km, nächster Bahnhof) im Mehlenbachtal an der Kreisstraße 180. Von Gerolstein 24 km, von Daun 44 km, von Blankenheim 39 km. Busverbindungen mit Prüm, Hallschlag, Stadtkyll.

Parkplätze: Beim Sportplatz, unterhalb der Kirche.

Gehzeiten: Insgesamt etwa 4½ Stunden. Gondenbrett – Schneifel knapp 1¾ Stunden. Weiter zum »Blockhaus« ½ Stunde. Abstieg nach Hontheim knapp 1 Stunde. Rückweg nach Gondenbrett 1¼ Stunden.

Auch die winterliche Schnee-Eifel überrascht den Wanderer mit unverkennbaren Reizen.

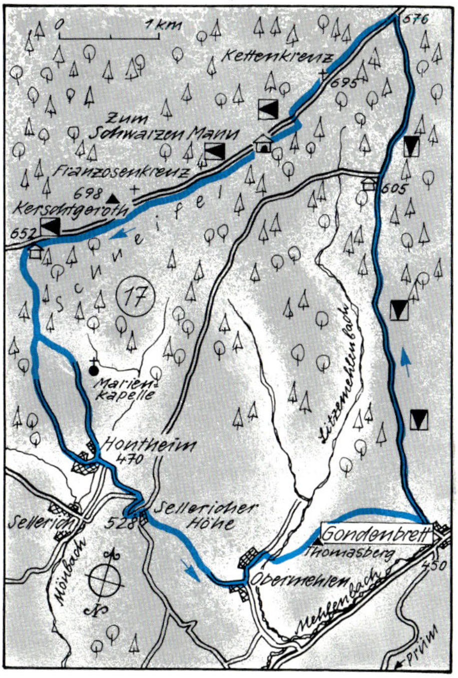

Unterkunft und Verpflegung: In *Gondenbrett* zwei Gasthöfe, Pensionen, Privatzimmer. – In *Prüm* Hotels, Gasthöfe, Pensionen, Ferienwohnungen. Campingplatz. Jugendherberge: Telefon 06551/2500. Hübsch ausgestattet das Restaurant »Zur Alten Abtei« (am Hahnplatz vor der Basilika), warme Küche von 11.30 bis 22.00 Uhr, Mittwoch Ruhetag.
Einkehr unterwegs: »Restaurant zum Schwarzen Mann« (Blockhaus); warme Küche von 12.00 bis 14.00 Uhr, Montag geschlossen.
Auskunft: Verkehrsamt: 5540 Prüm, Telefon 06551/505.
Sehenswürdigkeiten der Umgebung: *Prüm*: Die ehemalige Benediktinerabtei wurde 721 von den Karolingern gegründet, 752 unter Pippin vergrößert; im Mittelalter eines der reichsten Eifel-Ardennen-Klöster mit zeitweise 200 Mönchen. Von den Franzosen 1802 säkularisiert, bergen die *Klostergebäude* seit 1852 das staatliche Regino-Gymnasium. An Stelle der gotischen, 1719 abgerissenen *Klosterkirche* schuf der kurtrierische Hofbaumeister Johann Georg Judas von 1721 bis 1730 die mit ihrer Barockfassade den Hahnplatz beherrschende, zweitürmige, prächtig ausgestattete *Salvatorbasilika*. Sie bewahrt laut Überlieferung in einem Reliquienschrein Reste der Sandalen Christi, die Papst Zacharis König Pippin 762 schenkte. Das dreischiffige Innere ist, nach gotischer Tradition im Trierer Land, durch Rundbogenarkaden gegliedert, wobei das Mittelschiff die gleiche Breite wie der Chor hat. Pilastervorlagen tragen die Kreuzrippengewölbe. Großer, wegen der dunklen Farbtöne düster wirkender Hochaltar von 1727; er kam 1927 aus der Karmeliterkirche St. Nikolaus in Bad Kreuznach hierher. Barockes, 1731 geschnitztes Chorgestühl, unter anderem mit Darstellungen von Päpsten und Szenen aus der Geschichte des Benediktinerordens. Die Sandsteinkanzel gehört dem Vorgängerbau an und entstand um 1590 in der Werkstatt des Trierer Bildhauers Hans Ruprecht Hoffmann; vier Relieftafeln mit biblischen Motiven bilden den Kanzelkorb. Achten Sie darauf: die Personen sind gotisch ausgebildet, während die Ornamentik bereits der Renaissance angehört! Prunksarkophag mit den Gebeinen des als Mönch im Kloster 855 gestorbenen Kaisers Lothar, Enkel Karls des Großen, eine Stiftung (1878) von Kaiser Wilhelm I.; Kirchenführer erhältlich. Im Abteigebäude findet alljährlich im Juli die vielbeachtete Ausstellung der *»Europäischen Vereinigung Bildender Künstler aus Eifel und Ardennen«* statt. – *Heimatmuseum* im neuen Rathaus, geöffnet Dienstag und Donnerstag 14.00–17.00 Uhr, in den Sommerferien auch samstags 10.00–12.30 Uhr; Führer. – Daneben *Informationsstätte »Mensch und Natur«*, die vom Feuchtbiotop bis zur Jagd einen Überblick der vielfältigen Beziehungen Mensch–Natur zeigt. – *Geologischer und vogelkundlicher Pavillon* im oberen Kurgarten neben dem Hotel Tannenhof. – *Eifelzoo Pronsfeld* (10 km von Prüm), geöffnet 9.00 bis 19.00 Uhr; 400 Tierarten.
Wanderkarte: Topographische Karte 1:50000, Blatt Deutsch-Belgischer Naturpark, Südteil; oder Blatt 5704 (Prüm).

Wo im Kriegswinter 1944 unerbittlich gekämpft wurde und zahlreiche Westwallbunker vergeblich drohten, zieht nun friedlich das Wild seine Spuren durch den Schnee.

18 Zum Kronenburger See

Erholungsgebiet Oberes Kylltal

> *Tourencharakter:* Unschwierige Rundwanderung.
> *Beste Jahreszeit:* Frühling bis Spätherbst.
> *Reine Gehzeit:* 1 1/2 Stunden.

Kronenburg – wahrlich die Krone an der jungen Kyll, achtunggebietender Horst auf einem Bergsporn 100 Meter über dem Talboden: Pflastergäßchen zwischen schmucken Fachwerkhäusern, zusammengeschnürt und fest verwachsen im unregelmäßigen Oval – 100×200 Meter – des erweiterten Burgbereichs, wie er im 14. Jahrhundert konstruiert wurde, bewehrt mit Ringmauer, Türmen und Toren. Auf der Spitze (591 m) erheben sich die Ruinen der fünfseitigen Burg, welche bei ihrer ersten Nennung 1277 schon eine enorme Machtfülle barg. Die goldenen Fänge des roten Adlers im Wappen der Kronenburger hatten Besitz ergriffen an Kyll, Urft und Ahr, hielten das Gebiet des heutigen Landkreises Düren in ihren Krallen, die Stadt Neuerburg, das luxemburgische Esch. Aus der Lehenshoheit Luxemburgs im 14. Jahrhundert reifte Landeshoheit.

Die Kronenburger herrschten bis 1414, als das Geschlecht mit Peter von Kronenburg in der männlichen Linie erlosch – obwohl er dreimal verheiratet war. Durch weibliche Erbfolge sank die Herrschaft zum Anhängsel anderer Territorien, zuletzt Manderscheid-Blankenheim. So übernahmen es 1794 die Franzosen, welche Kronenburg als Kantonshauptort zum Arrondissement Malmedy bzw. zum Ourthe-Departement schlugen. Nun lag das Recht zur Einsetzung des Pfarrers nicht mehr in den Händen der seit 1277 in Kronenburg präsenten Johanniter. Eine zweite Blüte zog auf, bedingt durch intensivere Nutzung der Stadtkyller und Dahlemer

Die Luftaufnahme zeigt deutlich den Reiz des einstigen Festungsstädtchens Kronenburg über der jungen Kyll, die hier bei der Kronenburgerhütte für die Hochwasserregulierung gestaut wird.

Eisengruben. Als jedoch 1819 Preußen durch Kauf an der Kyll einrückte, verwelkte das Pflänzlein rasch. Wirtschaftliche Not bewirkte Abwanderung. Von den 600 Einwohnern verließen bis 1900 etwa 350 Leute den Ort; heute leben dort rund 500 Menschen. Wie Kronenburg in gotischer Zeit aussah, vermittelt die Kulisse des Freskos (St. Georg im Kampf mit dem Drachen) in der Pfarrkirche, hinter dem linken Seitenaltar. Noch eindrucksvoller kommt die Größe des Ortes im 17. Jahrhundert in einem Kupferstich Merians zum Ausdruck.

Der Wegverlauf

Von den Parkplätzen auf der Rückseite des *»Eifelhauses«* abwärts. Kurz darauf (Rastbank) halblinks auf dem schmalen Weg hinunter zum breiten, promenadenähnlichen Weg, dem man rechts oberhalb von Kronenburgerhütte in die Mulde eines Seitentales folgt. Anschließend auf der Straße *Zum Kleebusch* abwärts nach *Kronenburgerhütte.* Die im 15. Jahrhundert gegründete Eisenhütte war bis um 1850 in Betrieb.
Nach rechts der *St.-Vither-Straße* (B 421) folgen bis zur Staumauer des fischreichen, zwischen 1973 und 1976 entstandenen *Kronenburger Sees.* Rückwärts grüßt Kronenburg über Baumwipfeln. Rechts an der Mauer ein riesiger Überlaufstutzen. Er dient der Hochwasserregulierung der Kyll in ihrem Lauf zwischen Kronenburg und Stadtkyll. Das Fassungsvermögen des Sees beträgt 1,9 Millionen Kubikmeter bei 20 Hektar Wasserfläche. Von Kronenburg 15 Minuten.
Am südlichen Ufer entlang. Spätestens vor dem *Kinderspielplatz* und dem *Kiosk* hält man sich nahe am Ufer. Jenseits erkennt man die Mulde des Ohmbaches und links die Waldhöhen des Arenbergforstes, unser nächstes Ziel. Das genußvolle Schlendern am Seeufer endet nach 15 Minuten am Überlaufwehr des Rückhaltebeckens. Über den Steg auf das andere Ufer wechseln. Von Kronenburg 1/2 Stunde.
Markierung 2 führt über Holzbohlenstufen empor zur *Bundesstraße 421.* Links, nach 50 Metern halbrechts. Gleich rechts am Forstfahrweg verschwanden, wie vielenorts in der Umgebung, 1990 die Reste eines Westwallbunkers. Mäßig bergan. Bald schwenkt der breite Weg parallel zur Kyll in Nordrichtung ein. Etwa 15 Minuten nach dem See erreicht man einen *Steinbruch.* Daran links vorbei und hinauf zu einem breiten Querweg. Rechts weiter bergwärts. Links tritt der Wald zurück. In einiger Entfernung wölbt sich die flache Waldkuppe des Spalersborn, rechts der unscheinbare Höhenberg.
Angelangt auf der Kuppe des Weges, wird nördlich das Dörfchen Berg sichtbar. Hier nicht rechts (Wegnummer 2 ins Kylltal), sondern geradeaus. Der geteerte Fahrweg führt durch die Mulde des obersten *Ohmbachtales.*
Etwa 50 Meter vor der Straße biegt man rechts ein. Auch anschließend rechts halten, dem schwarzen Markierungskeil der *Hauptwanderroute 5 nach: Felix-Gerhardus-Weg.* Rechter Hand die Kuppe *Auf dem Höchsten* (611 m): höchste Erhebung nördlich von Kronenburg. Ab Stausee 3/4 Stunden.
Jetzt geht es talwärts, und wir genießen das weite Panorama. Für uns gilt die zweite Rechtsabzweigung: *Johanniterstraße.* Dann führt die *Gerlachstraße* direkt zum *Nordtor,* einer Pforte ins altersschöne Kronenburg.

Nützliche Informationen

Ausgangsort: Kronenburg (562 m), Ortsteil der Verbandsgemeinde Dahlem in Nordrhein-Westfalen. Auffahrt von der Talstraße (B 421) 600 Meter. Gute Busverbindungen.
Parkplätze: Vor dem nördlichen Stadttor sowie beim Haus des Eifelvereins (»Eifelhaus«).
Gehzeiten: Insgesamt 1 1/2 Stunden. Kronenburg–Stausee 1/2 Stunde. Stausee–Auf dem Höchsten 3/4 Stunden. Abstieg 1/4 Stunde.
Unterkunft und Verpflegung: Hotels, Gasthöfe, Privatzimmer; empfehlenswert »Haus des Eifelvereins« (Eifelhaus), Tel. 06557/295. Ferienpark Kronenburger See (Ferienhäuser).

Die spätgotische Pfarrkirche St. Johann Baptist wurde geschickt in die Stadtmauer von Kronenburg integriert und birgt als Kostbarkeit einen gotischen Altar aus der Zeit um 1500 sowie beachtenswerten Freskenschmuck.

den sein. Wir erreichen ein idyllisches Bachtal. Am Waldrand entlang. Kurz hinter dem Feuerlöschteich den Bach rechts überschreiten. Auf dem Querweg links, wenig später rechts und hoch zum Waldrand. Dort ungefähr 50 Meter rechts, bis die schwarzen Keile wieder in Südrichtung weisen. Südwestlich erscheint Ripsdorf, wo schon um das Jahr 1000 eine Kirche stand. Nach 10 Minuten wieder in den Wald und zum Querweg am *Schafbach.* Rechts talein, 20 Minuten zur *Schafbachbrücke* an der *Kreisstraße 19,* vor der ehemaligen Ripsdorfer Mühle. Von Blankenheim $1\frac{3}{4}$ Stunden.

Bei der Rastbank scharf rechts: *Markierung W* (= Wacholderweg) auf breitem Forstfahrweg, der sich schwach links wendet. Erneut bergan, durch die Osthänge des Stromberges zur *Schutzhütte* auf einer Lichtung (514 m). Südwestlich, an der Kuppe des *Stromberges,* sind noch Reste eines mehr als 1500 Jahre alten, fast kreisförmigen Ringwalles mit einem Durchmesser von etwa 220 Metern gut erhalten.

Durch den Ripsdorfer Wald in etwa 20 Minuten zur Übersichtstafel an der *Kreisstraße 69* unweit des *Café Maus.* Von Blankenheim $2\frac{1}{4}$ Stunden.

Auf der Straße nordwärts, in 10 Minuten zu den Häusern von *Nonnenbach.* Vor der Kapelle links, nach 300 Metern über den *Nonnenbach* und gleich danach vor dem Schlemmershof (460 m) die Straße rechts verlassen, etwa 100 Meter zu einer Sitzgruppe. Hier links, 50 Meter dem breiten Weg folgen, dann halbrechts und nun der *JH-Markierung* (Jugendherbergsweg) nach, abermals aufwärts, in gut 5 Minuten zum Grillplatz der *Schutzhütte Geishausen.* Bald stößt man auf einen breiten Querweg. Rechts 200 Meter, und wir sind bei Schutzhütte und Rastplatz am *»Russenkreuz«.* Der Name sei unerklärlicherweise im Volksmund entstanden, erzählt der Förster, und habe mit Russen überhaupt nichts zu tun. Der Hügel mit dem

Überragt und beherrscht wird das kleinstädtische Blankenheim vom Neubau der Burg (heute Jugendherberge). Links unterhalb steht die gotische Pfarrkirche Mariä Himmelfahrt, einst Grablege der Herren von Blankenheim.

Neben dem Eingang des gallo-römischen Umgangstempels, des sogenannten »Heidentempels« bei Pesch, erinnert ein Abgußstein an die vorchristlichen Muttergottheiten »Matronae Aufaniae«, wie sie im benachbarten Nettersheim verehrt wurden.

das u.a. auch von drei Quellen versorgt wird, die schon in der Römerzeit sprudelten, mit rund 30 Kubikmetern pro Stunde. Das Wasser floß ursprünglich bei Eiserfey in den Hauptkanal der römischen Wasserleitung nach Köln (siehe Tour 21). Insgesamt nimmt das Pumpenhaus stündlich 170 Kubikmeter Trinkwasser auf; der größte Teil (110 Kubikmeter) fließt aus einem Stollen des ehemaligen Erzbergwerkes.

Etwa 100 Meter danach links, aber nur 20 Meter weit, dann rechtshaltend am Zaun entlang, hinter dem auf den sogenannten »Hausener Benden« die drei römischen Quellfassungen sprudeln, die bis 1976 für jedermann zugänglich waren.

Nach 10 Minuten rechts wieder auf den *Pescher Weg,* dem man links folgt. Kurz vor der Autobahnunterführung kreuzt man die Römerstraße Bonn–Trier, auf der einst Legionen marschierten. Hinter der Autobahn wölbt sich rechts die *Hardtkuppe.* Altehrwürdige Linden säumen den Weg. Nordöstlich sieht man auf dem Stockert das 1971 seiner Bestimmung übergebene Radioteleskop: größtes vollbewegliches der Welt und leistungsstärkstes Einzelteleskop, Durchmesser 100 Meter, Kostenaufwand 32 Millionen Mark. Es empfängt im Radiowellenbereich elektromagnetische Strahlung, die Erkenntnisse liefert über die Zusammensetzung und den physikalischen Zustand der Materie des gesamten Universums.

Die Dächer von Pesch tauchen auf. Kurz nach dem *Marienbildstock* (rechts am Waldrand) geht es links ab, die Asphaltschleife abkürzend. Auf der Straße 30 Meter links, dann scharf rechts mit dem Sträßchen »Auf der Jücht« zum *Friedhof.* Links in den Lindenweg. Am Gasthaus Eifeler Hof rechts vorbei (Jakob-Kneip-Straße) zu der 1846 erbauten Pfarrkirche in *Pesch* (390 m); vom Ausgangspunkt 3/4 Stunden.

Die *Landstraße 206* überqueren, dann das Rinnsal des *Quartbaches.* Wenig später an der Bushaltestelle links in die Straße *»Zum Heidentempel«,* die bald rechts Richtung Waldrand einschwenkt. An ihm links entlang. Unmittelbar vor dem Parkplatz rechts, im Wald bergan, 5 Minuten zum *»Heidentempel«* (390 m), dem stattlichen, 100 Meter langen, 34 Meter breiten römischen Tempelbezirk auf dem Addig, der wohl besterhaltenen derartigen Anlage nördlich der Alpen.

Im Unterstandpavillon verdeutlicht eine Grundrißtafel im Verein mit dem informativen Rekonstruktionsversuch erschöpfend die Gegebenheiten des Kultzentrums, das drei Bauperioden offenbart: Mitte oder zweite Hälfte des 1. Jahrhunderts, frühes 3. Jahrhundert, erste Hälfte des 4. Jahrhunderts. Verehrt wurden neben Jupiter die »Matronae Vacallinehae«, mütterliche Fruchtbarkeitsgottheiten, welche bisher nur in Niedergermanien nachgewiesen sind, bemerkt Landesmuseumsdirektor Dr. Heinz Günter Horn. Er sieht darin »Schutzpatrone einer Personengruppe (Stamm, Sippe?), die Vacalli geheißen haben könnte«, und nimmt als Blütezeit ihrer Verehrung die Spanne zwischen 150 und 250 n. Chr. an. Der Abgußstein links neben den sandsteinverblendeten Türwangen des gallo-römischen Umgangstempels stellt jedoch die »Matronae Aufaniae« dar, gleichfalls heidnische Muttergottheiten, wie sie im benachbarten Nettersheim verehrt wurden. Eine Kopie des hiesigen Altars (Original im Rheinischen Landesmuseum Bonn) ist neben bildlichen Darstellungen und fragmentarischen Steinfunden im Toni-Hürten-Heimatmuseum in Bad Münstereifel (Tour 29) zu besichtigen. Ab Dreimühlen 1 1/4 Stunden.

Weiter in Gegenrichtung zur schwarzen Winkelmarkierung des *Eifelverein-Hauptwanderweges 11*. Die Hecke rechts zeigt den Verlauf des 120 Meter langen Wandelganges, angelegt während der letzten Periode; der 16,50 Meter tiefe Brunnen stammt allerdings aus der Frühzeit.

Vorbei am *Hardenberg-Gedenkstein,* 400 Meter zum Querweg im *Horntal,* der links zum Wanderparkplatz an der *Landstraße 206* führt. Auf der anderen Straßenseite linkshaltend bergan der Markierung 10 nach, die eine S-Kurve beschreibt. Nach 5 Minuten an der Gabelung links auf schönem promenadeähnlichem Hangweg. Unter den Leitungsdrähten rechts, nun steiler bergan. An der Aussichtskuppe des unter Naturschutz stehenden *Jakob-Kneip-Berges* (438 m) rechts vorbei. Vom Tempelbezirk 1/2 Stunde.

Danach mit dem Querweg links, aber nur 100 Meter. Rechts, an Hecken entlang und geradeaus. Bald taucht Harzheim auf. Man stößt auf die Autostraße. Rechts nach *Harzheim.* Wer würde es den Häusern ansehen, daß sie auf antikem Boden stehen: an der Römerstraße Trier–Bonn, die man an der Kreuzung neben der Gaststätte zur Post betritt. Ab Dreimühlen 2 Stunden.

Links, dem Verlauf der *Römerstraße* folgen, unterhalb der Kirche bergan in Nordrichtung. Nach 15 Minuten, gleich nach dem Gutshof, rechts und über die Autobahn. Links erhebt sich die Waldkuppe des Hermesberges. Jetzt gilt die Markierung »A 2«: gut 5 Minuten geradeaus. Dann rechts, an der Kreuzung links, bei der Gabelung 5 Minuten später rechts und hinunter nach *Dreimühlen.*

Nützliche Informationen

Ausgangsort: Dreimühlen (390 m), an der Bundesstraße 477, südlich (8 km) von Mechernich. Von der Autobahnausfahrt Nettersheim 4 km, von Blankenheim 17 km. Buslinie Blankenheim–Mechernich.
Parkplatz: Kakushöhle (400 m), am westlichen Ortsrand von Dreimühlen.
Gehzeiten: Insgesamt 2 3/4 Stunden. Kakushöhle–Pesch 3/4 Stunden, Pesch–Tempelbezirk 1/2 Stunde, Tempelbezirk–Harzheim 3/4 Stunden, Rückweg 3/4 Stunden.

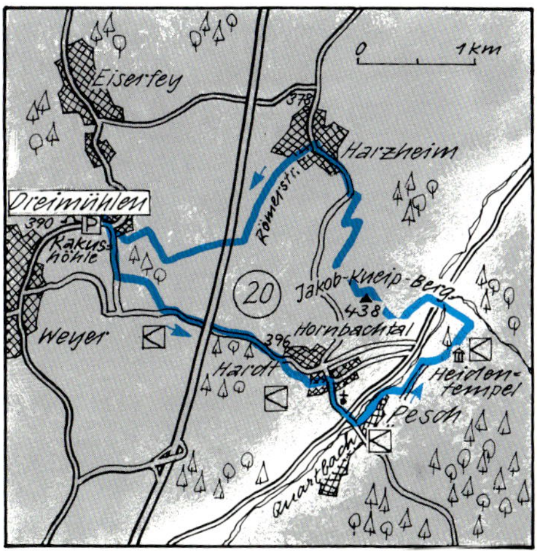

Unterkunft und Verpflegung: Nächste Übernachtungsmöglichkeit in Eiserfey (2,5 km nördlich von Dreimühlen, »Gasthof zur Römerstube«). In Weyer die Wirtschaft »Zum Gässjen«.
Einkehr unterwegs: Pesch, Harzheim.
Auskunft: Fremdenverkehrsverein: 5353 Mechernich, Tel. 02443/5296.
Wanderkarte: Topographische Karte 1:50000, Blatt Deutsch-Belgischer Naturpark, Nordteil.

21 Eifelbasilika und römische Ingenieurskunst

Über Kloster Steinfeld zur römischen Wasserleitung

Tourencharakter: Unschwierige Rundwanderung.
Beste Jahreszeit: Frühjahr bis Herbst.
Reine Gehzeit: 3½ Stunden.

»Dat Wasser vun Kölle es jot«, wagen Optimisten zu behaupten. Auf jeden Fall war es einmal gut, sogar überdurchschnittlich gut, kalkhaltig, wie es dem gehobenen Lebensstandard der Bewohner der Colonia Claudia Ara Agrippinensium entsprach. Immerhin war Köln Hauptstadt der Provinz Niedergermanien. Die römische Wasserleitung entstand nach und nach, angepaßt an die Infrastruktur des aufblühenden Gemeinwesens, denn bereits in der ersten Hälfte des ersten Jahrhunderts genügten die stadtnahen Quellen den Anforderungen nicht mehr. Gegen Ende des ersten Jahrhunderts, so die Ergebnisse wissenschaftlicher Untersuchungen, projektierten Gromatiker, römische Vermessungsbeamte, tief in die Nordeifel, in die Sötenicher Kalkmulde (die noch heute bestes Trinkwasser spendet), Quellfassungen und Leitungen. Zunächst faßte man drei Quellen bei Kallmuth, Urfey und Dreimühlen. Als auch deren Ausschüttung wegen des Wachstums der Metropole nicht mehr genügte, bewältigte man die Rhein-Maas-Wasserscheide durch Umgehung der Täler von Erft und Swistbach und zapfte den »Grünen Pütz« im

Urfttal an. Nun flossen pro Tag mehr als 20000 Kubikmeter Wasser zum Verteilerbecken am Rhein. Bei einem angenommenen Bedarf von täglich 100 Litern pro Kopf konnte die Versorgung von 200000 Menschen sichergestellt werden. Die Verteilung vor Ort dürfte nach dem System erfolgt sein, wie es uns aus Pompeji bekannt ist.
Der Hauptkanal war 95,4 Kilometer lang – eine der längsten Fernwasserleitungen des Imperiums, in Deutschland das bedeutendste Werk römischer Technikerkunst. Schätzungsweise mußten beim Bau 350000 Kubikmeter Erde bewegt werden. Klaus Grewe vom Rheinischen Amt für Denkmalpflege zählt die Leitung allerdings zu den »einfacheren Projekten«, denn es waren weder »aufwendige Tunnelbauten, Druckleitungsstrecken oder mehrstöckige Brückenbauwer-

ke« erforderlich. Aber: »Um derartige Ingenieurleistungen römischer Zeitstellung zu sehen, müssen wir schon in die südlichen Länder Europas, nach Nordafrika oder in die Türkei reisen.« Ohne Aquädukte ging es jedoch auch in der Eifel nicht. Beispiel im Nahbereich der Wanderung: die teilweise rekonstruierte, 80 Meter lange, ursprünglich auf zehn oder zwölf Pfeilern ruhende Brücke in einem Seitental bei Vussem. Ganz zu schweigen vom Erft-Aquädukt (550 m) und dem des Swistbaches (1,4 km).

Seit dem Abzug der Römer aus Germanien im 5. Jahrhundert war der Kanal praktisch dem Verfall preisgegeben. Die Bevölkerung stand vor einem für sie unerklärlichen Bauwerk. »Teufelsader«? Der Gehörnte soll mit dem Kölner Dombaumeister gewettet haben, eher einen gemauerten Kanal von der Mosel

Auf den schwach gewölbten Höhen südwestlich des Urfttales thront die Basilika des 1802 aufgehobenen Prämonstratenserklosters Steinfeld, umgeben von den Häusern der gleichnamigen Ortschaft, durch die die Wanderung führt.

über die Eifel nach Köln fertigzustellen, als daß der Dom vollendet sein würde – und soll gewonnen haben! Es war auch die Rede von Unmengen Wein, die nach Köln geflossen seien. Andere Phantasien sahen einen Kanal für schwimmende Rohrpost (per Enten) von Trier.

Der tatsächliche historische Wert wurde leider erst spät erkannt, zu spät, als bereits große Teile abgebrochen und als Baumaterial verwendet worden waren, so geschehen vor allem zwischen dem 11. und 13. Jahrhundert. Den Forschungsstand von 1985 dokumentiert der vom Rheinischen Landesmuseum Bonn herausgegebene »Atlas der römischen Wasserleitungen nach Köln«. Noch aktueller ist die 1988 erschienene Broschüre von Klaus Grewe mit topographischem Kartenmaterial über 110 Wanderkilometer entlang des Römerkanals.

Der Wegverlauf

Vom Parkplatz auf der *Römerstraße* taleinwärts, etwa 10 Minuten, dann links ab. Der Wegweiser verrät, daß es noch 2,2 Kilometer nach Steinfeld sind, also etwa 35 Minuten, was zutrifft. Auf geteertem Fahrweg, vorbei an einem aufgelassenen Kalksteinbruch in 15 Minuten zum *Kuttenbach.* Am anderen Ufer rechts und in das Kuttenbachtal hinein. Nach 10 Minuten ist rechts unterhalb des Weges der *Hermann-Josef-Brunnen* gefaßt. Hermann Josef (1150–1241), nach jahrhundertelanger Verehrung 1960 heiliggesprochen, Prämonstratenser, geschätzt als Uhrmacher und bekannt seiner überaus langen Meßfeiern wegen, liegt in Kloster Steinfeld begraben. Von Sötenich ½ Stunde.

Etwa 5 Minuten später geht es beim betonierten Leitungsmast links, spürbar steil, bergan; an der Gabelung geradeaus auf der *Eifelverein-Hauptwanderroute 4.* Nach 5 Minuten an der Kläranlage vorbei. Der breite Weg führt entlang der Klostermauer nach *Steinfeld* (525 m): Ortsteil der Gemeinde Kall und Kloster. Es gibt in Deutschland kaum eine Reichsabtei, die vollständiger erhalten wäre. Nach den Regeln des 1120 durch den hl. Norbert von Xanten gegründeten Prämonstratenserordens steht der Komplex auf der Höhe (und nicht wie bei den Zisterziensern im Tal). Die geschichtlichen Anfänge des christlichen Platzes reichen ins frühe 10. Jahrhundert zurück. Die Niederlassung – erstes Prämonstratenserkloster überhaupt – trat 1184 in den Rang einer Abtei; sie erhielt Abgaben aus rund 100 Ortschaften. Irland, Holland und der deutsche Osten erlebten Tochtergründungen. In Steinfeld regierten 44 Äbte bis zur endgültigen Aufhebung 1802. Doch bereits 1794, nachdem Frankreich die linksrheinischen Gebiete annektiert hatte, war Abt Gilbertus Surges mit den meisten Mitgliedern des Konvents, damals 78 Chorherren und ein Laienbruder, nach Mühlheim an der Ruhr geflohen, im Reisegepäck die Reliquien des seligen Hermann Josef. Erst 1921 sorgten Salvatorianer für neues Leben, setzten die tausendjährige Tradition gewissermaßen fort. Sie übernahmen seelsorgerische Pflichten und gründeten ein Gymnasium, das heute von 700 Jungen und Mädchen besucht wird.

Als Jahr der Grundsteinlegung für die Kirche ist 1142 durch eine Inschrift am nördlichen Chorpfeiler verbürgt. Patrone sind der hl. Potentinus, ein französischer Herzog, und seine Söhne Felicius und Simplicius, deren Gebeine von Karden (siehe Tour 35) überführt wurden. Romanische und gotische Architektur harmonieren mit barocker Ausstattung. Im Vorderteil der dreischiffigen Basilika thronen an zwei Pfeilern Potentinus in Ritterrüstung (links) und Hermann Josef im Ordenshabit (rechts). Der Marmorsarkophag im Hauptschiff birgt in einem Holzschrein die Gebeine des Heiligen. Ausschnitte seiner legendären Vita erzählt bildhaft der nach ihm benannte Altar. Potentinus wird in einem Ersatzschrein angebetet; das Original bewahrt der Louvre. Ähnlich ist es bei den großartigen Renaissance-Fenstern des Kreuzganges, für deren Besichtigung eine Reise ins Londoner Victoria-and-Albert-Museum erforderlich wäre. Am Hochaltar triumphiert barocker Überschwang, wie an Kanzel und Orgel. Pater Dr. Bernward Meisterjahn beschreibt die Sehenswürdigkeiten ausführlich in einem Büchlein, das in der klostereigenen Buchhandlung erworben werden kann. Die Kirche ist von 12.00 bis 14.00 Uhr geschlossen. Anmeldung für Führungen: Tel. 02441/8890.

Gegenüber dem Kloster, zwischen »Restaurant zur Post« und »Hotel zum Römer«, folgt man der *Hallenthaler Straße* abwärts. Der *schwarze Markierungskeil* führt geradeaus in den Hangwald und hinunter ins hübsche *Gillesbachtal.* Neben der Rastbank links talaus,

Klosterkirche Steinfeld: Kanzelkorb und Kanzellaterne gelten als Meisterwerke barocker Schnitzkunst ebenso wie der durch Bruder Michael Pirosson im späten 17. Jahrhundert geschaffene Hochaltar. Das Hauptbild kann je nach Liturgie ausgetauscht werden.

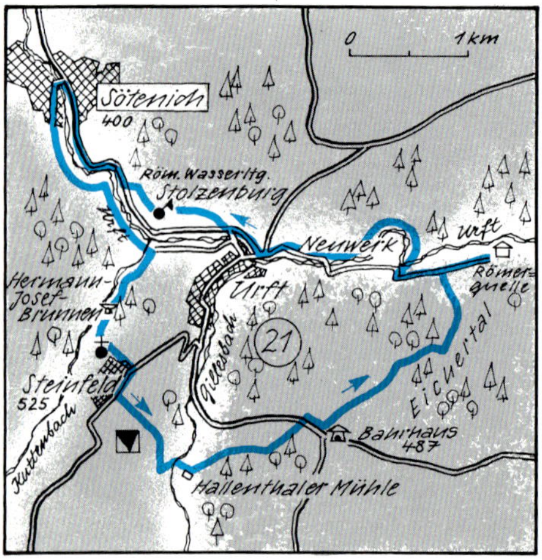

aber nur 100 Meter, dann rechts über die Wiese zur ehemaligen *Hallenthaler Mühle* an der Stelle eines »untergegangenen« Klosters. Von Steinfeld 15 Minuten.

Links, gleich nach dem Gartenzaun halbrechts mit einem Pfad ohne Markierung bergan zu breitem Waldfahrweg. Etwa 10 Meter links, dann erneut halbrechts, noch etwa 5 Minuten aufwärts. Anschließend eben durch den Laubwald und schließlich links auf dem breiten Weg zur *Landstraße 204,* die überschritten wird. Rechts der alten Straße nach. Im Weiler *Bahrhaus* wartet der Gasthof »Op d'r Bahr«. Ab der Hallenthaler Mühle 20 Minuten.

Die Straße nicht betreten, sondern vorher scharf links (südostwärts). Vorbei am Traforturm und einem Waldstück. Etwas später in den Wald auf breitem Weg. An der ersten Kreuzung geradeaus; links blüht im Frühsommer die blaue Akelei. An der zweiten Wegekreuzung rechts, abwärts, schnurgerade zum Fahrweg im *Eichertal,* durch das man links in 10 Minuten ins *Urfttal* gelangt. Bei der Tafel des *Geologischen Wanderpfades* rechts, nach wenigen Minuten links zum Bahnwärterhäuschen hin, aber vor den Gleisen rechts. Und schon zeigt sich links ein kurzes Stück der 50 Zentimeter breiten, 90 Zentimeter hohen (Innenmaße) *römischen Wasserleitung:* Sohle und Wangen sind aus Beton gegossen; das eingestürzte Gewölbe bestand aus vermörtelten Bruchsteinen über einem Leergerüst. Heute wird hier das Quellwasser unter dem Bahndamm in die Urft geleitet. In der Folge führt der Weg links an dem zwecks Frostsicherung unterirdisch installierten Kanal entlang zu seiner *Quellfassung,* der *Brunnenstube Grüner Pütz.* Von Sötenich 2 Stunden.

In 5 Minuten zurück zur Mündung des Eichtertales. Nun geradeaus. Und wieder informiert eine Tafel über die Wasserleitung. Anschließend rechts über Gleise und zur *Urft.* Danach halblinks ins *Naturschutzgebiet.* Der Weg paßt sich der Flußschleife an, wo am Scheitelpunkt durch eine Informationstafel auf eine Aquäduktbrücke am Wehr bzw. die Abteilung des Kanals für den 1710 errichteten, längst eingestellten Eisenhammer Neuwerk hingewiesen wird. *Neuwerk* liegt mit seinen Forellenteichen am unteren Rand einer reizvollen Talwiese. Wir kommen nach *Urft.* Von Sötenich 2¾ Stunden.

Vor dem ersten Haus rechts mit dem Wanderschutzweg neben der *Landstraße 204.* Links folgt das Barockschloß Dalbenden, das seine Gestalt 1666 erhielt und damals im Besitz der Rittmeisterfamilie Cramer war. Sie betrieb hier einen Eisenhammer samt Schmelzhütte. Dalbenden ging aus einer 1252 erstmals erwähnten Burg hervor; auf der rechten Straßenseite der Friedhof.

Noch 100 Meter auf der Landstraße. Dann rechts über Holzstufen aufwärts ins *Naturschutzgebiet.* Dort kreuzt man den hier infolge des Trockentälchens oberirdischen Verlauf der *römischen Wasserleitung.* Ein Durchlaß von knapp einem Meter ließ das Regenwasser vom Hang unter der Leitung hindurchfließen. Gleich danach linkshaltend mit *Wegnummer 1* bergan, etwa 10 Minuten, worauf man die Mulde mit dem Wallgraben der Stolzenburg quert und auf den Bergsporn mit der *Ruine Stolzenburg* gelangt. Nicht zu nahe an den Rand der Steilabstürze vortreten! Vom Kreuz auf dem höchsten Punkt ist ein Turm von Kloster Steinfeld zu sehen, während im Tal die Zementwerke das Bild erheblich trüben. Von Urft 20 Minuten.

Anschließend weist die Tafel »Sötenich« den Abstieg: 5 Minuten zur Landstraße 204. Rechts, nach 10 Minuten das *Zementwerk* passieren und vollends nach *Sötenich,* dem römischen Suetoniacum.

Nahe der Brunnenstube Grüner Pütz ist die römische Wasserleitung aus der Eifel nach Köln stellenweise noch mustergültig erhalten. Sie wird vom historischen Wanderweg durch das Tal der Urft begleitet.

Nützliche Informationen

Ausgangsort: Sötenich (400 m) im Urfttal, Ortsteil der Gemeinde Kall. Bahnhof (D- und E-Züge), gute Busverbindungen. Von Schleiden 8 km, von Blankenheim 22 km, von Münstereifel 20 km, von Monschau 28 km, von Bonn und Köln 60 km.
Parkplätze: Bei der Urftbrücke, am westlichen Ufer.
Gehzeiten: Insgesamt etwa 3½ Stunden. Sötenich–Steinfeld ¾ Stunden. Steinfeld–Bahrhaus 35 Minuten. Bahrhaus–Grüner Pütz ¾ Stunden. Grüner Pütz–Urft ¾ Stunden. Urft–Ruine Stolzenburg 20 Minuten. Rückweg 20 Minuten.
Unterkunft und Verpflegung: In Sötenich Hotel »Urfttal«. Hotels in Kall, Urft, Steinfeld.
Einkehr unterwegs: Steinfeld; Bahrhaus (Montag bis Mittwoch geschlossen); Urft.
Auskunft: Gemeindeverwaltung: 5370 Kall, Tel. 02441/5051.
Sehenswürdigkeiten der Umgebung: *Nettersheim:* Unter den Römern wahrscheinlich militärisch-polizeilicher Wachposten; antike Zeugnisse: Tempelbezirk Görresberg, Werkplatz Steinrütsch, Matronenheiligtum im Ortsteil Zingsheim. Kurzführer »Die Römer in Nettersheim« im Ort erhältlich.
Wanderkarte: Topographische Karte 1:50000, Blatt Deutsch-Belgischer Naturpark, Nordteil.

Die zwischen 1954 und 1956 errichtete Olef-Talsperre sammelt insgesamt 20 Millionen Kubikmeter Wasser: Reservoir für die Trinkwasserversorgung des Landkreises Euskirchen.

22 Rund um die Olef-Talsperre

Tourencharakter: Unschwierige Rundwanderung.
Beste Jahreszeit: Frühjahr bis Herbst.
Reine Gehzeit: 3¼ Stunden.

Inmitten der Laub- und Tannenwälder des Forstes Schleiden, einst Besitz der Herzöge von Arenberg, östlich der belgischen Grenze, schuf der 1980 im Alter von 85 Jahren verstorbene Baudirektor des Talsperrenverbandes Eifel-Rur, Oskar Schatz, von 1954 bis 1956 die Oleftalsperre am Oberlauf der Olef. Sie kann 20 Millionen Kubikmeter aufnehmen: als Trinkwasserreservoir des Landkreises Euskirchen, nebenbei auch als Hochwasserschutz.

Östlich von der Talsperre liegt Hellenthal. Dort wird schon 1438 eine Eisenhütte genannt, und zwar an der Stelle der Grenzlandhalle. Voraussetzungen für das Erblühen der Eisenindustrie im 15. und 16. Jahrhundert war der Eisenstein, der bei Sistig und Kall reichlich lagerte, die Holzkohle der Wälder und die Wasserkraft von Olef und Prethbach. Der Dreißigjährige Krieg brachte den wichtigen Erwerbszweig für lange Zeit vollkommen zum Erliegen; endgültige Aufgabe dann um die Mitte des 19. Jahrhunderts, woran selbst die 1884 eröffnete Stichbahn von Kall nichts mehr änderte. Erst später folgten moderne Eisen-, Stahl- und Kunststoffertigungsbetriebe, die den Ruf Hellenthals als Industriestandort wieder begründeten. Die Personenbeförderung mit der Bahn mußte 1981 als Folge zunehmenden Individualverkehrs eingestellt werden.

Der Wegverlauf

Ab dem Parkplatz angesichts der gigantischen Zellen-Staumauer links in Serpentinen ansteigen, vorbei am *Restaurant »Oleftal«* zum südlichen Ende der *Staumauer*. Von dort läuft man entgegen dem schwarzen Markierungskeil des *Eifelverein-Hauptwanderweges 6* in Westrichtung. Bachmündungen werden zu Füßen steiler Waldhänge überquert. Eine kleine Holzhütte bietet Schutz bei unvorhergesehenem Schlechtwetter. Die mit Nummer 9 B bezeichnete Linksabzweigung zur Waldkapelle bleibt unbeachtet. Nach insgesamt etwa 1½ Stunden ist der östliche Zipfel des Stausees erreicht. Ungefähr die Hälfte der Tour! Eine alte Kastanie wirft ihren Kronenschatten über die Rastbank.
Der Rückweg verläuft am nördlichen Ufer, entgegen dem Markierungswinkel des *Hauptwanderweges 12*. Hinter der Kuppe des Birkerhardt öffnet sich die erste Bucht an diesem Ufer. Am Hauerberg begegnet uns erneut eine Schutzhütte. Bald tritt wieder die Staumauer ins Blickfeld.

Nützliche Informationen

Ausgangsort: Hellenthal (420 m), Mittelpunkt einer Großgemeinde an der Bundesstraße 265. 6,5 km von Schleiden, 15 km von Blankenheim, von Trier 100 km; gute Busverbindungen, u. a. direkt von Aachen (60 km) über Monschau (20 km).
Ausgangspunkt: Parkplatz unterhalb der Staumauer, 1 km von Hellenthal; Busse. Von der Jugendherberge zu Fuß ½ Stunde.
Gehzeiten: Insgesamt 3¼ Stunden. Parkplatz–See-Ende etwa 1½ Stunden, Rückweg 1¾ Stunden.
Unterkunft und Verpflegung: Hotels, Gasthöfe, Pensionen. Jugendherberge außerhalb des Ortes, Richtung Hollerath am Rand des Platistales, Tel. 02482/2238. Im Gemeindegebiet zwei ganzjährig geöffnete Campingplätze. Restaurant-Imbiß-Hausmetzgerei »Alte Post« (Kölner Straße 83).

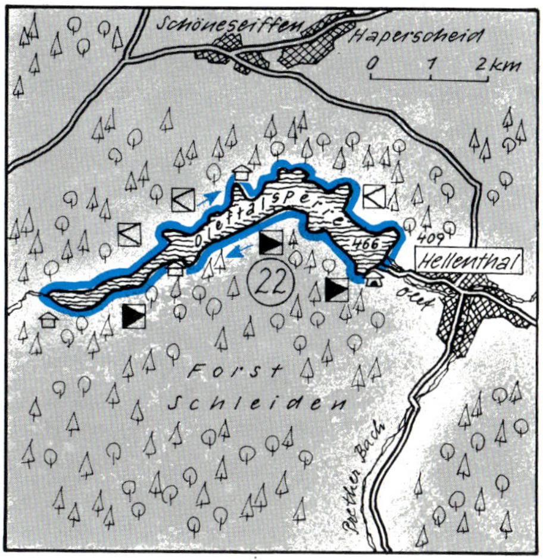

Sehenswürdigkeiten: *Wildgehege Hellenthal:* Schalenwild, Raubwild, Greifvögel; Flugprogramm 11.00, 14.30, 16.00 Uhr, Rotwildfütterung 11.30, 15.15 Uhr, Schwarzwildfütterung 11.45, 15.30 Uhr, Kinderzoo 12.00, 14.00, 16.30 Uhr.
Auskunft: Verkehrsamt: 5374 Hellenthal, Tel. 02482/85115.
Wanderkarte: Topographische Karte 1:50000, Blatt Deutsch-Belgischer Naturpark, Nordteil.

23 Vom malerischen Monschau in das Perlenbachtal

An den Rändern des Hohen Venn

> *Tourencharakter:* Unschwierige Rundwanderung.
> *Beste Jahreszeit:* Frühjahr bis Herbst.
> *Reine Gehzeit:* 4¾ Stunden.

Im September 1990 feierten die Monschauer zwei Wochen lang. Anlaß war der Abschluß mehrjähriger Umbau- und Sanierungsarbeiten im historischen »Montjoie«, wie die reizende Stadt – übrigens seit 1350 – in der Grauwackeschlucht der Rur früher hieß. Die Kommandantenwohnung, Teil des Seniorenheimes Maria-Hilf-Stift, in dem ursprünglich im 13. Jahrhundert erbauten Schloß dient wieder Wohnzwecken. Das Aukloster der Minoriten von 1720, einst Lateinschule, Bürgermeisteramt, Volksschule, erwarb die Landesentwicklungsgesellschaft und gestaltete es für 5,5 Millionen Mark zu einem Schmuckkästchen. Schon in den Jahren vorher waren die vier Kirchen einschließlich der Schloßkapelle sowie mehrere baufällige alte Bürgerhäuser gründlich restauriert worden. Zuletzt sorgte die Ortsgruppe des Eifelvereins für das Anbringen einer Erinnerungstafel an den hiesigen Eifeldichter Ludwig Mathar, dem zusätzlich ein bisher namenloser Platz in der Altstadt gewidmet wurde. Gleichzeitig feierte die katholische Kirchengemeinde Mariä Geburt im Rahmen des alljährlichen ökumenischen Pfarrfestes das Jubiläum ihrer 350 Jahre Selbständigkeit. Monschau strahlt in Fachwerk unter grauen Schieferdächern, strömt eine Atmosphäre verflossener, liebenswerter Kleinstadtidylle aus, im Kern unverändert seit zwei Jahrhunderten. Bewundert vom Massentourismus, der sich täglich durch die Gäßchen und über die Brücken der vielleicht malerischsten Stadt Westdeutschlands drängt. Offensichtlich – so empfand es zumindest der Autor – leidet aber unter der Popularität die individuelle Gastronomie, was jedoch den Wanderer kaum stören dürfte, denn er sucht die abwechslungsreiche Umgebung auf, gezielt den Saum des Hohen Venn, einen Teil der belgischen Ardennen.

Der Wegverlauf

Vom *Markt,* neben dem *Restaurant »Em Höttche«,* der schwarzen Winkelmarkierung des *Eifelverein-Hauptwanderweges 12* bergauf folgen – hübsche Blicke über Monschau –, vorbei am Friedhof. Nach der *Friedhofskapelle* rechts auf breitem Weg. Er senkt sich zur bischöflichen Mädchenrealschule St. Ursula.

Vor dem großen *Parkplatz Burgau* (15 Minuten von Monschau) steigt man links wieder bergan, in 10 Minuten zur *Teufelsley.* Unten im Tal bei Dreistegen, an der Mündung von Rur und Perlenbach, förderte früher eine Fabrik das internationale Ansehen des »Tuch-Dreiecks« Monschau–Eupen–Aachen. Die kalkfreien Vennwasser ermöglichten nämlich natürliches Einfärben. Beim übernächsten Aussichtsplatz, der *Engelsley,* wartet eine *Schutzhütte.* Von Monschau 35 Minuten.

An der Gabelung halbrechts auf dem unteren Weg. Nach 15 Minuten dräut links ein geländegesicherter Fels. Kurz danach die Autostraße überqueren. Rechts abwärts, gleich nach dem Ende der Leitplanke links und auf der alten Straße 5 Minuten zum *Wanderparkplatz Perlenau.* Von Monschau 1 Stunde.

Halbrechts führt der untere Weg zur nahen Staumauer der zwischen 1953 und 1955 errichteten *Perlenbach-Talsperre.* Ihr Fassungsvermögen beträgt 800000 Kubikmeter und dient der Trinkwasserversorgung des Aachen-Dürener Raumes.

Wir bummeln am See entlang. Etwa ½ Stunde ist es zur Straße. Rechts über den Perlenbach zur *Gaststätte Perlenbacher Mühle.* Die »Höfener Mühle«, wie sie bei den Einheimischen heißt, war 1805 als Fruchtmühle im Tal des Perlenbaches entstanden. Sie trägt ihren Namen zu Recht, denn während des 16. und 17. Jahrhunderts übten die Herzöge von Jülich, dann die Pfalz-Kurfürsten ihr Hoheitsrecht der Perlenfischerei aus. Von Monschau etwa 1½ Stunden.

Noch kurz auf der Straße Richtung Kalterherberg, dann rechts in das *Naturschutzgebiet Perlenbach-Fuhrtsbachtal.* An der Weggabelung geradeaus, ebenso an der nächsten Kreuzung, und am Waldrand entlang zur Straße, die schräg rechts überquert wird. Weiter den zuverlässigen Markierungszeichen *A 2* nach durch den Südosthang des nur schwach ausgeprägten Wofelberges in 25 Minuten nach *Kalterherberg,* genau gesagt in den Ortsteil Kleinfrankreich. Von Monschau 2¼ Stunden.

Rechts durch das charakteristische Straßendorf. Kalterherberg gleicht einem architektonischen Freilichtmuseum: bildhübsche, verschiedenartige Häuser, vielfach von hohen, gepflegten Buchenhecken vor den stetigen kalten Winden des Venn geschützt – eine Ei-

Brücken und Stege überspannen die Rur im alten, überaus malerischen ehemaligen Tuchmacherstädtchen Monschau mit seinen hübschen Fachwerkhäusern und reizvollen Plätzen.

HOTEL
zum
STERN
Zum Hotel Stern

genart dieser Landschaft. Leider sind die typischen, reetgedeckten Vennhäuser zur Rarität geworden. Knapp 1/2 Stunde später sind wir beim neuromanischen *»Eifeldom«* im Zentrum des Dorfes. Von Monschau 2 3/4 Stunden.

Jetzt auf der *Monschauer Straße* (B 399). Nach 5 Minuten links in den *Messeweg*. Auf ihm bis Hausnummer 61. Dann, 20 Minuten ab Eifeldom, verläßt man die Landstraße nach links und erreicht abwärts in guten 10 Minuten das *Rurtal*. Jenseits liegt die kleine deutsche, in Belgien gelegene Enklave Ruitshof, bereits 1205 als Besitz des Nonnenklosters Reichenstein erwähnt. Vom Eifeldom 1/2 Stunde.

Rechts talaus in 15 Minuten zur Straße an der *Norbertuskapelle*. Eine gefaßte Quelle spendet Trinkwasser. Votivtafeln danken dem hl. Judas Thaddäus. Links vom Altar der hl. Hermann Josef, Prämonstratenser des Klosters Steinfeld (siehe Tour 21), rechts der 1582 heiliggesprochene Norbert, 1120 Gründer des Prämonstratenserordens, später Erzbi-

Typische Landschaft im Hohen Venn, einer Moorlandschaft überwiegend auf belgischem Boden am Saum der Eifel, westlich von Monschau.

Das Rurtal bei Monschau verdient auch im Winter einen Besuch, wenn die Gegend wie ausgestorben wirkt und keine Touristen die Atmosphäre stören.

schof in Magdeburg. Ihre »Anwesenheit« hängt mit dem nahen Gut Reichenstein zusammen, das ab 1487 als Kloster zu Steinfeld gehörte. Über dem anderen Ufer thront – von hier nicht sichtbar – auf der Richelsley das sechs Meter hohe »Kreuz im Venn«. Ab Monschau 3½ Stunden.

Vor der *Reichensteiner Brücke* rechts. *Naturschutzgebiet Gebirgsbach Rur*, erklärt die Tafel. Die Hänge sind vorerst felsbesetzt. Wir bleiben ½ Stunde am rechten Ufer. Dann über den Holzsteg links zur kleinen *Fischerhütte* bzw. rechts weiter talaus, kurz geländergesichert. Nach 5 Minuten links, jetzt getreu Markierung *A 1* den letzten Gegenanstieg bewältigen: 10 Minuten. Neben der *Schutzhütte* prächtige felsige Aussichtskanzel. Am Hüttchen rechts vorbei. Endgültig abwärts, nach 15 Minuten die Straße kreuzen und zur mittelständischen *Felsenkellerei-Brauerei*. Sie ist seit 1847 im Besitz der Familie Braun und wehrt sich durch Qualität erfolgreich gegen den Pils-Riesen aus Bitburg, nicht zuletzt mit dem hefetrüb-dunklen, untergärigen »Zwickelbier« – einzigartig im Eifelland. Ursprünglich kamen nur der Braumeister, der

zumal die erste Einkehrmöglichkeit 2½ Stunden auf sich warten läßt. Glücklicherweise ist die Umgebung des Sees weitestgehend abgasfrei, lediglich geräuschlose Elektroschiffe dürfen auf ihm fahren.

Der Wegverlauf

Nach dem Schnellimbiß über den *Staudamm-Paulushof*, zwischen Rur- und Obersee. An seinem Ende links in den breiten Forstfahrweg einschwenken. Ein Anschlag gibt die Abfahrtzeiten der Schiffe von Schwammenauel nach Rurberg bekannt, wobei zu kalkulieren ist, daß bis Schwammenauel etwa 2½ Stunden benötigt werden. *Wegnummer 12* leitet am Ufer entlang, etwa 20 Minuten, schwenkt dann in ein Seitentälchen ein und steigt an. Vor der ersten Steilkehre links ab zur *Schutzhütte Weidenauel.* Anschließend im Rechtsbogen um den Weidenauer Berg. Nach 15 Minuten bei der Gabelung den unteren Weg nehmen, in wenigen Minuten zur *Schutzhütte Ramsau.* Vom Parkplatz 1 Stunde.
Die zur »Fähre Woffelsberg« zeigende Tafel gilt nur, wenn man einen Schiffsabkürzer (25 Minuten) nach Schwammenauel plant.

Vorerst folgen wir der *Markierung 12* in den dichtbewaldeten Kermeterflanken, hinweg über den halbinselähnlichen *Schlitterleyrükken* in die Bucht mit dem *Eschheldhüttchen.* Knapp eine Viertelstunde später sind wir bei der *Hütte Tonsberg.* Auf der in den See ragenden schmalen Landzunge sind römische Mauerreste entdeckt worden, und ihr äußerster Zipfel bietet umfassende Blicke über den Ostteil des Sees, dem eine Insel entragt, die in 318 Meter »gipfelt«. Dieser Abstecher bringt 15 Minuten zusätzliche Marschzeit.
Der Rundgang leitet, zum Schluß auf der Straße, in ½ Stunde zur 480 Meter langen, an der Basis 315 Meter breiten und 72 Meter hohen *Sperrmauer Schwammenauel* über dem Staubecken Heimbach und zum *Hotel »Seehof«* (größte vollelektronische Wasserorgel Deutschlands) beim Schiffsanleger. Vom Parkplatz etwa 2½ Stunden.
Nun gilt die schwarze Winkelmarkierung der *Eifelverein-Hauptwanderlinie 10.* Sie führt, überall mustergültig angebracht, unterhalb des Seehofes am Ufer entlang. Etwa ½ Stunde danach wendet man sich in der zweiten Bucht rechts ab, empor zur *Schutzhütte Schöne Aussicht* auf der *Simonsley.* Vom Seehof 50 Minuten.
Auf dem genußvollen Hangweg *Im Erzenreich* westwärts zum breiten Querweg, der links vom Eschauler Berg kommt. Vor der Halbinsel Eschaul versank beim Bau der Rurtalsperre die 500 Jahre alte Ortschaft Eschauel in den Fluten.
Auf dem Querweg rechts ansteigen. Nach 250 Metern ruft links eine Tafel die Erinnerung wach an den im 19. Jahrhundert üblichen Erz-Transportweg. Geradeaus nach *Schmidt* (480 m). Von Schwammenauel 1¼ Stunden.
Die Durchgangsstraße führt links zur katholischen *Hubertuskirche.* Auf der *Monschauer Straße* 10 Minuten. Nach dem *Café Seeblick* beim Kreuz links. Etwa 200 Meter danach biegt der schwarze Winkel rechts ab. Statt

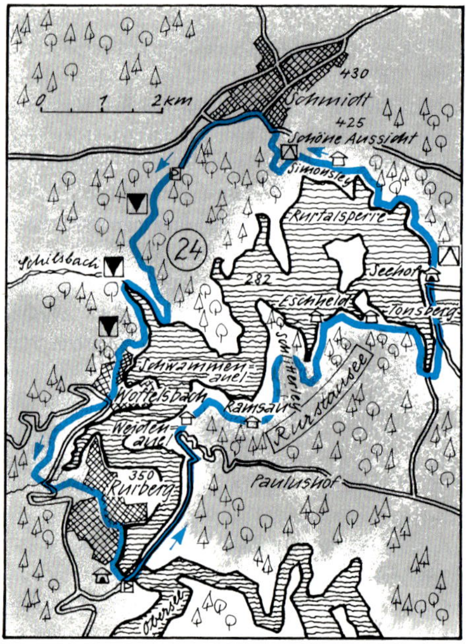

Mit einer Wasserfläche von maximal 7,83 Quadratkilometern und einem Fassungsvermögen von 203 Millionen Kubikmetern bildet die Rurtalsperre den größten deutschen Stausee.

Nordwestlich von Schwammenauel umfahren die Personenschiffe die einzige Insel im Rurstausee. Anblick von Norden, vom Wanderweg zwischen Schwammenauel und Schmidt.

dessen dirigiert nun der schwarze Keil des *Hauptweges 5* in guten 5 Minuten zum *Wanderparkplatz Klauser Weg*. Auch hier gerade. In *Klaus*, etwa ¾ Stunden nach Schmidt, geht es auf dem Querweg links, geschätzte 75 Meter, dann halbrechts in den Wald und durch den Westhang des Schilsberges hinunter zum See. In Richtung Süden dümpeln Segelboote im Jachthafen von Woffelsberg, das bereits zu sehen ist.

Rechts mit dem Teersträßchen in die Bucht des *Schilsbachtales*, auf dem *Alois-Spoo-Weg* 600 Meter zum *Jugend-Freizeit-Heim* des Eifelvereins. Von hier ist es noch ½ Stunde zum Kirchlein in *Woffelsbach*.

Etwas oberhalb, beim Imbiß »Futterkrippe«, auf die *Landstraße 128* und ihr ansteigend Richtung Steckenborn 100 Meter folgen. Dann scharf links in den *Langen Weg*. Bergauf, nach 50 Metern links in den *Kierweg* und abwärts, 20 Minuten ins *Weidenbachtal* bzw. zur *Landstraße 128*. Sie wird schräg links überquert. Durch die schmale Öffnung der Leitplanke, an der die Markierungen 1, A5 und schwarzer Keil angebracht sind. Der Waldpfad senkt sich. Auf der *Woffelsbacher Straße* rechts, über den *Weidenbach*. In 10 Minuten nach *Rurberg*. Ab Schmidt 2¼ Stunden.

Rechts neben der Kirche (Taufstein von 1702), genau gesagt vom Häuschen der Bushaltestelle, über Steinstufen abwärts, die Straße kreuzen und vollends hinunter an den See. Auf der Promenade rechts, vorbei am *Schiffsanleger Rurberg-Ende* zum *Eiserbach-*

damm zwischen Freibad und Stausee, über den man zum Ausgangspunkt gelangt.

Nützliche Informationen

Ausgangsort: Rurberg (350 m), auf der Kuppe einer Halbinsel des südwestlichen Rurstausees. Von Aachen 40 km, von Düren 36 km, von Monschau 15 km, von Heimbach 21 km; Direktverbindung mit dem Aachener Busbahnhof.
Ausgangspunkt: Staudamm Paulushof (310 m), südlich (1,7 km) von Rurberg. Keine Busverbindung!
Parkplatz: Vor dem Staudamm Paulushof.
Gehzeiten: Insgesamt 6½ bis 7 Stunden. Parkplatz–Schwammenauel 2½ Stunden. Schwammenauel–Schmidt 1¼ Stunden. Schmidt–Rurberg 2¼ Stunden. Rurberg–Parkplatz 20 Minuten.
Sehenswürdigkeiten: *Schiffahrt* auf Rur- und Obersee, sommers ab Mitte Mai bis Mitte September. Auf dem Urftsee ab Mitte Mai bis Ende August, allerdings ist der Wasserstand erfahrungsgemäß meist schon Mitte Juli zu niedrig; überdies nur an Wochenenden und gesetzlichen Feiertagen freigegeben (militärisches Sperrgebiet). Ausführliche Information bzw. Fahrpläne: Rurseeschiffahrt Schwammenauel, 5169 Heimbach 2, Tel. 0 24 46/ 4 79 oder 31 27. – *Fronleichnam-Schiffsprozession*, Prospekt: Katholisches Pfarramt, 5107 Simmerath-Rurberg. – *Rursee in Flammen*, alljährlich am dritten Samstag im Juli vom Verkehrsverein Rurberg-Woffelsbach veranstaltet: Sommerfest mit Feuerwerk und illuminierten Fahrgastschiffen.
Auskunft: Verkehrsverein Rurberg-Woffelsbach: 5107 Rurberg, Tel. 0 24 73/88 39.
Wanderkarte: Topographische Karte 1:50 000, Blatt Deutsch-Belgischer Naturpark, Nordteil.

25 Wo einst Karl der Große Bären jagte

Im Kermeter Wald

Tourencharakter: Unschwierige Rundwanderung.
Beste Jahreszeit: Frühsommer bis Herbst.
Reine Gehzeit: Etwa 3 Stunden.

Das Wort Kermeter stamme aus dem Keltischen und bedeute »Bergwald«, informiert eine Tafel des Waldlehrpfades, der das Kernstück der Wanderung bildet. Nach fast totaler Abholzung um 1800 ist der 13 Kilometer lange, in Ost-West-Richtung verlaufende Höhenzug, dessen Hänge zu den Stauseen an Rur und Urft steil abfallen, wieder ein Bergwald: 30 Prozent Eichen, 28 Prozent Buchen, sonstiges Laubholz 2 Prozent, Fichten 30 Prozent, Kiefern 10 Prozent – auf einer Fläche von 3100 Hektar. Die Jahresdurchschnittstemperaturen liegen bei 8,7 Grad.
Über den hauptsächlich aus Grauwacke-Tonschiefer des Unterdevon – Alter rund 300

Millionen Jahre – bestehenden Kermeter verlief die Römerstraße Köln–Reims. Mit dem Zusammenbruch der Römerherrschaft in Germanien wurde das Gebiet fränkisches Kaisergut. Nach wechselnden Besitzern – Erzbistum Köln, Herzöge von Jülich, Zweibrückener Pfalzgrafen – fiel es 1735 durch Erbfolge an Bayern, wurde 1795 von Frankreich beschlagnahmt, kam 1814 zu Preußen und gehört seit 1946 zum Bundesland Nordrhein-Westfalen.

Der Wegverlauf

Am Ostrand des Parkplatzes mit schwarzem Keil und schwarzem Winkel sowie *Wegnummer 20* rechtshaltend abwärts, 250 Meter entlang einem Maschenzaun. Vor der Straßenkurve links dem Forstfahrweg folgen in nordwestliche Richtung, wobei mehrere Querwege gekreuzt werden. Nach ¾ Stunden stößt man auf die *Landstraße 15.*
Jenseits noch 30 Meter der ehemaligen Kreisstraße folgen. Dann rechts in den Wald und auf dem Wanderschutzweg 250 Meter zum *Wanderparkplatz Kermeter-Paulushof* (491 m). Weiter auf der Straße, an der nach 250 Metern der insgesamt 4,4 Kilometer lange *Waldlehrpfad Kermeter-Paulushof* beginnt.
Links breitet sich zum Urfttal-Stausee hin belgisches militärisches Sperrgebiet aus – der Truppenübungsplatz Vogelsang –, das jedoch samstags ab 13.00 Uhr und an Sonn- und Feiertagen betreten werden darf; interessant wegen eventueller Abstecher zur Staumauer.
Der Lehrpfad führt geradeaus in 10 Minuten zu einer Gabelung: *Schwarzes Kreuz.* Hier ist eine Schutzhütte und Treffpunkt der Lehrpfad-Schleife. Am Grauwacke-Findling links vorbei, also geradeaus. Aber nur noch 50 Meter auf dem Teerweg. Anschließend links davon parallel im Wald. Etwa 10 Minuten später betritt man bei einer 1955 gepflanzten Roteiche wieder die Teerdecke. Von hier sind es 500 Meter zum hübsch angelegten

Dieser Blick über den südwestlichen Rurstausee vermittelt die Aussicht von der Hirschley auf den Höhen des waldreichen Kermeter. Am rechten unteren Bildrand die Ortschaft Rurberg.

Rastplatz Paulushof (494 m). Vom Ausgangspunkt knapp 1½ Stunden.
An der Kreuzung rechts (Markierung schwarzer Keil und schwarzer Winkel) in gut 5 Minuten zur *Hirschley.* Kennen Sie eine prächtigere Warte über dem Rur-Stausee? Jetzt ostwärts, und auf dem nächsten Forstweg rechts hinauf zum Grauwacke-Findling am *Schwarzen Kreuz.*
Das erste Stück des Rückweges ist bekannt. Wo sich die Markierungen links zur Landstraße 15 wenden, läuft man geradeaus auf dem Waldpfad in ½ Stunde zum ehemaligen Forsthaus Mariawald, heute *Haus Kermeter,* in dem während der siebziger Jahre ein Waldmuseum untergebracht war.

Nützliche Informationen

Ausgangspunkt: Wanderparkplatz Haus Kermeter (510 m), an der Kreisstraße 26 bzw. 150 Meter nördlich der Landstraße 15 (Kermeterstraße). Von Heimbach 6 km, von Gemünd 7 km, von Schwammenauel 6 km. An der Kermeterstraße Bushaltestelle der Linie Schleiden–Düren, schlechte Verbindungen, nur werktags.
Parkplatz: Wie Ausgangspunkt.
Gehzeiten: Insgesamt etwa 3 Stunden. Parkplatz – Rastplatz Paulushof knapp 1½ Stunden, Rückweg 1½ Stunden.
Unterkunft und Verpflegung: In den umliegenden Orten; nächstes Gasthaus ist Kloster Mariawald (Tour 26).

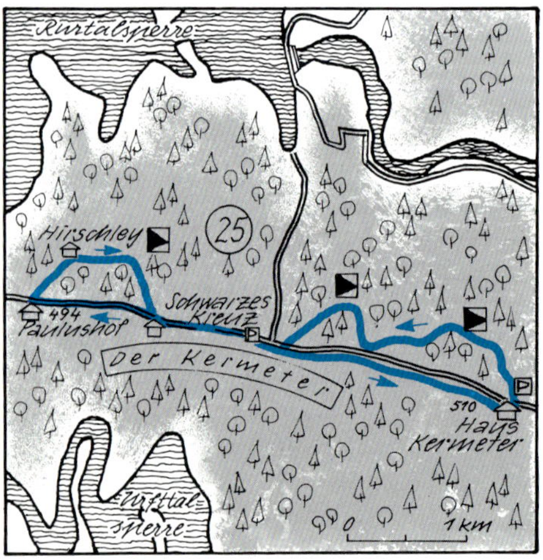

Sehenswürdigkeiten der Umgebung: Siehe Tour 24, 26.
Auskunft: Verkehrsamt: 5169 Heimbach, Tel. 0 24 46/5 27.
Wanderkarte: Topographische Karte 1:50 000, Blatt Deutsch-Belgischer Naturpark, Nordteil.

26 Zum Trappistenkloster Mariawald

Tourencharakter: Unschwierige Rundwanderung.
Beste Jahreszeit: Frühsommer bis Herbst.
Reine Gehzeit: 2½ Stunden.

Um 1475, genau ist das Datum nicht bekannt, kaufte der Heimbacher Strohdachdekker Heinrich Fluitter mit geliehenem Geld in Köln ein Vesperbild für neun Mark, stellte es im Kermeter in einen hohlen Baumstamm und lebte dort als Waldbruder. Das gilt als Ursprung einer Wallfahrt. Zisterzienser, üblicherweise in Tälern ansässig, hielten Einzug auf der Höhe: Prior Johannes von Goch mit zwölf Mönchen aus Bottenbroich/Erft, am 4. April 1486. 1511 weihte Prior Johannes von Köln die erste gemauerte Kirche im »menus Mariae«: Wald Mariens – Mariawald. Der Orden hütete die Wallfahrt und betreute dabei seelsorgerisch jährlich 25 000 Gläubige, ehe Frankreich das Kloster 1795 auflöste und es öffentlich versteigern ließ. Damals zählte die 1663 gegründete Bruderschaft zu Ehren der Sieben Schmerzen 7000 Mitglieder. Der Gnadenaltar kam in die Pfarrkirche zu Heimbach, wo die Wallfahrt immer noch lebt – rund 50 000 Pilger kommen pro Jahr.

Der Wegverlauf

Unsere Wanderung beginnt an der Straßengabelung vor dem *Hotel »Talsperre«* zu Füßen der *Burg Hengebach* des gleichnamigen Adelsgeschlechtes, der späteren Grafen von Jülich, die auf dem 33 Meter hohen Felsstock einen Amtssitz einrichteten. Ob Heimbach schon im Mittelalter Stadtrechte besaß, ist

Zum Ausklang der Rundwanderung über das Trappistenkloster Mariawald führt die Tour entlang der Rur zu Füßen der Burg Hengebach wieder nach Heimbach.

nicht eindeutig verbürgt, beurkundet ist indes die Marktordnung (1619) und schließlich 1959 auch das Stadtrecht. Als die kommunale Neuordnung 1971 Heimbach mit dem Amt Nideggen zur Stadt Nideggen schlug, entbrannte bürgerlicher Ungehorsam. Mit Erfolg, denn bereits 1972 erlaubte das Verfassungsgericht wieder Selbständigkeit. Die Wirtschaftsstruktur wird eindeutig vom Tourismus geprägt. 4300 Einwohner und 1100 Gästebetten sowie einige Campingplätze mit großem Platzangebot. Das Wanderwegenetz umfaßt 150 Kilometer.

Zunächst neben der *Mariawalder Straße* bergan. Nach 5 Minuten links abbiegen, in die *Eifelverein-Hauptrouten 4* und *10.* Schon 5 Minuten später Talschau vom Pavillon bei einer Felskanzel. Nochmals 10 Minuten, und wir sind auf der *Marienhöhe.* In der Tiefe das 1934/35 angelegte flußähnliche Staubecken Heimbach.

An der Hütte links vorbei und auf breitem Weg durch den 1990 von den Orkanen gelichteten Wald zur Höhe des *Altenberges.* Nach insgesamt 35 Minuten ein erster Blick auf Mariawald. Das schlanke Spitztürmchen der Kirche weist eindeutig den Weg nach *Mariawald* (knapp 10 Minuten).

Hinter den Mauern leben Trappisten – »Mönche des ewigen Schweigens« – seit 1860, als die Ordensniederlassung aus Oelenberg im Elsaß das zum Steinbruch heruntergekommene Kloster für 14000 Taler erwarb. Im Jahre 1900 zählte der Konvent 100 Mitglieder. Blütezeit! Seit 1909 steht das vormalige Priorat im Range einer Abtei, der einzigen des strengen Ordens in Deutschland, dem überregional rund 3000 Mönche und 2000 Schwestern angehören: reformierte Zisterzienser, bei denen es sich wiederum um reformierte Benediktiner handelt. Trappisten deshalb, weil die Reform 1664 von dem Kloster La Trappe in Nordfrankreich ausging. In Mariawald beten und arbeiten zwei Dutzend Weißgekleidete, jeweils fünf Stunden, vom Aufstehen um 3.15 Uhr (an Sonn- und Feiertagen 3.00 Uhr) bis zum letzten Chorgebet um 19.30 Uhr. Nachtruhe um 20.00 Uhr. Vier bis fünf Stunden am Tag geistliche Lesung, Gebet und Meditation sowie Lesen der Tageszeitung. Der Speisezettel ist fleischfrei; auf den Tisch kommen hauptsächlich Eigenprodukte – Brot, Kartoffeln, Gemüse, Obst –, manchmal, an besonderen Tagen, Fisch und Eier. »Durch Lesung, Betrachtung und Gebet versuchen wir, unser Leben bewußt vor Gott zu leben. Das macht das Leben ernst, zugleich aber auch froh«, heißt es in einer Schrift der Abtei. »Durch die Arbeit versuchen wir unseren Lebensunterhalt zu verdienen.« Die Klostergaststätte verkauft den hier hergestellten Kräuterlikör, dunkles Trappistenbier (aus Belgien) und zu angemessenem Preis die von Wanderern geschätzte Erbsensuppe. Sozusagen im »verborgenen« pflegt man Forst- und Landwirtschaft, seit jüngerer Zeit eine erfolgreiche Trakehnerzucht. In Gaststätte und Buchladen wirken weltliche Angestellte.

»Alle im Kloster, ob Priester oder Nichtpriester, sind zur Handarbeit verpflichtet. Sie schafft ein gewisses Gleichgewicht in unserem Leben und trägt somit zur geistigen und körperlichen Gesundheit bei. Sie hat auch wie von jeher einen großen Einfluß auf den sozialen Frieden.«

Um bei vielen Zweiflern wenigstens Toleranz zu erwecken, weist der Orden auf das Mißverständnis hin, »zu glauben, durch die Klausur wüßten oder wollten wir nichts wissen von den Nöten der Welt«. Im Gegenteil: »Wenn wir ins Kloster gehen, bleiben wir Menschen mit allen Nöten und Schwierigkeiten, die ein Mensch haben kann.« Gemeint sind »vor allem Egoismus, Stolz, Herrschsucht, Habsucht, Ehrsucht«. Und weiter: »Um sie zu überwinden, ist Christus Mensch geworden. Aber wie auch jeder weiß, ist es ihm während seines irdischen Lebens nicht gelungen. Es gelang ihm erst durch seinen Tod.« Wie sie existieren, so ist auch ihre Kirche ausgestattet: schlicht.

»Beten Sie für uns, wir tun dasselbe für Sie!«

Das traditionsreiche Kloster Mariawald wurde Ende des 19. Jahrhunderts von Trappisten aus dem Elsaß vor dem Verfall gerettet. Heute leben hier zwei Dutzend »Mönche des ewigen Schweigens«.

Am Südrand des *Parkplatzes* folgt man der Tafel »Kriegsgräberstätte«, zu der es 5 Minuten sind, wobei sich neue Aussichten auf das Kloster ergeben. Auf dem *Kriegerfriedhof* ruhen Gefallene der Jahre 1944/45, von den Mönchen bestattet. Sie hatten 1942 endgültig der Nazigewalt weichen müssen, verjagt als Staatsfeinde. Die näherrückende Front ließ im Herbst 1944 einen Hauptverbandsplatz entstehen, die letzte Kriegsphase einen Gefechtsstand. Aber schon am 28. April 1945 kehrte Pater Superior Christophorus Elsen zurück, per Fahrrad von Bingen.

Vom oberen Eingang rechts, aber nicht auf der Straße (zum Haus Kermeter), sondern auf dem Forstfahrweg, auf dem man gemütlich durch die Hänge des wildreichen *Kermeter* spaziert, wo schon Karl der Große von der nahen Pfalz in Vlatten aus zur Jagd ging. (Gut 5 Minuten später besteht Abstiegsmöglichkeit: rechts, Wegnummer 8, nach Heimbach.)

Ungefähr ¾ Stunden hinter dem Kloster stößt man auf einen breiten Querweg. Auf ihm rechts abwärts (nicht geradeaus, Nr. 20!). Nach etwa 5 Minuten in der Rechtskurve links ab, und zwar auf dem rechten, unteren Weg (Nr. 10). Nach 15 Minuten tritt das Staubecken ins Blickfeld. Wir erreichen die Kurve eines Querweges. Auf ihm rechts, aber nur 5 Meter, dann links in den schmalen Weg, weiterhin mit Nummer 10. Abwärts durch Laubwald ins *Steinbachtal*. Dann den Steinbach auf einem Fahrweg rechts überschreiten und hinaus ans Ufer des *Heimbach-Stausees,* einem Brauchwasser-Ausgleich- bzw. Rückhaltebecken mit 1,47 Millionen Kubikmeter Fassungsvermögen, gespeist außer vom Rurwasser durch einen 2,7 Kilometer langen Stollen mit einem Druckgefälle von 110 Metern aus der Urfttalsperre.

Rechts. Oberhalb des geteerten Seerandweges lädt die *»Terrasse am See«* zum Nachmittagskaffee. Jenseits der bewaldete Meuchelberg. Ab der Staumauer sind es noch 10 Minuten in den *Kurpark,* überragt von Burg Hengebach. Vorbei am Pavillon und an der Basis des Burgfelsens zum Verkehrsverein nach Heimbach.

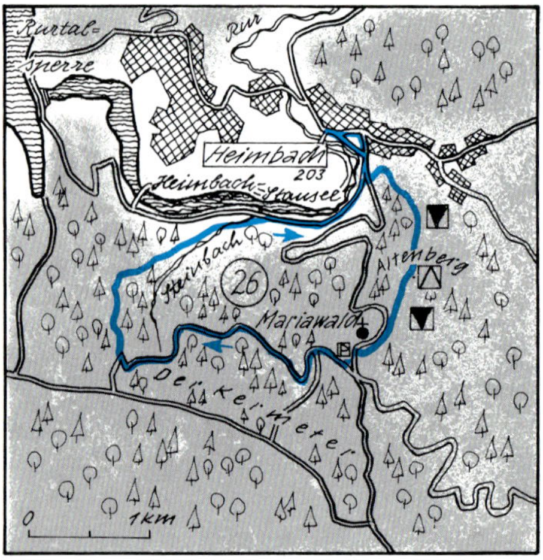

Nützliche Informationen

Ausgangsort: Heimbach (203 m), Luftkurort im Tal der Rur. Von Nideggen 13 km, von Hellenthal 25 km, von Monschau 35 km, von Aachen 48 km, von Köln 53 km. Gute Busverbindungen; Kopfstation der Bahnstrecke von Düren (25 km).
Parkplätze: Am nördlichen Ortseingang (Hengebachstraße).
Gehzeiten: Insgesamt etwa $2\frac{1}{2}$ Stunden. Heimbach–Mariawald $\frac{3}{4}$ Stunden. Mariawald–Staubecken Heimbach $1\frac{1}{4}$ Stunden. Rückweg $\frac{1}{2}$ Stunde.
Unterkunft und Verpflegung: Hotels, Gasthöfe, Pensionen; der Autor nächtigte und speiste mehrmals zufriedenstellend im Hotel »Meiser« (Hengebachstraße 99). Imbiß »Futterkrippe« (Hengebachstraße 2). Im Stadtgebiet mehrere Campingplätze.
Einkehr unterwegs: Mariawald; Gaststätte »Terrasse am See«.
Sehenswürdigkeiten: *Pfarrkirche St. Klemens,* 1725 geweiht, Saalbau mit vorgesetztem Turm, am Hochaltar (18. Jahrhundert) eine Kopie der Kreuzabnahme von Rubens. Der moderne Anbau (Salvatorkirche) birgt den gotischen Gnaden- bzw. Passionsaltar aus dem Kloster Mariawald; vergoldete Schnitzfiguren. – *Burg Hengebach,* romanischer Bergfried und Palas (leider haben einzelne Fenster betonierten Westwall-Charakter!), Torbauten und äußere Ringmauer aus dem 14. Jahrhundert; Weiterbildungsstätte des Kreises Düren, Aussichtsplatz, Gaststätte. – *RWE-Industriemuseum* (Stadtteil Hasenfeld) im schönsten Jugendstil-Kraftwerk Deutschlands, 1904 in Betrieb genommen als leistungsstärkstes Speicher-Kraftwerk der Welt: 12000 Kilowatt (heute 16000). Führungen (Stand 1990): Montag bis Donnerstag 9.30, 11.15, 14.30 Uhr, Freitag 9.30, 11.15, 13.15 Uhr. Hinweisschilder in Heimbach.
Sehenswürdigkeiten der Umgebung: Siehe Touren 24, 25, 27.
Im *Hotel »Seehof«* an der *Rurtalsperre Schwammenauel* die größte vollelektronische *Wasserorgel* Deutschlands.
Auskunft: Verkehrsamt: 5169 Heimbach, Tel. 02446/527.
Wanderkarte: Topographische Karte 1:50000, Blatt Deutsch-Belgischer Naturpark, Nordteil.

27 Zur Burg Nideggen

Abglanz jülischer Pracht

Tourencharakter: Unschwierige Rundwanderung; bei Nässe rutschiger Abstieg ins Rurtal.
Beste Jahreszeit: Frühling bis Herbst.
Reine Gehzeit: $2\frac{1}{2}$ Stunden.

In der Tiefe fließt die Rur, aus dem wallonischen Venn kommend, in langen Schleifen zwischen bewaldeten Ufern. Gelegentlich leuchten farbige Punkte auf dem dunklen Wasser: Kajakfahrer. Weite Blicke über welliges Land, Teile des Erholungsgebietes Rur-Eifel. Burg Nideggen ist an diesem Flußabschnitt, südlich von Düren, der prächtigste Aussichtsplatz. Die außergewöhnlich lichten, hohen Fenster des Palas vermitteln einen Abglanz jülischer Hofhaltung während der Epoche höchster Blüte um 1400: Hier ist Deutschlands drittgrößter Palastsaal – 61 Meter lang, 16 Meter breit – nach dem Kölner Gürzenich und dem Kaisersaal im Aachener Rathaus.
Wilhelm V. verhalf seinem Bruder Walram

1332 auf den Stuhl des Kölner Erzbischofs. Enge familiäre und politische Bindungen an Kaiser Ludwig den Bayern brachten ihm im Jahre 1336 den Aufstieg zum Markgrafen, unter Kaiser Karl V., zwei Jahrzehnte später sogar den Herzogstand: nun als Wilhelm I. Er herrschte als Reichsfürst zwischen Ahr und Maas. Sohn Gerhard I. heiratete gezielt in Ravensberg-Berg ein, Wilhelm II. in Geldern. Dies bedeutete einen Zugewinn an Machtfülle.

Die Grafen von Jülich, eines der ältesten Geschlechter in der Kölner Bucht, hatten durch Heirat 1177 u.a. Nideggen erworben und dort ihre Residenz eingerichtet, als Bollwerk gegen Kurköln! Zimperlich scheinen sie, wie ihresgleichen generell, mit Widersachern nicht umgegangen zu sein: 1214 schmachtete Herzog Ludwig von Bayern, 1242 der Kölner Erzbischof Konrad von Hochstaden, von 1267 bis 1270 Erzbischof Engelberg II. von Falkenberg im Verlies des »Jenseitsturmes« (Bergfried).

Rund 300 Jahre saßen die Jülicher auf dem gewaltigen Buntsandsteinfels. Heute, nach mehr als 800 Jahren, droht und trutzt Burg Nideggen nur mehr symbolisch, denn mit der Eroberung und Einäscherung 1542 durch brabantische Truppen war der Untergang besiegelt – trotz mehrmaliger Wiederherstellung (nach Erdbeben und Zerstörungen), letztmals 1960, als die Kriegsschäden durch amerikanische Artillerie beseitigt wurden.

Nideggen ist zu einem Wahrzeichen des Erholungsgebietes Dürener Rur-Eifel geworden, es ist noch immer respekteinflößend. Sie werden es erleben, aus dem Tal wie vom Felsenrundgang!

Der Wegverlauf

Am Südrand der Anfang des 13. Jahrhunderts befestigten, im nächsten Jahrhundert mit der Burg fortifikatorisch verbundenen Altstadt, beim *Zülpicher Tor*, geht es zur Straßenkreuzung. Dort rechts neben der *Abender Straße* her. Nach 5 Minuten schwenkt man vor der Rechtskurve rechts in das Teersträßchen *Im Kühlenbusch* ein. Weiterhin mit dem schwarzen Keil der *Hauptwanderlinie 4*, bergan vorbei am Wasserbehälter. Dann abwärts durch den in der Tat kühlen Busch. An der Gabelung rechts halten. Bei der zweiten Wegeteilung (Haus Ostara) erneut halbrechts und durch den Mischwald bzw. die Hänge im Linksbogen queren. Erste Felsen stehen am schattigen Weg. Er entwikkelt sich zum ausgesprochenen Felsenrundgang. Nach insgesamt knapp ½ Stunde kommt man zu einer Felsengruppe. Hier genau auf die Markierungen achten, denn der Wanderpfad zweigt rechts ab (nicht der Verführung des oberen Weges erliegen!) und senkt sich in Kehren und Schleifen. Bald öffnen sich Ausblicke über die Rur, auf Kornfelder, Wiesen und Wald. Nach gut 5 Minuten wird ein Teersträßchen auf dem Talboden betreten. Von Nideggen 35 Minuten.

Nun rechts (der schwarze Keil führt links in 10 Minuten nach Abenden). Auf den saftigen Wiesen weidet schwarzes Fleckvieh. An der Gabelung halbrechts, mäßig bergan. Voraus erscheinen die Buntsandsteinbastionen des abschließenden Felsenrundganges. Wir schlendern durch den Hang oberhalb des Flusses. Beiläufig 20 Minuten vergehen auf dem Teersträßchen, dann springt plötzlich Burg Nideggen ins Auge, am Vormittag von der Sonne angestrahlt. Ein herrliches Bild. Zu Ihren Füßen warnen Tafeln vor Felssturzgefahr! Zu Recht: links in der Wiese liegt ein mannshoher Brocken. Wir spazieren unmittelbar an die Rur heran.

Vor der Autostraße ist rechts, ansteigend *(Wegnummer 1)*, eine direkte Rückkehr nach Nideggen möglich. Jenseits der Rur liegt *Brück* mit der Station der Rurtalbahn an der Zerckaller Straße. Dort werden übrigens im Rur-Kajakcenter Bootsfahrten von Heimbach aus organisiert. Von Nideggen nicht ganz 1¼ Stunden.

Die Straße überqueren und am rechten Rurufer auf genußvollem Wanderweg, in urwüchsiger Natur an Felsen entlang. Markierung: *schwarzes K*. Verschwiegene Badeplätzchen passieren. Dann weitet sich die

Folgende Abbildung: Weit schweifen die Blicke über das Rurtal, an Nideggen vorbei zu den westlichen Anhöhen des Euskirchener Landes am Nordostrand der Eifel.

Aue. Eine Viertelstunde nach der Rurbrücke trifft man beim *Gut Laach* (Viehmast) ein. Rechts halten. Drüben liegt Zerkall. Bergan in den Laubwaldschatten, und 5 Minuten später scharf rechts in Weg Nummer 6. Aufwärts, 10 Minuten bis zu einer Wegedreiteilung (Rastbank). Links neben der Bank geradeaus, jetzt spürbar steiler über den schmalen Geländerücken. Rechts folgen erste Kletterfelsen. Dann eine fürstliche Loge mit *Pavillon.* Eisengeländer erlauben, bis an den äußersten Rand der schroffen Felsen vorzutreten: schwindelerregender Tiefblick und eindrucksvolle Schau auf Nideggen. Vom Ausgangspunkt 1¾ Stunden.

Weiter rechtshaltend, ostwärts, jetzt wieder der *Eifelverein-Hauptwanderroute 4* und ihrem schwarzen Keil nach. Rechter Hand stürzen zerklüftete Felsen ab. Eine Aussichtskanzel nach der anderen. Burg Nideggen rückt näher! Auf der Straße stöhnt laut und stinkend der Lkw-Verkehr den Berg hinauf. Der Holzsteg leitet über ein mit Blöcken gefülltes Bachbett. Aus dem Tobel empor zur *Landstraße 11.* Jenseits durch die *Bahnhofstraße* in gut 5 Minuten hinauf zum *Markt,* Herzkammer des urbanen *Nideggen.*

An der Ratskeller-Ecke rechts in die *Kirchgasse.* Sie leitet in das 400 Meter lange *Burgareal.* Dort steht auch die *Pfarrkirche St. Johann Baptist,* ein bemerkenswerter dreischiffiger Emporebau des frühen 13. Jahrhunderts. Stifter war Wilhelm III. von Heimbach, der als Neffe des Jülichers Wilhelm II. in die Geschlechterfolge trat. Sein Sohn, Wilhelm IV., 1278 bei der Eroberung Aachens erschlagen vom »wehrhaften Schmied«, liegt hier begraben. Leider vernichtete der Krieg den gotischen Freskenschmuck, lediglich im Apsisgewölbe sind noch stark restaurierte Reste – Christus in der Mandorla, Maria und Johannes – erhalten, zwischen den Fenstern verschiedene Heilige.

Beim Eintritt in die eigentliche *Herzogsburg* zeigt ein Grundrißplan die Baulichkeiten, die

Der mächtige fünfgeschossige Bergfried des einstigen Herzogssitzes Nideggen dominiert hoch über dem Rurtal im Erholungsgebiet Dürener Rureifel. Im Turm ist das Museum der Eifelburgenkultur untergebracht.

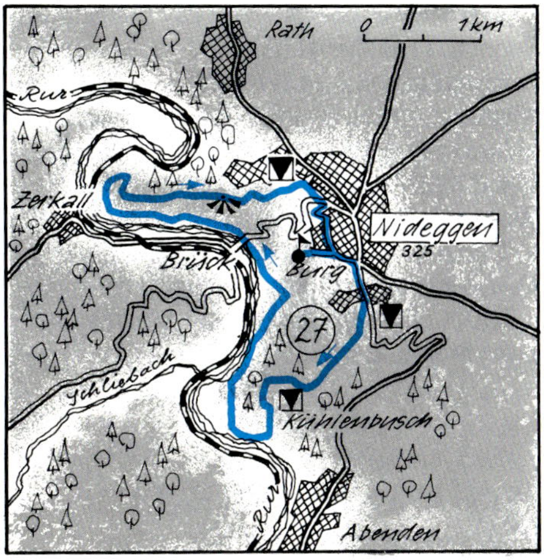

dann im Inneren durch informative Anschläge entlang dem geschichtlichen Rundgang detailliert erklärt werden – von der 100 Meter tiefen *Zisterne* bis zum einstmals fünfgeschossigen *Bergfried.* Er beherbergt das *Museum der Eifelburgenkultur;* geöffnet Dienstag bis Sonntag 10.00 bis 17.00 Uhr, letzter Einlaß 16.30 Uhr. Burggaststätte Montag geschlossen. Abschließend vom *Markt* zum nahen *Zülpicher Tor.*

Nützliche Informationen

Ausgangsort: Nideggen (325 m), ein »Tor zur Eifel«, südlich (14 km) von Düren. Von Heimbach 13 km, von Monschau 30 km, von Düsseldorf 91 km. Gute Busverbindungen. Station der Rurtalbahn Heimbach–Düren im Stadtteil Brück (2,5 km).

Parkplätze: Am günstigsten vor dem Zülpicher Tor.

Gehzeiten: Insgesamt 2½ Stunden. Nideggen–Rurtal 35 Minuten. Rurtal–Brück etwa ½ Stunde. Brück–Felsenrundgang 40 Minuten. Rückweg ¾ Stunden.

Unterkunft und Verpflegung: Hotels, Gasthöfe, Privatzimmer in Nideggen. Jugendherberge (Rather Straße): Tel. 0 24 27/2 26. Campingplatz in Brück.

Einkehr unterwegs: An der Rurbrücke »Gaststätte Ludwig«, Montag geschlossen.

Sehenswürdigkeiten: *Kunstausstellung* in dem nach Kriegszerstörung 1959 neuerbauten *Dürener Tor,* geöffnet Dienstag und

saßen, lebt im westfälischen Stammhaus der Familie. Gelegentlich wird das ab 1680 an Stelle eines mittelalterlichen Baues errichtete Wasserschloß an Wochenenden vermietet. Von grundlegenden Restaurierungen sei keine Rede, erfahre ich im Dorf. Erbstreitigkeiten, munkeln die Leute!

Auf der *Burgstraße* zur *Frankenstraße* (Durchgangsstraße) an der steinernen *Nepomukbrücke,* die über den Bruchbach führt. Jenseits der Frankenstraße erwartet uns der *Eickser Busch,* wo ein Stück der Römerstraße Trier – Köln verlief.

Nach dem 1876 aufgestellten Kreuz wird die Hauptwanderstrecke links verlassen, ansteigend auf einem Pfad. Etwa 10 Minuten später, am Ende der Wiese, geht es rechts zu der 1923 geweihten *Marienkapelle.* Nach 50 Metern an der Gabelung links, in 5 Minuten zu einem breiten Weg. Rechts 100 Meter, dann erneut rechts halten, weiter auf schattigem Waldweg. Ungefähr 20 Minuten hinter der Marienkapelle verläßt man den Wald. Die Häuser von Hostel bleiben rechts liegen. Geradeaus, links am Friedhof vorbei, vorerst am Waldrand entlang, kurz links, dann rechts auf einem Feldweg abwärts zu einem geteerten Fahrweg. Auf ihm links (Markierung schwarzer Winkel) und durch das *Mühlental,* in dem sich Fischteiche reihen, in 10 Minuten zur *Bundesstraße 266.*

Auf der anderen Seite einem Fußweg etwa 15 Minuten folgen, bis links das Sträßchen in das *Nachtigallental* abzweigt. Dort erwartet uns das *Rheinische Freilichtmuseum,* geöffnet vom 1. April bis 31. Oktober zwischen 9.00 und 18.00 Uhr, ansonsten 10.00 bis 16.00 Uhr. Am Eingang sind auf einer Tafel die jeweiligen Vorführungen angekündigt. Ein Faltblatt erklärt den Rundgang und die damit verbundenen Baulichkeiten.

Rückweg: Hinunter zu den *Parkplätzen* und in 10 Minuten zur *Bundesstraße.* Auf der gegenüberliegenden Seite dem Fußweg rechts folgen. Nach 250 Metern links und in den

Auf den Resten einer mittelalterlichen Wasserburg ließen die Freiherren Syberg 1690 das vierflügelige Schloß Eicks errichten. Bis heute ist es authentisch auch in der Innenausstattung erhalten.

Ort Kommern mit reizvollen Fachwerkhäusern des 16., 17. und 18. Jahrhunderts.

Nützliche Informationen

Ausgangsort: Kommern (250 m), langgestreckte Ortschaft der Großgemeinde Mechernich (3 km, Bahnhof) an der Bundesstraße 266, südwestlich von Euskirchen (13 km). Von der Autobahnausfahrt Bad Münstereifel/Mechernich 7,5 km, von Schleiden 20 km. Bushaltestelle (Kommern-Mitte) unterhalb der Kirche, Verbindungen mit Mechernich, Zülpich, Euskirchen, Hellenthal.
Parkplätze: Etwa 50 m westlich der Kirche auf dem Arenbergplatz an der Ackerstraße.
Gehzeiten: Insgesamt etwa 3½ Stunden. Kommern–Wasserschloß Eicks 1¼ Stunden. Eicks–Freilichtmuseum knapp 2 Stunden. Rückweg 25 Minuten.
Unterkunft und Verpflegung: Hotels, Gasthöfe, Pensionen in Kommern und Mechernich.
Einkehr unterwegs: Eicks (Gaststätte »Fettweihs-Lux« im Ort). Freilichtmuseum.
Sehenswürdigkeiten der Umgebung: *Kommern-Süd* (2,5 km nordöstlich von Mechernich, Busverbindungen). Hochwildpark Rheinland, geöffnet täglich 9.00–18.00 Uhr.
Auskunft: Fremdenverkehrsverein: 5353 Kommern, Tel. 02443/5296.
Wanderkarte: Topographische Karte 1:50000, Blatt Deutsch-Belgischer Naturpark, Nordteil.

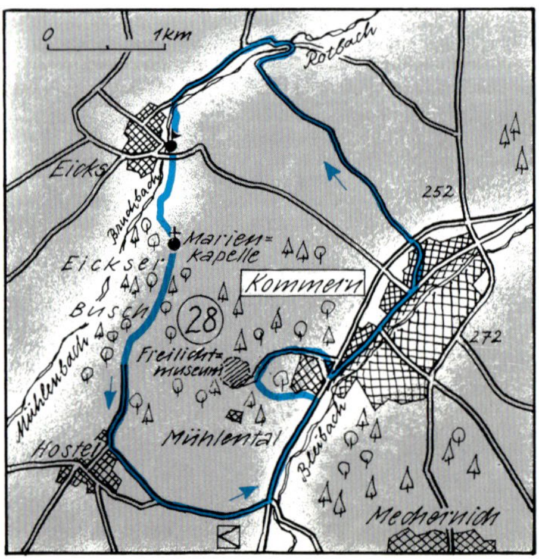

29 Der Jahrhundertweg von Bad Münstereifel

Tourencharakter: Unschwierige Rundwanderung.
Beste Jahreszeit: Frühling bis Spätherbst.
Reine Gehzeit: 4½ bis 4¾ Stunden.

»Jahrhundertweg« bezieht sich natürlich nicht auf die Historie von Bad Münstereifel, das eine bald hundertjährige Badetradition hat und darüber hinaus schon um 830 Erwähnung findet, als die Benediktinerabtei Prüm ein Filialkloster – »Novum Monasterium in pago Eifle situm« – gründete, um das obere Erfttal zu kultivieren. Münstereifel findet sich erst 1086 in einem Bericht von der Überführung der Reliquien von Chrysanthus und Daria aus Rom. Das »Bad« ließ bis 1967 auf sich warten.

»Jahrhundertweg« heißt er, weil 1990 die Ortsgruppe des Eifelvereins 100 Jahre bestand. Aus diesem Anlaß eröffneten die Mitglieder den Jahrhundertweg durch das Erholungsgebiet Bad Münstereifeler Wald. Die meisten Besucher des sehr modernen Kneipp-Heilbades, wie es sich seit 1956 tituliert, sind Kurgäste, denn Bad Münstereifel, das 1926/27 Mittelpunkt der Kneippschen Heilmethode in Westdeutschland wurde, spricht für hervorragende Erfolge bei Herz- und Gefäßleiden, Erkrankungen des Stoffwechsels, der Atmungsorgane und Nervenleiden. Der Kurbetrieb floriert das ganze Jahr über.

Zusätzliche Kapazitäten garantieren der Gastronomie und dem Handel die Justiz-Fachhochschule Nordrhein-Westfalen, die Heimvolkshochschule der SPD-nahen Friedrich-Ebert-Stiftung und das Rote-Kreuz-Erholungsheim, eine Tagungsstätte der Deutschen Beamtenjugend. Kein Wunder also, wenn stets reges Leben herrscht im »Rheinischen Rothenburg«. Es gehört zu den malerischsten

Mitten in Bad Münstereifel ragt die frühromanische Pfeilerbasilika und ehemalige Benediktiner-Stiftskirche St. Chrysanthus und Daria aus dem heimeligen Stadtbild des »rheinischen Rothenburg« im Tal der Erft.

Eifelstädtchen. Alles wirkt harmonisch im Gleichklang der Architektur, bar musealen Staubes in einem vollständig erhaltenen Befestigungsgürtel. Man hat es verstanden, der Historie jungen Atem einzuhauchen, ohne der alten Substanz zu schaden.
Ein belebendes Element bildet zweifellos die Erft. Sie fließt mitten durch das Städtchen und sorgt für pittoreske Ansichten. Allerdings brachte sie in der Vergangenheit auch Not und Elend. Zum Beispiel 1416, wie eine Tafel am Aufgang vom Markt zum Johannistor unterhalb der 1880 abgebrochenen Johanniskirche erzählt. So weit reichte damals das Hochwasser – 14 Meter über der Erftsohle. Die Katastrophe riß 1500 Menschen und 3000 Stück Vieh ins Verderben. Wie die Straßen, so kam und verließ die Erft durch Tore die Stadt: Wassertore, gesichert sogar mit Fallgittern, die allerdings nach starken Gewitterregen oder Eisgang den Bewohnern lebensgefährlich wurden, ehe man sie – nach der Überschwemmung 1818 – beseitigte.
Für die Tuchwebereien, derentwegen Münstereifel im Mittelalter einen gewissen Wohlstand erfuhr, bedeutete Wasser hingegen ein existentielles Element. Das landesherrliche Privileg der Wollenweberzunft von 1339 wischte die französische Revolution mit einem Strich weg. 1815 gliederte Preußen die Stadt in den Regierungsbezirk Köln ein. Während Düren und Euskirchen ihre Tuchherstellung dem technischen Zeitalter anpaßten, das heißt, mechanische Webstühle installierten, verharrte Münstereifel bei der altgewohnten Handarbeit, was zum Verlust aller Marktanteile und zu Verarmung führte. Nun waren die Leute auf die Mechernicher Bleibergwerke angewiesen, soweit sie nicht ab- oder auswanderten. Zwar brachte die Provinzialstraße Köln–Trier (Bundesstraße 51) im Jahre 1841 neuen Schwung für Markt und Gerbereien, doch die Eisenbahnlinie Köln–Trier, notwendig für eine konstante wirtschaftliche Entwicklung, wurde über Mechernich–Kall trassiert, wodurch man an der Erft neuerdings ins Abseits geriet. Und als die Stichbahn 1890 endlich kam, konnte sie der Industrie nicht mehr auf die Füße helfen – jedoch den zögernd einsetzenden Fremdenverkehr fördern.

Der Wegverlauf

Zwischen Parkplatz und Minigolfplatz die Schranke passieren, am Spielteich rechts vorbei zur Übersichtstafel des *Jahrhundertweges*. Über den Holzsteg und links. Für die nächsten 18 Kilometer gilt *Markierung 100*, der man sozusagen »blind« vertrauen darf. Zunächst bis zum Ende des *Kurparkes*. Dort rechts, die Schranke passieren, anschließend durch den *Damwildgarten*. Etwa 50 Meter danach geht es bei der *Grillhütte* spitzwinkelig rechts, in gut 5 Minuten zur nächsten *Schutzhütte* (370 m). Ungefähr 10 Minuten später wird die *Informationstafel »Alte Burg«* erreicht. Mäßig abwärts. Der Kreuzweg Bad Münstereifel–Rodert bleibt unbeachtet. Geradeaus bzw. linkshaltend. Links im Wald liegt der *Judenfriedhof*. Ab den Parkplätzen auf dem asphaltierten *Roderter Kirchweg* parallel zu Bundesstraße 51 und Stadtmauer zur Unterführung, oberhalb des *Johannistores* aus der ersten Hälfte des 14. Jahrhunderts. Links, etwa 15 Meter entfernt, an der Gartenmauer die erste Station der »Sieben Fußfälle« zum Michelsberg. Hierher auch direkt vom Markt durch die Johannisstraße. Vom Parkplatz 1 Stunde.
Weiter, halblinks auf dem *Kreuzgäßchen* bergan. Auf dem Forstfahrweg scharf links, bei der Gabelung am *Schutzhüttchen* rechts. Die inzwischen vertraute *»100«* leitet im Linksbogen um den *Radberg* zum Ortsrand von *Rodert* (420 m). Vom Parkplatz 1½ Stunden.
Südostwärts. An der Linkskurve der Straße geradeaus, einen Querweg kreuzen und zu einem schönen Aussichtsplatz (460 m) am Waldrand. Bei klarem Wetter soll Köln zu sehen sein! Links am Waldrand 150 Meter entlang, dann rechts dem Feldweg folgen. Er mündet in den asphaltierten *Effelsberger Weg*. Auf ihm knapp 200 Meter rechts, worauf eine Tafel links den *Forstlehrpfad* ankündet: durch Weidewiesen zu einem Forstweg.

Das Werther Tor, eines von vier Stadttoren, bewacht seit dem Mittelalter die nördliche Pforte von Bad Münstereifel, das die Grafen von Jülich im 13. Jahrhundert mit Mauern und Wallgräben befestigen ließen.

Links, an der Gabelung rechts, gut 5 Minuten zur *Eichenhütte* (410 m) im Haarscheid-Südhang. Am Lehrpfad folgt die *Kiefernhütte*. Etwa 250 Meter danach wird der Lehrpfad rechts verlassen. Abwärts, linkshaltend zur *Landstraße 234*. Vom Ausgangspunkt 2½ Stunden.

Die Straße schräg rechts überqueren. Beim *Wanderparkplatz Schleyertal* an der Wege-Übersichtstafel vorbei und auf dem asphaltierten Forstweg 250 Meter. An der Kreuzung geradeaus (Rundweg A1) und schwach rechts halten. Gut 5 Minuten später, an der Wegeteilung, links. Nach 100 Metern versteckt sich rechts der *Holzapfelsweiher*. Dem anschließenden Links-Rechts-Bogen folgt ein schnurgerader Waldweg. Aber schon nach 500 Metern heißt es an der *Kreuzung* (392 m) links abbiegen. Nochmals etwa 500 Meter, fast eben, und wir sind bei der *Schutzhütte Jägersruh* (390 m). Vom Ausgangspunkt 3¼ Stunden.

Rechtsschwenk in nordwestliche Richtung. Bei der nächsten *Hütte* (350 m), nach 5 Minuten links weiter, erneut u. a. der Markierung A1 nach. Etwa 20 Minuten vergehen bis zur *Schutzhütte* (322 m) an einer Kreuzung im Iversheimer Wald. Hier stößt man auf die *Hauptwanderstrecke 3* sowie den *Europäischen Fernwanderweg 8*. Gemeinsam im *Kornbachtal* auswärts. Nach 15 Minuten aufpassen! Vor der Rechtskurve links über Stufen im Fichtenwald abwärts zu einem Weg, der das Kornbachtal links quert und sich am Giersberg und Wingertsberg fortsetzt, vorbei am *»Herrenbäumchen«*, einer Linde, danach an der *Justiz-Fachhochschule*. Bei der Friedhofsecke links, neben der *Landstraße 234* in 5 Minuten zum Ausgangspunkt.

Nützliche Informationen

Ausgangsort: Bad Münstereifel (290 m), im Erfttal an der Bundesstraße 51. Von der Autobahnanschlußstelle 8 km, von Blankenheim 18 km, von Mechernich 14 km, von Köln 44 km, von Trier 118 km. Gute Busverbindungen, Busbahnhof nördlich der Altstadt (Werther Tor) an der Kölner Straße, unweit des Bahnhofs (Strecke Düren–Euskirchen–Bad Münstereifel).

Parkplätze: Am Rand der Altstadt, u. a. vor dem Werther Tor und dem Orchheimer Tor, den Haupteinfallstoren.

Ausgangspunkt: Wanderparkplatz Kurpark Schleidtal (300 m). Zufahrt: Ab Werther Tor 300 Meter durch die Kölner Straße, dann rechts ab Richtung Effelsberg, vorbei am Friedhof. Dort rechts in die Schleidtalstraße (Landstraße 234); 100 Meter nach dem Park-Hotel, bzw. gleich nach dem Minigolfplatz ist rechts der Parkplatz.

Gehzeiten: Insgesamt 4½ bis 4¾ Stunden. Wanderparkplatz–Johannistor 1 Stunde. Johannistor–Rodert ½ Stunde, Rodert–Landstraße 1 Stunde, Landstraße–Jägersruh 40 Minuten, Jägersruh–Ausgangspunkt 1¼ Stunden.

Unterkunft und Verpflegung: Hotels, Gasthöfe, Pensionen, Privatzimmer in Bad Münstereifel. Jugendherberge im Stadtteil Rodert (20 Minuten zu Fuß): Tel. 02253/7438. Originelle Altdeutsche Weinstuben »En de Höll« in einem 1618 erbauten Haus am Orchheimer Tor. Weinhaus »An der Rauschen« (Heisterbacherstraße), so gut wie ein kleines Privatmuseum.

Sehenswürdigkeiten: *Ehemalige Benediktiner-Stiftskirche St. Chrysanthus und Daria*, dreischiffige frühromanische Pfeilerbasilika mit gewichtigem Westwerk (Turmanlage), ohne Querschiff: Gleich nach dem Eingang das drei Meter lange, frühgotische Hochgrab des Grafen Gottfried von Bergheim († 1335), für die Kunstgeschichte sowie kostümgeschichtlich bedeutungsvoll »wegen des frühesten rheinischen Beispiels von männlichen und weiblichen Leidtragenden (›Pleurants‹)«, urteilt Reclams Kunstführer, und weist nachdrücklich auf die betont »dekorativen Züge« des Werkes hin. Die fünfschiffige Krypta ist der älteste Bauteil; hinter Eisengittern der im 18. Jahrhundert gefertigte, vergoldete Reliquien-Schrein des römischen Märtyrer-Ehepaares Chrysanthus und Daria (um 250 n. Chr.). In der Krypta außerdem eine 68 Zentimeter große Madonna französischer Schule aus Nußbaumholz, um 1330. Renaissance-Taufstein aus schwarzem Marmor (1619).
Im Hochchor romanische Freskoreste (Apokalypse) sowie gotische Malereien (Kirchenväter); überdies 16 bis drei Meter hohe Säu-

len aus dem Kalksinter der römischen Wasserleitung (siehe Tour 21), was auch für die Altarplatte (1,70×1,18 m) gilt. – Am Klosterplatz das zweigeschossige, sogenannte *»Romanische Haus«* aus Bruchsteinmauerwerk, eines der ältesten (1167) profanen Steinhäuser des Rheinlandes. – *Toni-Hürten-Heimatmuseum*, u. a. bildliche Darstellungen und fragmentarische Steinfunde aus dem römischen Tempelbezirk bei Pesch (siehe Tour 20), geöffnet (außer Montag) 9.00 bis 12.00 Uhr, 14.00 bis 16.00 Uhr. – *Ehemalige Jesuitenkirche St. Donatus*, frühbarock, 1652 Grundsteinlegung durch Laienbrüder, bei Vollendung 1670 dem römischen Märtyrer St. Donatus geweiht, 1944 stark beschädigt, seit Wiederherstellung 1958 zweites Gotteshaus der katholischen Gemeinde. Links, innen neben dem Eingang, hinter Kerzenlichtern verehrt und angebetet, »Das wahre Angesicht der Gottesmutter«, laut Legende von einem Mönch nach einer Vision gemalt. – Vor dem gotischen *Rathaus* ein Pranger (1665), genannt der »Poel«. – *Windeckhaus* (Orchheimer Straße), erbaut von 1644 bis 1664, eines der prächtigsten Fachwerkhäuser im Rheinland, reiches Schnitzwerk, zwei Hängestubenerker. – *Römische Glashütte* (beim Orchheimer Tor): Glaskunst, Glasgeschichte, Glaskultur, täglich geöffnet 10.00–18.00 Uhr. – Ruine der im 13. Jahrhundert entstandenen *Burg*, 1689 von abrückenden Franzosen gebrandschatzt, seit 1984 im Besitz des »Burgensammlers« Hillebrand.

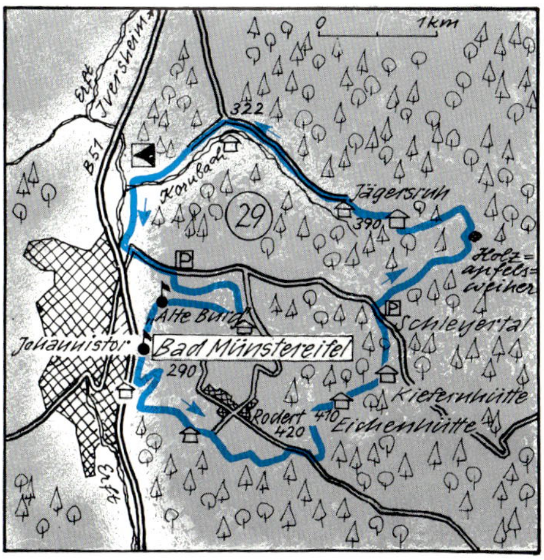

– *Steinfelder Hof* (Wertherstraße), hinter einem Vorgarten, erbaut 1512 als Zehnthof des Klosters Steinfeld (Tour 21).

Sehenswürdigkeiten der Umgebung: *Iversheim* (3 km nördlich an der B 51). Römische Kalkbrennerei, ausgegraben 1968 vom Rheinischen Landesmuseum Bonn, Grundmauern eines 30 Meter langen Gebäudes mit sechs Öfen, Besichtigung Samstag, Sonn- und Feiertage 10.00–17.00 Uhr.

Auskunft: Kurverwaltung: 5358 Bad Münstereifel, Tel. 02253/505 oder 182.

Wanderkarten: Topographische Landeskarte 1:50000, Blatt 5506 (Bad Münstereifel). – Wanderkarte des Eifelvereins 1:25000, Blatt 7.

30 Am Ufer der Ahr entlang

Von Ahrweiler nach Altenahr

> *Tourencharakter:* Unschwierige Wanderung.
> *Beste Jahreszeit:* Frühling bis Herbst.
> *Reine Gehzeit:* 4 Stunden. Rückfahrt mit der Bahn.

Der Ahruferweg bildet den Gegenpart zum Rotweinwanderweg (Tour 31). Er betrachtet die Welt sozusagen aus der Froschperspektive, weil er sich weitgehend an die Flußufer hält. Auch solche Betrachtungsart weist unverwechselbare Reize auf. Und auch in diesem Falle wird nicht der gesamte, 28 Kilometer lange Weg ab Sinzig am Rhein offeriert, sondern die eindrucksvollste Strecke zwischen Ahrweiler und Altenahr. Sie bietet Gehtüchtigen nach Absolvierung des Rotweinwanderweges eine ideale Ergänzung, die schönsten Reviere der Ahr in einem »Aufwasch« kennenzulernen. Das schwarze »A« mit Wellenlinie auf weißem Grund leitet über knapp 16 Kilometer vom romantischsten Ort an der Ahr zu ihrem landschaftlichen Höhepunkt. Als Einstimmung vielleicht ein Glas »Ahrweiler Rosenthal« oder »Silberberg«, gelobte Burgunder aus tausendjähriger Weinbautradition!

Am Ahruferweg zwischen Ahrweiler und Altenahr begleiten den Wanderer überall Rebfluren auf dem Talboden, von dem aus die Weinberge an den orographisch linken Hängen ansteigen.

Der Wegverlauf

Am *Marktplatz,* gegenüber dem Kur- und Verkehrsverein, neben der Gaststätte »Marktbrunnen« durch die fachwerkgezierte *Ahrhutstraße.* Huten sind die vier Ortsteile. Mit dem fünfgeschossigen *Ahrtor,* dem größten Stadttor, gibt uns das historische Zentrum frei. Zurück bleibt der neben Oberwesel besterhaltene mittelalterliche Mauerring im Rheinland. 1248, als Ahrweiler die Stadtrechte erhielt, war es ein Bollwerk Kurkölns wider die Grafen von Jülich, im Sinne des Gründers und Landesherrn Erzbischof Konrad von Are-Hochstaden.

Rechtshaltend über den Parkplatz und in die *Karl-von-Ehrenwall-Allee.* Vorbei am Kinderspielplatz und an der *Ahr* entlang. Bald erscheint linker Hand auf einer flachen Basaltkuppe der imposante Komplex des Klosters Kalvarienberg, seit 1838 Mutterhaus der Ursulinen, zu dem ein modernes Schulzentrum (Mädchengymnasium und -realschule) gehört. Im Mittelalter stand dort der Galgen, ehe 1505 die erste Kapelle geweiht wurde. Durch Kleingärten. Auch beim *Ursulinensteg* bleibt man diesseits der Ahr. Kurz danach wird rechts ein ehemaliger Mühlengraben überschritten. Links und wieder an der Ahr zur Josefsbrücke in *Walporzheim.* Es wird bereits 893 als »Walpredeshoven«, Besitz der Abtei Prüm, genannt. Die Winzergenossenschaft errang mit der »Gärkammer« und dem »Kräuterberg« – sein Merkmal ist der natürliche Bewuchs mit Kräutern – schon zahlreiche Preise. Das Weingut St. Peter existiert seit 1246. Alljährlich am vierten Augustwochenende Weinfest mit Umzug und Feuerwerk. Von Ahrweiler 25 Minuten.

Nun beginnt der romantische Mittellauf der Ahr. Links mündet das *Geisbachtal.* Dort kam an mehreren Stellen eine gemauerte (vielleicht ehemals schieferplattengedeckte) römische Wasserleitung zum Vorschein.

Geradeaus weiter neben dem Fluß. Nach 10 Minuten, vor der Eisenbahnunterführung, über die *Heckenbachbrücke* die Ufer wechseln und rechts weiter. Jenseits streckt die

»Bunte Kuh« ihren Felsschädel aus dem Hang. Wenn Sie Trompetenklang hören, begrüßt der »Musikalische Wirt« zu Füßen der »Bunten Kuh« einen Bus voller Ausflügler.
Hinauf in den bewaldeten Hang, durch den sich die Tour fortsetzt, streckenweise geländergesichert, in ½ Stunde nach *Dernau.* Am »Hardtberg« wachsen vortreffliche Spätburgunder, aber auch die Lagen »Pfarrwingert«, »Schieferley« und »Burggarten« tragen zur Geltung des Ortes bei, der am letzten Septemberwochenende sein Weinfest feiert, nach dem in Ahrweiler das meistbesuchte und gelungenste. Von Ahrweiler 1 Stunde.
Am *Restaurant »Winzerstuben«* vorbei und in 10 Minuten nach *Steinbergsmühle.* Die Südrichtung beibehaltend, links über einen schmalen Nebenarm (für die ehemalige Steinbergmühle), dann am Waldrand und an Weingärten entlang nach *Rech.* Von Ahrweiler 1¾ Stunden.
Die Nollstraße leitet zur *Kirche.* Links in die *Bärenbachstraße.* An der nächsten Gabelung rechts (Dellenweg). Bei den letzten Häusern auf dem oberen Weg bleiben, oberhalb des Friedhofs zwischen Wald und Reben aufwärts in den *Saffenburgsattel.* Rechts sind es nur wenige Minuten, zwei Halsgräben der Vorburgen querend, zur *Ruine Saffenburg* (252 m). Sie gilt als älteste Burg an der Ahr und erscheint namentlich erstmals 1074. 1704 wurde sie gesprengt. Laut Heimatkunde übten die Saffenberger, die Verwalter des Ahrgaues, ihre Herrschaft mit Gerechtigkeit, Ordnung und Strenge aus. Ihre Macht ging später im Hause von der Mark auf. Gräfin Katharina von der Mark († 1645), dritte Gattin des Grafen Ernst, eine Manderscheiderin, Erbin von Schleiden und Saffenburg, ruht in der Pfarrkirche St. Nikolaus zu Mayschoß. Ihr Grabdenkmal, eines der künstlerisch wertvollsten im Ahr-Eifel-Raum, 1646 vom Ehemann gestiftet, sollte man bei Gelegenheit ansehen. Die Tumba besteht aus schwarzem belgischem Marmor. Den Deckel ziert, als Hochrelief, ein hübsches, jugendliches Bildnis der Verstorbenen, schlafend, im Stil des Frühbarock.
Mayschoß darf sich des ältesten Winzervereins – 1868 gegründet – Deutschlands rühmen und ist außerdem Heimatort der deutschen Weinkönigin 1984/85 und der Gebietsweinkönigin 1987/88. Etwa 95 Prozent der gesamten Mayschoßer Weinernten lagern in den Kellerlabyrinthen der Genossenschaft. Weil es gar so schön und lustig sei, hält man jedes Oktoberwochenende ein Weinfest ab.
Zurück in den *Sattel.* An der Wegegabel weist die *A-Markierung* abwärts durch Weingärten. Auf dem Talboden hält sich der Weg an den Bahnkörper, bis dieser in einen Tunnel taucht. Seit 1880 bummelt das Bähnlein im Tal hin und her, immerhin von etwa 20 Prozent aller Besucher benutzt. Dabei muß man wissen, daß der Kreis Ahrweiler mit jährlich mehr als 300 000 Gästen die dritthöchste Zahl an Besuchern in Rheinland-Pfalz aufweist. Der Güterverkehr meldet steigende Tendenzen. Wir spazieren an der Ahr entlang. Das Tal entwickelt sich zu einer Szenerie aus Felsengen, Waldbergen, Rebenterrassen. Ständig andere Eindrücke, oftmals wie Visionen das Blickfeld ausfüllend.
Jenseits des Ahrsteges *Reimerzhoven* kann im Gasthof »Krämer-Koch« gerastet werden. Der nächste *Ahrsteg,* etwa 20 Minuten später, erlaubt rechts einen direkten Zugang (¼ Stunde) nach Altenahr, durch den Straßentunnel. Schöner ist aber in jedem Falle die Fortsetzung der Tour im dichtbewaldeten *Langfigtal.* Es stellt nämlich gewissermaßen den dramaturgischen Abschluß dar. Eine Steigerung, wie sie ergreifender nicht inszeniert werden könnte. Zunächst sehen wir rechts oben die Burgruine Are. Der Spazierweg führt eben an der Ahrschlinge entlang, die der störrische Langfig-Felsstock bedingt. Hitze lastet über feuchter, urwaldähnlicher Vegetation. Strenge statt lichter Heiterkeit! Nach einer Viertelstunde auf dem unteren Weg bleiben. Dann über einen Steg aufs jenseitige Ufer. Etwa 10 Minuten später erlaubt ein betoniertes Wehr ungetrübte Badefreuden. Linker Hand guckt hinter dem Sportplatz die Jugendherberge hervor. Beim ersten Haus entweder (schöner) links über die Ahr und rechts, oder (kürzer) geradeaus talein. Beide Wege treffen sich an der Brücke vor den mauerglatten, von Verschneidungen durchzogenen Felswänden der *Breiten Ley* in der sogenannten »Kleinen Schweiz«.

Erneuert 1979

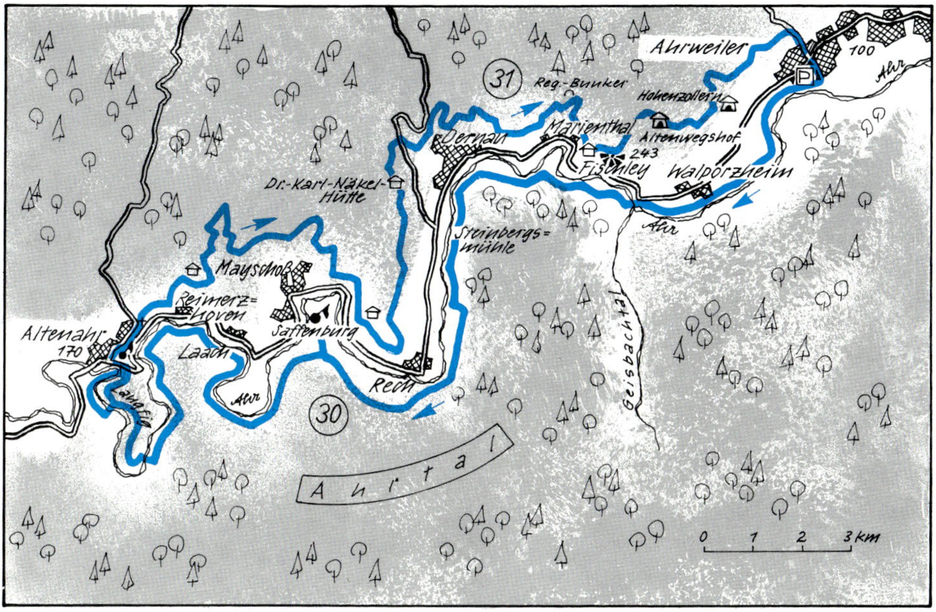

Im Straßentunnel – erster Deutschlands – unter der Engelsley rollt seit 1833 der Verkehr; Erweiterung 1970. Die *Gaststätte Ahrterrasse* schenkt Durstigen kühles bayerisches »Weißbier« aus, während die Probierstuben der *Winzergenossenschaft Altenahr-Mayschoß* selbstredend ihren Wein kredenzen. Gelegenheit zum Weintrinken besteht vor allem an den Weinfesten ab dem letzten Septemberwochenende sowie an allen Wochenenden im Oktober.

Der offizielle Ahruferweg schwenkt kurz hinter der Genossenschaft links in den Weg *Im Wallgarten* ein und leitet auf der Rückseite des Ortes zur Ahrbrücke beim Bahnhof, während die Bundesstraße direkt durch *Altenahr* führt: Andenkengeschäfte, Gaststätten, »Tanzschuppen« – alles abgestimmt auf den Massentourismus, der hier tagaus, tagein das Bild, die Atmosphäre und das Preisniveau prägt! Lokale wie die »Schäferkarre«, das 1716 erbaute, 1979 gelungen erneuerte historische Weingasthaus, als eines der wenigen Mitglied im Verein »Der klassische deutsche Wein« (zur Pflege sortenrein ausgebauter trockener, gebietstypischer Weine), sind Raritäten in einem Fremdenverkehrsort.

Die Hauptstraße von Altenahr säumen ansehnliche Fachwerkhäuser wie das Weinhaus »Schäferkarre«. Es wird vom wuchtigen Vierungsturm der gotischen Pfarrkirche St. Laurentius, dem frühesten linksrheinischen sakralen Hallenbau überragt.

Nützliche Informationen

Ausgangsort: Ahrweiler (104 m), mit Bad Neuenahr seit 1969 eine Stadt. Im Zweiten Weltkrieg wurden hier 156 Häuser total, 215 schwer zerstört. Umgehungsstraße (B 267). Von Linz/Rheinfähre 17 km, von Nürburgring und Mayen jeweils 40 km. Bahnstation Ahrweiler-Markt. Gute Busverbindungen.
Parkplätze: Vor den Mauern, bei den Stadttoren; beschildert.
Gehzeiten: Insgesamt etwa 4 Stunden. Ahrweiler–Walporzheim 25 Minuten. Walporzheim–Dernau ½ Stunde. Dernau–Rech ¾ Stunden. Rech–Langfigtal 1½ Stunden. Langfigtal–Altenahr ¾ Stunden.
Unterkunft und Verpflegung: In Ahrweiler Hotels, Gasthöfe, Pensionen, Privatzimmer. Der Autor war jedesmal mit dem Hotel-Restaurant »Schützenhof« (Schützenstraße 1, vor dem Ahrhuttor, eigene Parkplätze) zufrieden. Empfehlenswertes Speiselokal: »Eifel-

Der Ahruferweg klingt im landschaftlich großartigen Langfigtal kurz vor Altenahr aus. Von der Höhe grüßen die Ruinen der im 12. Jahrhundert durch die Grafen von Are gegründeten, strategisch wichtigen Burg, die übrigens vom Rotweinwanderweg aus besucht werden kann.

stube« (Ahrhutstraße), 80 Jahre Familiengastronomie in einer altdeutschen Stube; Mittwoch Ruhetag. – Altenahr, siehe Tour 31.

Einkehrmöglichkeiten unterwegs: Orte am Uferpfad.

Sehenswürdigkeiten: *Pfarrkirche St. Laurentius:* früheste (1269 begonnen) linksrheinische gotische Hallenkirche, dreischiffig, Wandmalereien des 14. und 15. Jahrhunderts an den Stirnseiten der Joche, an den Seitenschiffwänden und dem linken Turmpfeiler. Die Darstellung der aus dem 14. Jahrhundert stammenden Sebastians-Bürgerschützengesellschaft an der Hauptchor-Nordseite ist jüngeren Datums (1918), wie auch etliche andere Gemälde. – *Ahrgau-Museum,* geöffnet Dienstag bis Freitag 10.00–12.00 Uhr, 14.00–17.00 Uhr, Sonntag 10.00–12.00 Uhr. – *Altstadt,* reich an kunstvollen Fachwerkbauten. – *Römischer Gutshof,* zu Füßen des Silberberges, nordwestlich außerhalb der Altstadt, entdeckt 1980 beim Neubau der Bundesstraße 267: Bis mannshoch aufgehende Mauern des Herrenhauses eines Landgutes aus dem 2. oder 3. Jahrhundert; gut erhalten u. a. ein Küchenherd mit Backofen, Heizungsanlagen, Bad. Nach Auffassung von Experten übertrifft die »Villa am Silberberg« alles bisher im Rheinland und nördlich der Alpen Bekannte an römischen Wohngebäuden. Öffnungszeiten: Montag bis Freitag: 8.00–16.00 Uhr (Stand 1990). – *Ahr-Gebietsweinmarkt* (Pfingsten). – *Großes Winzerfest,* Umzüge, Höhenfeuerwerk (erstes Septemberwochenende). – *Altenahr,* siehe Tour 31.

Auskunft: Kur- und Verkehrsverein: 5483 Bad Neuenahr-Ahrweiler, Tel. 02641/2278.

Wanderkarten: Topographische Karte 1:50000, Blätter 5506 (Bad Münstereifel), 5508 (Bad Neuenahr-Ahrweiler). – Wanderkarte des Eifelvereins 1:25000, Blatt 9.

31 Der Rotweinwanderweg nach Ahrweiler

Tourencharakter: Unschwierige Wanderung.
Beste Jahreszeit: Frühling und Herbst.
Reine Gehzeit: 4½ Stunden. Rückfahrt mit der Bahn ab Ahrweiler-Markt.

Mit rund 400 Hektar bewirtschafteter Rebfläche ist das Ahrtal zweitkleinstes Weinbaugebiet Deutschlands, aber das größte geschlossene Rotweinanbaugebiet und eine der regenärmsten Talschaften. An steilen Hängen, in denen die Hitze nicht selten wie im Backofen brütet, ziehen auf wärmekonservierenden Verwitterungsböden die Reben des Ahrburgunders und des Portugiesers auf mauergestützten Terrassen zur Höhe. Diese Verhältnisse zwingen den Winzer, seine Weinberge manchenorts unter extremen Bedingungen zu bestellen, mühsam mit der Hacke in feinerdigem Schiefer, auf halsbrecherischen Felsvorsprüngen, die kein maschinelles Gerät erlauben.
Ab März setzt das Biegen oder Binden des Fruchtholzes mit Weiden ein, eventuell die Vorbereitung für Neulagen. Im April: Ausbringen der Dünger, Frühjahrsbodenarbeit, Festlegen der Pflanzenabstände bei Neulagen. Laubarbeit im Mai, Ausbrechen unfruchtbarer Triebe, Schutz vor Wildverbiß. Im Juni erfolgt das erste Anbinden am Pfahl bzw. das Einstecken junger Triebe in den Drahtrahmen sowie erster Pflanzenschutz. Das zweite Aufbinden geschieht im Juni, gleichzeitig das Entfernen der Geiztriebe und erneutes Spritzen gegen tierische und pflanzliche Schädlinge. Der August bringt das Ende der Laubarbeit. Jetzt müssen die langen, überhängenden Triebe eingekürzt (»gegipfelt«) werden. Ende des Pflanzenschutzes. Die Lese steht bevor. Nochmals harte Knochenarbeit, die aber längst schon wieder vergessen ist, wenn ab Ende September die Winzerfeste gefeiert werden.
Bei einer stilgerecht zelebrierten Weinprobe »doziert« der Kellermeister, wie Klarheit und Qualität einer Sorte geprüft werden. Man hält das Probierglas gegen eine Kerzenflamme, schwenkt es leicht unter der Nase und erschnuppert das charakteristische Bukett. »Schlürft« man dann den guten Tropfen fachmännisch, erschließen sich die feinsten Geschmacksnuancen. »Wer an der Ahr war und nachher noch weiß, daß er an der Ahr war, war nicht an der Ahr.« Nehmen Sie diesen geläufigen Reim nicht wörtlich! Früh- und Spätburgunder dürfen in ihrer Wirkung nicht unterschätzt werden. Und schließlich sind wir des Wanderns wegen an der Ahr, was jedoch die soeben empfohlenen Genüsse nicht ausschließen sollte.
Der Rotweinwanderweg, auf dem eine rote Traube als Markierung dient, mißt von Altenahr bis Lohrsdorf 31 Kilometer. Allerdings klingt der typische Zauber des Tales in Ahrweiler aus, so daß man die Tour am besten dort beendet, wo die Landschaft noch nicht verbaut ist und überdies der städtebauliche Glanzpunkt des Tales wartet, 20 Marschkilometer von Altenahr entfernt.

Der Wegverlauf

Schräg gegenüber dem *Rathaus,* bei der Bushaltestelle Altenahr-Mitte, weist eine Holztafel auf den *Rotweinwanderweg* hin: bergan in 5 Minuten zum mächtigen *Torturm* (im Dialekt »Gymnichsportz«) von *Burg Are,* zu deren Ruinen rechts ein Stichweg führt. Sie stehen seit 1990 unter Denkmalschutz. Vom Stammsitz der Grafen Are auf natürlich geschütztem Felssporn 113 Meter über der Ahrsohle ist außer ansehnlichen romanischen und gotischen Gebäuderesten noch die Ruine der einst doppelstöckigen, dreischiffigen Kapelle des späten 12. Jahrhunderts erhalten. Das Untergeschoß war für das Gesinde vorgesehen. Ein Stück verklungener rheinischer Territorialgeschichte! Die Grafen Are, benannt nach dem Fluß, tauchen namentlich 1126 auf. Im Anschluß an den Burgbau gründete Theoderich I. die Stadt. In der ersten Hälfte des 12. Jahrhunderts teilte sich das Geschlecht in die Linie Are-Hochstaden (Burg Are) und Are-Nürberg; letztere wiederum gründete den Ast Neuenahr. Are-Hochstaden gelangte wenig später unter Graf Friedrich, Propst zu Xanten, an das Erzbistum Köln, dem sein Bruder Konrad – er legte

1246 den Grundstein zum Kölner Dom – als Bischof vorstand. Are wurde kurkölnisches Amt (Verwaltungssitz) und diente zeitweise als landesherrliches Gefängnis. Mehr als vier Jahrhunderte thronte die Burg unangreifbar über dem Fluß, und erst die neunmonatige Belagerung im Pfälzischen Erbfolgekrieg 1689/90 des Sonnenkönigs Ludwig XIV., der über die stärkste Militärmacht der damaligen Zeit verfügte, beugte die Trutzige, wie übrigens das ganze, in Flammen aufgehende Tal. Die ab 1709 vom Kölner Domkapitel in die Burg eingewiesene Besatzung mauserte sich zu Wegelagerern und Freibeutern. Notgedrungen ließ Kurfürst Joseph Clemens 1715 das Nest durch Ahrweiler Schützen ausheben und die Burg sprengen.

Der *Rotweinwanderweg* setzt sich beim Torturm links fort, vorbei am *Restaurant Terrassen-Café* zum legendenumwobenen *Weißen Kreuz*. An seinem Felssockel links vorbei, auf breitem Weg aufwärts. Nach 100 Metern achtgeben, denn die Route wechselt rechts auf einen felsigen Pfad über! Talaus wird Reimerzhoven sichtbar.

Etwa ½ Stunde hinter Altenahr geht es an der Gabelung rechts abwärts, wenige Minuten später halblinks wieder bergan. Sobald uns der Laubwald freigibt, grüßt erstmals Mayschoß aus dem Tal. Tafeln vermitteln auf-

Der Rotweinwanderweg durchmißt die sonnenverwöhnten, rebengesegneten Südhänge des Ahrtales zwischen Altenahr und Ahrweiler auf rund zwanzig Kilometern Länge, was etwa vier Stunden Gehzeit entspricht.

schlußreiche Informationen. Hinunter ins *Tankenbachtal* zu einer Wege-Übersicht; von Altenahr ¾ Stunden.
Die rote Traube als Wegweiser kann nicht übersehen werden! Der Blick springt über die bewaldete Etzhardtkuppe zu den Ruinen der Saffenburg am rechten Ahrufer. Vor Jahrtausenden umschlang der Fluß den quarzitreichen Etzhardt, an dem die Reben des »Silberberges« gedeihen, ehe er die Barriere unter der Saffenburg durchbrach.
Bei der Tafel mit der Erklärung der Mayschoßer Lagen hütet in einer Felsnische der *hl. Rochus* als Patron aller Rotweinwinzer die Rebfluren. Von Altenahr 1 Stunde.
Kurz danach auf geteertem Weg rechts abwärts, aber nicht nach Mayschoß, sondern halblinks wieder ansteigen, eine Felsenge passieren, zur *Heinz-Korbach-Rast.* Auf dem Talboden drängen sich Wohnwagen. In Rech erkennt man die Ahrbrücke, die älteste erhaltene (1723 erbaut) am Fluß. Etwa 15 Minuten hinter der Korbach-Rast geht es auf asphaltiertem Weinbergweg links 5 Minuten hoch, durch die Osthänge des Schwedenkopfes. Von Osten guckt der Aussichtsturm bei der Alfred-Dahm-Hütte herüber. Der Weg wird schmaler. Und schon wieder ein hübscher Rastplatz, gleich hinter dem Felsdurchlaß. Nachher, bei der *Dr.-Näkel-Hütte* westlich von Dernau, sind wir 2 Stunden gelaufen. Ungefähr Halbzeit!
An der Gabelung erneuter Gegenanstieg, 5 Minuten. Nach dem *Bildstock* rechts. Dann die Straße kreuzen. Wenig später rechts auf der *Bachstraße* abwärts zu den obersten Häusern von *Dernau.* Hier begegnen wir den ersten stacheldrahtgeschützten Anlagen (Heiz- bzw. Dieselöl-Kavernen) des *Regierungsbunkers.* Die in der Landschaft verstreuten fünf Tunnels waren für die 1918 begonnene, aber nicht vollendete zweigleisige »Strategische Bahn« gedacht. Nachschublinie im Krieg von Liblar durch das Ahrtal nach Rech, dem Anschluß der Strecke Remagen–Adenau. Die Tunnels sind Bestandteile des Regierungsbunkers. Ehedem plante das Volkswagenwerk in den Röhren die Endmontage der V-1-Rakete, laut Protokoll vom 30. Juni 1944, unterzeichnet: Prof. Dr. Porsche. Die SS lieferte wunschgemäß KZ-Häftlinge aus Buchenwald. Dernau/Marienthal also eine Buchenwald-Filiale! Aber schon Ende des Jahres mußten Fertigung und Lager wegen der anrückenden Alliierten aufgegeben werden.
Traube-Markierungen leiten oberhalb von Dernau durch die Hänge. Dem weitläufigen Kessel folgt ein bewegterer Talstrich. Südöstlich wird der Pavillon auf der Fischley sicht-

bar. Wir kommen in die Rebfluren von *Marienthal*, das 1989 sein Jubiläum »850 Jahre Weinort Marienthal« veranstaltete.
Der Gebäudekomplex des 1137 gegründeten, im frühen 18. Jahrhundert neuerbauten adeligen Augustinerinnenklosters (heute Dienststelle Marienthal der Regierungsbunker) diente dem Naziregime 1935 als Reichsbauern-Führerschule, 1939 als weibliches Arbeitsdienstlager, 1944 als Teil des KZ-Außenlagers, wie schon erwähnt.
Vor der *Kirchenruine* links die *Klosterstraße* aufwärts. An der Gabelung links gehend gelangt man vor die Pforten des obskuren *Regierungsbunkers:* Wachleute mit Funkgeräten, Bundesgrenzschutz – grimmige, unpersönliche Gesichter; riesige Stahltore vor dunklen Schlünden, aus denen zwischendurch Spezialfahrzeuge rollen. Beobachtungskanzeln. James-Bond-Film-Ambiente! Die einheimischen Angestellten sind offensichtlich höchste Geheimnisträger. Niemand gibt Auskunft – so geheim ist der für jeden zugängliche Ort! »Führerbunker«, sagt mir ein Winzer sarkastisch, in Anlehnung an den Berliner Hitler-Bunker. Hierher, unter die Erde in ein unvorstellbares, vermutlich 30 Kilometer großes, völlig autarkes, angeblich weltweit einmaliges Bunkersystem, flüchten die Bonner Machthaber im Ernstfall, während das Volk im Regen bleibt...
Beim acht Jahre dauernden Bau zwischen 1962 und 1970, bewältigt von rund 20000 Arbeitern, die von Phase zu Phase, meist vierteljährlich, ausgewechselt wurden, ging es um eine Summe von »60 bis 80 Milliarden Mark«, schätzt Michael Preute. Er hat gewagt und versucht, das Dunkel zu erhellen. »Schmarrn«, knurrte ein sofort herbeigefunkter, salopp gekleideter Sicherheitsbeamter auf dem Gelände, und verwies mich zwecks Auskunft an Herrn von Sternberg, drunten in der Dienststelle Marienthal – wohin mir »unauffällig« ein Auto mit zivilem Kennzeichen folgte. Allerdings war dann der versprochene Herr von Sternbach, »von dem kein Mensch genau weiß, ob er dem Innenministerium gehorcht oder dem Präsidenten des Verfassungsschutzes oder gar dem BND in Pullach« (Michael Preute), komischerweise nicht anwesend. Ein anderer Herr – er stellte sich nicht namentlich vor – verwies mich kommentarlos an die »BMI-Pressestelle« in der Graurheindorfer Straße zu Bonn. Von dort (Innenministerium) erging, auf meinen Brief hin, nach fast zweiwöchigem Schweigen die lapidare Antwort, »daß die Bundesregierung keine Angaben zu der bei Dernau/Ahr befindlichen Bunkeranlage macht«. Neugierigen bleibt also nur »Eine Reise in die Bonner Unterwelt«, wie Preute den Untertitel seines Buches »Der Bunker« formulierte.
Der *Rotweinwanderweg* hält sich an der Straßengabelung oberhalb von Marienthal rechts und führt zur *Schutzhütte* am *Trostberg.* Von Altenahr 3 Stunden.
Links, etwa 50 Meter aufwärts, dann rechts halten. Nach 15 Minuten befindet sich 50 Meter rechts des Weges der *Aussichtspunkt Fischley* (243 m). Auf der Straße links, vorbei am Weingut Försterhof, zur gutbürgerlichen Einkehr *»Altenwegshof«:* Es gibt Selbstgeschlachtetes, Blut-, Leber- und Bratwürste, rohen Schinken, serviert als deftige »Bauernplatte«. Von Altenahr 3½ Stunden. Danach kann rechts der Aussichtspunkt *Bunte Kuh* »mitgenommen« werden (hin und zurück ¼ Stunde). Neben dem felssteingefügten Turm steht eine Schutzhütte. In der Tiefe zwängt sich die Ahr durch eine Talenge.
Ansonsten direkt weiter in 10 Minuten zum *Restaurant »Hohenzollern«.* Etwa 5 Minuten später übernimmt uns der *Weinbau-Lehrpfad.* Vom Altenwegshof 15 Minuten.
Ab dem *Wanderparkplatz* (150 m) im *Giesemer Bachtal* etliche Minuten aufwärts. Vor der Unterführung (»Strategische Bahn«) rechts, nun begleitet von Informationstafeln. Die Promenade erlaubt umfassende Blicke über Ahrweiler, zum Kloster Kalvarienberg und hinaus nach Bad Neuenahr. Im Ahrweiler Stadtbild ist trotz Bebauung deutlich der mittelalterliche Mauergürtel erkennbar.
Nach 20 Minuten auf dem *Lehrpfad* wird der Rotweinwanderweg rechts abwärts verlassen. Zwischen den Brückenpfeilern (Informationstafel) sowie der Weinlage »Rosenthal« hindurch. Bundesstraße und Eisenbahn (Haltestelle Ahrweiler-Markt) querend, unter dem *Adenbachtor* in die Altstadt von *Ahrweiler,* wo den Wanderer als erstes großes Bauwerk die Pfarrkirche St. Laurentius erwartet.

Auf dem Rotweinwanderweg in Richtung Altenahr, oberhalb des Weindorfes Dernau, wo man 1885 beim Bau der Winzergenossenschaft auf die Mauern einer römischen Villa stieß.

Nützliche Informationen

Ausgangsort: Altenahr (170 m), tausendjähriger Weinbauort, an der Talstraße (B 267) halbwegs zwischen Sinzig und Nürburgring (27 km). Vom Autobahnkreuz Meckenheim 9 km, von Euskirchen 29 km, von Mainz 163 km. Gute Bus- und Bahnverbindungen.
Parkplätze: Am östlichen Ortsrand sowie am Bahnhof.
Gehzeiten: Insgesamt etwa 4½ Stunden. Altenahr–Karl-Näkel-Hütte 2 Stunden. Karl-Näkel-Hütte–Regierungsbunker (Marienthal) 50 Minuten. Regierungsbunker–Altenwegshof 40 Minuten. Altenwegshof–Ahrweiler ¾ Stunden.
Unterkunft und Verpflegung: Hotels, Gasthöfe, Pensionen in Altenahr und Ahrweiler. In Altenahr (Langfigtal) Jugendherberge: Tel. 0 26 43/18 80. Campingplatz.
Einkehr unterwegs: Außer dem Restaurant »Terrassen-Café« (Donnerstag geschlossen) oberhalb Altenahr nur im »Altenwegshof« (Dienstag geschlossen) sowie im Restaurant »Hohenzollern«.
Sehenswürdigkeiten: In *Altenahr:* romanische, um 1170 unter den Grafen Are möglicherweise als Wehrkirche erbaute *Pfarrkirche* mit wuchtigem Vierungsturm, gotischer Chor von 1326, Anbau der Seitenkapelle (Sakristei) im 16. Jahrhundert, 1892/93 westliche Verlängerung. Romanischer, sechssäuliger Taufstein aus Basalt im linken Seitenschiff. – *Winzerfest* am letzten September- sowie jedes Oktoberwochenende. – *Glokkenspiel am Gasthaus »Schäferkarre«:* 10.00, 12.00, 15.00, 19.00 Uhr. – *Ditschhardt-Sessellift.* – *Ahrweiler,* siehe Tour 30.
Auskunft: Verkehrsverein: 5486 Altenahr, Tel. 0 26 43/84 48.
Wanderkarten: Topographische Karte 1:50000, Blätter 5506 (Bad Münstereifel), 5508 (Bad Neuenahr-Ahrweiler). – Wanderkarte des Eifelvereins 1:25000, Blatt 9.

32 Auf die Hohe Acht

Höchster Eifelgipfel

Tourencharakter: Unschwierige Rundwanderung.
Beste Jahreszeit: Frühsommer bis Herbst.
Reine Gehzeit: Knapp 2 Stunden.

In 747 Meter kulminiert der höchste Eifelgipfel. Ja, die Hohe Acht stellt einen Gipfel dar, wenn auch nur einen bewaldeten 78-Meter-Basaltkegel. Er hat das Grundgestein aus Schiefer durchschlagen. Seine Entstehung hängt unmittelbar mit den vor 25 Millionen Jahren aktiven Vulkanen zusammen, die der ursprünglich flachwelligen Verebnungsfläche Kuppen aufsetzte. Diese rund 130 Eruptionspunkte bestimmen das Landschaftsbild der Region Hohe Eifel, die Ernst Moritz Arndt (1769–1860) mit einer »ungesegneten Wüste« verglich: »Zu ihr will wunderlich genug kein Mensch gehören.«
Auf den Gipfel sind es nur 20 Minuten. Erst hinterher habe ich gelesen, wie Gottfried Kinkel die Tour »zur erschreckenden Einsamkeit der Hohen Acht« erlebte, anno 1841 und voller Liebeskummer: »Im Frühlingsbrausen schmolz der Winter weg; wilde milchweiße Gießbäche donnerten durch die Felsrinnen herab, genährt von den tausend kleinen Bächen, die aus den lang abgesenkten Schneefeldern hervorrieselten. Ich wand mich oft mit der größten Anspannung meiner Kraft durch diese Schneefelder empor. Die rauhe Natur erquickte mich, und als ich im finsteren Nebel die Kuppe der Acht erstiegen und dreimal den Namen der Geliebten in die starre Felswildnis hinausgerufen hatte, da kehrte Jugendkraft und Jugendfeuer in mir zurück.«
Kinkel, 26 Jahre alt, erfuhr an der Hohen Acht offenbar Läuterung. Ihn plagten weder das Singen hochfrisierter Motoren vom Nürburgring noch Düsenjäger am Himmel.

Kulminationspunkt der gesamten Eifel ist die Hohe Acht (747 m), ein bis zum Gipfel bewaldeter Basaltkegel oder vielmehr ehemaliger Vulkan, der sich in der Nachbarschaft der weltberühmten Rennstrecke Nürburgring befindet.

Der Wegverlauf

Rechts neben dem *Berghotel »Hohe Acht«*, bei der Wege-Übersichtstafel, folgen wir der Winkel-Markierung der *Eifelverein-Hauptwanderroute 12.* Auf breitem Weg in mäßiger Steigung durch den Wald. Nach 10 Minuten, wo links der mit einem schwarzen Keil markierte Weg abbiegt, geht es spürbar steiler aufwärts, im Halbkreis durch die Südflanke der Kuppe. Leider vereiteln hier noch hochgewachsene Bäume jegliche Aussicht.

Vom Ende des *Rastplatzes* schwenkt man halbrechts in den Teerweg ein. Im Hang sind vulkanische Basaltbrocken verstreut. Zwischen den Bäumen hindurch wird der *Kaiser-Wilhelm-Turm* sichtbar. Wir sind auf der *Hohen Acht.*

Über dem Eingang erinnert eine 2,70 Meter hohe Bronzeplatte an Wilhelm II.: »Dem großen Kaiser, 1906«, wie unter dem feuervergoldeten Bildnis geschrieben steht, gestiftet zur Silbernen Hochzeit des Kaiserpaares. Die heroisch anmutende Gestalt im Kampf mit der Schlange soll die Überwindung von Zwietracht und Streit darstellen. Oben, auf der Brüstung des Turmes, zeigen Täfelchen die Richtung umliegender Ortschaften und Berge. An klaren Tagen reicht die Schau in der Tat bis Köln, zum Siebengebirge, zu den Ardennen. Doch der Nürburgring ist nicht einsehbar.

Zurück in 5 Minuten zu der beim Aufstieg genannten Abzweigung des Wegs mit dem schwarzen Markierungskeil, dem man jetzt scharf rechts folgt. An den Kreuzungen geradeaus, über eine 1990 von den Frühjahrsorkanen gerissene Lichtung zu einem breiten Weg, der von links mündet. Auf ihm etwa 20 Meter rechts, dann links. An der nächsten Gabelung gerade. Wenig später hält sich der breite Weg rechts und geht ein Bachtälchen im Linksbogen aus. Schließlich mündet der Weg in die *Bundesstraße 412.* Davor rechts, über den *Parkplatz* an den *Nürburgring.* Vom Berghotel »Hohe Acht« 1 Stunde.

Der Bau des Nürburgringes 1925/26 in nur 20 Monaten hatte der bis dahin von Touristen gemiedenen, dünnbesiedelten Hoch-Eifel spürbaren wirtschaftlichen Aufschwung gebracht. Mittlerweile genügt die Piste nicht mehr dem Sicherheitsstandard der Formel 1. Davon abgesehen integrierte man 1985 in die 7,747 Kilometer lange Südschleife einen modernen Rundkurs mit 4,5 Kilometern. Wir sind an der 22,835 Kilometer langen *Nordschleife,* die Clay Regazzoni beim »Großen Preis von Deutschland« 1975 in einem Ferrari 312T in 7:06.4 als schnellste Runde durchraste, was einem Schnitt von 192,8 km/h entspricht – bei 174 Kurven sowie Steigungen bis 17 Prozent. Seinerzeit berauschte das Motorengebrüll beim »Grand Prix« alljährlich Hunderttausende am schwierigsten Rundkurs der Welt. Namen wie Rudolf Caracciola, Tazio Nuvolari, Bernd Rosemeyer, Juan Manuel Fangio und Nicki Lauda genossen am »Ring« den Ruf antiker Heroen. Bezeichnungen wie »Schwalbenschwanz«, »Brünnchen«, »Wippermann«, »Hohe Acht«, »Karussell« sind für Rennsportfreunde feste Begriffe: Die Nordschleife darf nämlich gegen Gebühr befahren werden.

Weiterweg: Rechts am Maschendrahtzaun der Absperrung, entlang des kurvenreichen, bergigen *»Wippermann«.* Streckenkilometer 14 ist angezeigt. Nach ¼ Stunde am »Ring« wird dieser beim Holzhäuschen rechts verlassen. Nun auf breitem Weg nordwärts. Im Rückblick heben sich die Ruinen der Nürburg auf vulkanischem Kegel ab.

Etwa 10 Minuten trennen uns vom *Wanderparkplatz Hohe Acht* (667 m). Am Rastplatz links vorbei, geradeaus bzw. halbrechts auf dem Teersträßchen in Richtung »Aussichtsturm«: bergan, aber nur 100 Meter, dann halblinks auf einem unbefestigten Weg. Nach 5 Minuten in leichtem Gefälle wird eine Kreuzung erreicht. Hier rechts auf grasigem Waldweg, parallel zur Landstraße, 5 Minuten zu überwachsenem Querweg. Links abwärts. Kurz vor der Straße rechts, mit Pfadspuren durch den lichten Wald noch etliche Minuten, dann links zur Straße, wo eine Tafel die Wintersportmöglichkeiten erklärt und eine *Marienkapelle* steht. Vom Nürburgring ½ Stunde.

»Endspurt« auf der *Landstraße 10,* die letzten 700 Meter – links unten erscheint die ländliche Ortschaft Jammelshofen, von wo der Eifelverein-Hauptwanderweg 12 ab Brohl am Rhein hochführt – zum Berghotel »Hohe Acht«.

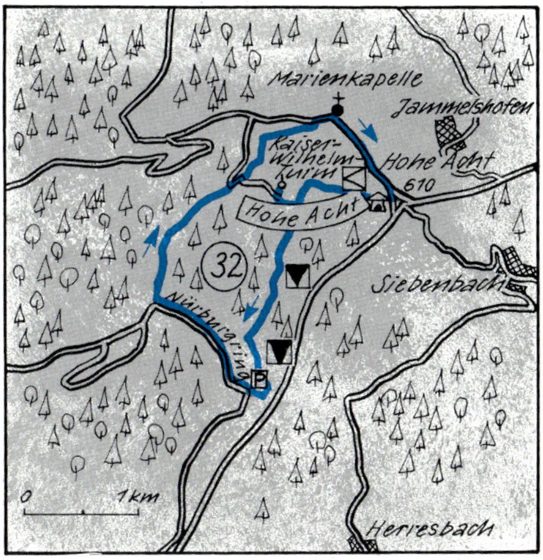

Nützliche Informationen

Ausgangspunkt: Berghotel »Hohe Acht« (610 m), zu Füßen der Hohen Acht, 150 Meter nördlich der Bundesstraße 412 an der Landstraße 10. Vom Nürburgring 7 km, von Adenau 8,5 km, von Altenahr 28 km, von der Autobahnausfahrt Wehr 19 km. Schlechte Busverbindungen mit Adenau und Kempenich.
Gehzeiten: Insgesamt knapp 2 Stunden. Parkplatz – Hohe Acht 20 Minuten. Hohe Acht – Nürburgring 40 Minuten. Rückweg nicht ganz 1 Stunde.
Unterkunft und Verpflegung: Berghotel »Hohe Acht«, Dienstag geschlossen, Tel. 02691/471. Hotels und Gasthöfe in der Umgebung.
Einkehr unterwegs: Kiosk am Nürburgring (an Wochenenden geöffnet).
Sehenswürdigkeiten der Umgebung: *Nürburgring:* Befahren der Nordschleife gegen Gebühr, von Mai bis September ab 8.00 Uhr, von Oktober bis April ab 9.00 Uhr bis Anbruch der Dämmerung, wenn keine Veranstaltungen stattfinden; Informationen: Tel. 02691/3020. – *Nürburg:* Der Erbauer war Graf Ulrich von Are-Nürburg (siehe auch Burg Are, Tour 31), Weg- und Kampfgefährte »Barbarossas« (Kaiser Friedrich I.) in Italien. Die Burg wurde auf römischen Fundamenten vor 1166 errichtet. Nach seinem Tode – er lebte fast 100 Jahre – kam die Burg 1290 an das Kölner Erzbistum, wurde kurkölnischer Amtssitz und wehrhafter gestaltet zu einer der stärksten Eifelfestungen: 400 Meter lange Umfassungsmauer, vorspringende Rundtürme, Zwinger. Doch auch sie konnte 1689/90 dem Angriff des französischen »Sonnenkönigs« Ludwig XIV. nicht Paroli bieten. In den siebziger Jahren des 20. Jahrhunderts erfolgte eine gründliche Restaurierung durch den Besitzer, das Land Rheinland-Pfalz. Zugang: In der Ortschaft Nürburg zum gleichnamigen Restaurant, mit 648 Metern das höchstgelegene im Bundesland. Vom Parkplatz in wenigen Schritten zum Eingang. Öffnungszeiten täglich (außer Montag): 1. April bis 30. September 9.00–13.00 Uhr, 14.00–18.00 Uhr, sonst 9.00–13.00 Uhr, 14.00–17.00 Uhr; letzter Einlaß ½ Stunde vor Schließung. Prächtige Aussicht vom Bergfried.
Auskunft: Verkehrsamt: 5488 Adenau, Tel. 02691/1887.
Wanderkarten: Topographische Karte 1:50000, Blätter 5708 (Mayen) und 5706 (Adenau).

33 Vulkanberge um den Laacher See

Das Kloster Maria Laach

Tourencharakter: Unschwierige Rundwanderung.
Beste Jahreszeit: Frühling bis Spätherbst.
Reine Gehzeit: Knapp 2¼ Stunden (ohne Abstecher zum Veitskopf).

Das Gebiet um den Laacher See stellt eine Urwelt schlechthin dar. Auf verhältnismäßig kleinem Raum, zehn Kilometer im Umkreis, explodierten vor ca. 10000 Jahren etwa 40 feuerspeiende Vulkane. Direkt am See eruptierten fünf Schlote: Thelenberg, Wingertsberg, Laacher Kopf, Veitskopf, Krufter Ofen. Maare hingegen sind – und das ist der feine Unterschied – allein durch wiederholte Gasausbrüche entstanden, durch Wasserdampfexplosionen. Sie bildeten sich in Tiefen von 1000 bis 2000 Metern durch das Zusammentreffen von Grund- und Sickerwasser mit glü-

An dem vom Vulkanismus geprägten Laacher See verkörpert die romanische Kirche des Klosters Maria Laach einen Hort des Gebetes.

hender, etwa 1000 Grad heißer Magma in einem Zeitraum von 2000 bis 3000 Jahren. Maare bilden wohl kraterähnliche Trichter, jedoch nicht auf Bergkuppen. Sie warfen Asche und zertrümmerte Gesteine aus. »Die Gase werden zunächst auf Spalten und Klüften das über dem Herd lagernde Gestein durchstoßen haben«, referiert Professor Dr. Josef Frechen. »Dann erweiterten sie durch Losbrechen von Nebengestein den Aufstiegsweg zu einem rundlichen Wall oder Schlot«, in der Regel trichterförmig. So entstand die Umrandung des Laacher Sees, mit Ausnahme der Vulkankegel.

Vor etwa 11 000 Jahren stieß das Maar Bimssteintuffe aus, deren Staub bis nach Süddeutschland geweht wurde, wie die Pollenanalyse verriet. Als größtes Eifelmaar weist der elliptische Laacher See eine Fläche von 3,33 Quadratkilometern auf, einen Umfang von 7,3 Kilometern, 2,3 Kilometer Länge; die schmalste Stelle ist 1,4 Kilometer breit, größte Tiefe 51 Meter – gefüllt mit Regenwasser. Hier liegen natürliche und menschliche Schöpfung dicht beieinander. Pfalzgraf Heinrich II., Gefolgsmann Kaiser Heinrichs IV., und seine Gemahlin Adelheid von Meißen-Orlamünde – ihre Burg stand am Südostufer des Sees – gründeten 1093 die Abtei »Maria ad lacum«, zu Ehren der Muttergottes und des hl. Nikolaus. Die ersten Benediktiner kamen aus der Abtei St. Maximin in Trier. Als der Stifter 1095 verschied, hatten die Außenmauern eine Höhe von 3,50 Metern. Die Witwe († 1100) ließ das Werk fortsetzen, und ihr Sohn Siegfried soll um 1112 seine Burg abgerissen haben, um die Ruhe des frommen Ortes nicht zu stören.

Die dreischiffige doppelchörige Basilika, geprägt von zwei Turmgruppen mit je drei Türmen, ist vielleicht das prägnanteste Beispiel hochromanischer Architektur in Deutschland. Sie wurde erst 1230 (nach Unterbrechungen) vollendet mit dem Anbau des kunstvollen Atriums, das sogenannte »Paradies«, einzigartig nördlich der Alpen, geziert mit 120 Kapitellen. Schauen Sie genau hin: Links vom Portal, im umlaufenden Fries, notiert ein Teufelchen die *»peccata populi«,* die Sünden der Ankommenden, als Seelenreinigung sozusagen vor dem Eintritt in das Münster. Im Gegensatz zur reichen äußeren Gliederung erwartet uns ein schlichter Innenraum. Durch die leichte Neigung des Fußbodens wirkt das Hauptschiff länger, als es ist. Gleich links im Westchor steht (ursprünglich in der Mitte des Hauptschiffes) der frühgotische, bemalte, drei Meter lange Steinsarkophag des Pfalzgrafen, der überlebensgroß, um 1275 in Nußbaumholz geschnitzt und bunt gefaßt, auf dem Grab liegt, in der Rechten das Kirchenmodell. Das Kunstwerk nimmt nach langwieriger Restaurierung 1992 wieder den angestammten Platz ein, aus Anlaß des hundertjährigen Jubiläums »Beuroner Mönche in Maria Laach«.

Einmalig nördlich der Alpen ist auch das »Ziborium«, der frühgotische, für seine Zeit (Mitte 13. Jahrhundert) in den Formen ungewöhnlich prunkvolle, acht Meter hohe, sechseckige Baldachin über dem Hochaltar: ein Symbol des Himmelsgewölbes. Die Konstruktion scheint auf den sechs schlanken, leicht nach innen geneigten Säulen zu schweben. Der Baldachin beschattete bis 1695 das Stiftergrab. Übrigens bestehen die beiden vorderen Säulen aus Kalksinter von der römischen Wasserleitung Eifel–Köln. Die Mosaiken in den Ostapsiden sind Klosterarbeiten, gestiftet von Kaiser Wilhelm II., der Maria Laach 1892 der Beuroner Kongregation anvertraute. Auf Wunsch führt Sie ein Benediktiner durch die Kirche, auch in die Krypta (werktags 9.00 bis 18.30 Uhr, an Sonn- und Feiertagen 13.00 bis 18.30 Uhr).

Im Konvent der Abtei leben 80 Mönche – die Hälfte Priester – getreu der um 525 durch Benedikt von Nursia festgelegten Ordensregel »Ora et labora« – bete und arbeite! Zum Frühgebet, der Morgenhore, erscheinen die Mönche in schwarzen Kutten um 5.30 Uhr, zur Abendandacht um 19.30 Uhr; dazwischen liegen Konventamt (7.30 Uhr), Tageshore (11.50 Uhr), Vesper (17.30 Uhr); gearbeitet wird in der Gärtnerei, in der Kunstschmiede, auf dem Bauernhof, in der Verwaltung. Bruder Joseph Belling, ein 1939 geborener Belgier und anerkannter Künstler, fertigt Holzschnitte, Ikonen und farbige Skulpturen aus Holz, von denen eine Auswahl das Foyer des klostereigenen Seehotels ziert. In der Bibliothek sind 140000 Bände zu betreuen. Maria Laach ist seit 500 Jahren eine Pflegestätte des Humanismus und des Geistes. Der Prior Johannes Butzbach (1478–1526) gilt als erster deutscher Kunsthistoriker. Abt Ildefons Herwegen machte das Kloster zum Ausgangspunkt der »Liturgischen Bewegung« – Liturgie als Mittelpunkt des Gemeindewesens –, als deren Verfechterin Maria Laach führend blieb. Nach 1933 fand Konrad Adenauer hier Unterschlupf vor den Nationalsozialisten. Und 1993 feiert Maria Laach »900 Jahre Abtei«!

Wundersame, spirituelle Stimmung kehrt ein, wenn die Besuchermassen abgefahren sind und die graugelben, von blauschwarzen Bogenfriesen durchsetzten Tuffsteinquader im späten Licht der Sonne warm leuchten, das mächtige Westwerk in seiner Symmetrie noch suggestiver hervortritt. Nur der Wind in den Bäumen ist zu hören, Vogelgezwitscher, das Gurren der Tauben, Glockenschlag. »Ut in omnibus glorificetur Deus« – daß Gott in allem verherrlicht werde!

Der Wegverlauf

Vom *Parkplatz* zur *Landstraße 113* vor dem Klostergarten. Dort 400 Meter links. Am *»Josefsbild«,* einer modernen (1981) Steinplastik, vorbei halblinks auf dem geteerten Fahrweg ins *Naturschutzgebiet,* wobei sich erste herrliche Blicke über den See und die ihn einkreisenden Höhen ergeben. Nach gut 5 Minuten erkennt man links noch ein Stück des 750 Meter langen Stollens, der unter Abt Fulbert (1152–1177) angelegt wurde, um den Wasserspiegel etwa 10 Meter zu senken bzw. das Kloster vor Hochwasser zu schützen, denn bis dahin hatte der See keinen Abfluß. Nachdem dieser Stollen verfallen war, schuf der Grundbesitzer Dellius 1842 bis 1844 einen tiefer gelegenen, 1040 Meter langen Abfluß. Er tritt bei der Laacher Mühle in Form des Laachergrabens zutage. Dadurch sank der Spiegel weiter, was mehr Kulturgrund brachte.

An der Ecke (291 m) des Forstes Andernach folgen wir der weißen N-Markierung. Sie

führt im waldbestandenen *Roßtal* bergan. Links des Weges liegt eine Basalt-Tuffwand frei: vulkanisches Sedimentgestein. Nach 20 Minuten sind wir in einem Kammsattel bei der *Jägereiche*. Ein Markierungsstein verrät, daß der Rundweg um den Krufter Ofen, vorbei an der »Teufelskanzel«, 1,8 Kilometer mißt. Üblicherweise nimmt man den kürzesten, direkten Weg in knapp 10 Minuten bis zum höchsten Punkt am Kraterrand des *Krufter Ofens* (463 m). Ostwärts ist die Mulde des Kraters zu erkennen, eines der größten im Eifelraum. In seinem Schlund – 750 Meter breit, 1000 Meter lang – wird Lava und Bims abgebaut. Von Maria Laach 1 Stunde.

Zurück zur *Jägereiche* und geradeaus über die Kreuzung, ansteigen und rechts halten. Über eine Kuppe (448 m) hinweg. Danach zeigt sich Nickenich im Osten, und links erscheint der Laacher See, nordwestlich der Veitskopf. Der breite Weg führt in Nordrichtung und senkt sich ab der Kuppe von Punkt 440 zur Schutzhütte an der *Rotschleife* und am *Nickenicher Waldlehrpfad.* Vom Krufter Ofen ½ Stunde.

Auch hier geradeaus weiter, kurz bergan. Rechts taucht der Atommeiler im Neuwieder Becken auf, wo, wie überall in der vulkanischen Eifel, Ausbrüche nicht vollkommen von der Hand zu weisen sind! Über die Kuppe (407 m) und zu einem Vogelfutterhaus des Lehrpfades; rechts eine Tafel heimischer Singvögel. Halblinks auf breitem Weg (nicht links abwärts!) zwischen Tannen- und Laubwald, begleitet von aufschlußreichen Täfelchen des Lehrpfades.

Vom *Wanderparkplatz* geht es links, parallel zur *Landstraße 113,* in 5 Minuten zum *Restaurant »Waldfrieden«* (347 m). Einmal hier, sollte man es nicht versäumen, an der Rückseite des Restaurants noch die paar Minuten aufzusteigen zum 1927 gemauerten *Lydiaturm,* dem eindrucksvollsten Aussichtsplatz über dem See. Um trotz der hohen Bäume Aussicht zu bieten, erhielt der Turm zusätzlich einen Holzaufbau. Von Maria Laach 1¼ Stunden.

Wer Lust hat, kann auch noch den *Veitskopf* besuchen: Vom Lydiaturm auf dem Fahrweg in 5 Minuten zum Wasserbunker an der Wegkreuzung. Rechts, nach 50 Metern links und mit dem Holzabfuhrweg zum Veitskopf (428 m), einem Basaltvulkankegel; Umfang des Kraterwalles: 250 Meter. Vom Restaurant hin und zurück etwa 25 Minuten.

Der Abstieg vom *»Waldfrieden«* zum *Laacher See* geschieht am rechten Rand des Parkplatzes auf dem *Eifelverein-Hauptwanderweg 12.* Die Markierungszeichen leiten abwärts zum *Campingplatz,* dessen Zaun man rechts folgt, vorbei am *Restaurant Campingplatz.* Vom Eingang des Campingplatzes zum nahen *Parkplatz.* Dort, gleich nach dem Minigolfplatz, links und anschließend am Ufer entlang, an das die Wellen verhalten schlagen. Bald taucht im Vorblick wieder die Klosterkirche auf. Wir kommen zum *»Bootshafen«.* Tretboote warten auf unermüdliche Strampler. Enten watscheln schnatternd umher. Kurz danach erst wird das Ufer rechts zum Klosterparkplatz verlassen.

Nützliche Informationen

Ausgangsort: Maria Laach (290 m), Kloster in der Osteifel, 2,5 km von der Autobahnausfahrt Mendig. Von Mayen und von Bonn 70 km, von Koblenz 25 km. Busverbindungen mit Andernach, Mayen, Brohl.

Parkplatz: Östlich des Klosters, an der Landstraße 113; vom Parkplatz Fußgänger-Unterführung zum Kloster; Imbißkiosk.

Gehzeiten: Insgesamt nicht ganz 2¼ Stunden. Maria Laach – Krufter Ofen ½ Stunde.

Luftbild des bis zu fünfzig Meter tiefen Laacher Sees, eines der Eifelmaare, das von Vulkankegeln umgeben ist. Im Vordergrund die Gebäude des Klosters Maria Laach.

Krufter Ofen – Restaurant »Waldfrieden« ¾ Stunden. Rückweg knapp 1 Stunde.
Unterkunft und Verpflegung: Seehotel »Maria Laach«, zum Kloster gehörend, vorzügliche Küche, u. a. Silberfelchen und Aale aus dem See, Eifelbach-Forellenfilet und Steak vom klostereigenen »Laacher Mastochsen«; Tel. 0 26 52/58 40. – Jugendherberge und Naturfreundehaus »Laacherseehaus«, an der Straße nach Mendig, 1,6 km vom Kloster; Übernachtung nur nach Voranmeldung: Tel. 0 26 52/47 77; Anschrift: 5442 Mendig, Laacherseestraße 17.
Einkehr unterwegs: Restaurant »Waldfrieden« (Donnerstag geschlossen). Campingplatz-Restaurant, geöffnet von Ostern bis Ende September; empfehlenswerte Einkehr!
Sehenswert: Unweit des Seehotels, bei einer mächtigen Eiche, eine *»Basaltbombe«:* 12 000 Kilogramm schwer, rund 11 000 Jahre alt, »aufgelesen« 2 Kilometer südlich des Sees. – *Naturkunde-Museum St. Winfried,* zu Fuß ab Kloster mit dem interessanten, geologisch aufklärenden *Steinlehrpfad* ¼ Stunde; geöffnet von 9.30 bis 18.00 Uhr, vom 1. November bis 1. März bis 17.00 Uhr.

Sehenswürdigkeiten der Umgebung: *Mayen: Genovevaburg* mit dem Eifeler Landschaftsmuseum, einem der bedeutendsten der Rheinlande. Geöffnet von Dienstag bis Samstag 9.00 bis 12.00, 14.00 bis 17.00 Uhr, Sonn- und Feiertage 10.00 bis 13.00 Uhr bzw. von Mai bis September von 11.00 bis 17.00 Uhr. – Im Sommer *Burgfestspiele,* Kartenvorverkauf Städtisches Verkehrsamt, 5440 Mayen. Tel. 02651/88260. – *Schloß Bürresheim* bei Mayen, Führungen vom 1. Mai bis 31. Oktober von 9.00 bis 13.00 Uhr, 14.00 bis 18.00 Uhr, sonst bis 17.00 Uhr, Dezember bis Mitte Januar geschlossen.
Auskünfte: Verbandsgemeindeverwaltung: 5442 Mendig, Tel. 02652/582.
Wanderkarte: Topographische Karte 1:15000, Blatt Laacher See; erhältlich im Klosterbuchladen.

34 Der Mosel-Höhenweg im Überblick

Von Moselkern nach Schweich

Eigentlich sind es *die* Mosel-Höhenwege, denn neben dem am südlichen Eifelsaum verlaufenden Höhenweg gibt es das Gegenstück jenseits des Flusses, den *Hunsrück-Mosel-Höhenweg.* Da dieses Buch den Eifelraum behandelt, sei der orographisch rechte Mosel-Höhenweg hier nur kurz umrissen. Wir halten uns dabei an die Angaben von Hans Naumann in seinem »Wanderführer Eifel« (Deutscher Wanderverlag):
1.Tag: Koblenz–Alken: 6 bis 7 Stunden (28 km);
2. Tag: Alken–Beulich: 5½ Stunden (19 km);
3. Tag: Beulich–Treis: 6 Stunden (24 km);
4. Tag: Treis–Beilstein: 4 Stunden (13 km);
5. Tag: Beilstein–Zell: 4 Stunden (15 km);
6. Tag: Zell–Traben-Trarbach: 5 Stunden (19 km);
7. Tag: Traben-Trarbach–Bernkastel-Kues: je nach Strecke (7,5 bis 16 km) 2 bis 4 Stunden;
8. Tag: Bernkastel-Kues–Papiermühle: 7 Stunden (27 km);
9. Tag: Papiermühle–Riol: 5 Stunden (18 km);
10. Tag: Riol–Trier: 4 Stunden (14 km).

Die Mosel könnte gut und gerne ein Wanderbuch füllen, hüben wie drüben. Um im Eifelgebiet zu bleiben: 1990 entstand der attraktive *»Weinlagen-Wanderweg durch das Cröver Reich«.* Ihm werden alle Chancen zugestanden, ein erwünschter Gegenpol zum Ahr-Rotweinwanderweg zu werden. Die Route an der Mosel ist, wie jene im Ahrtal, mit einer Traube markiert und führt von Kinheim über Kröv und den Mont Royal nach Reil: 16 Kilometer. Dabei wird das Teilstück Alf–Ürzig des in Kapitel 37 geschilderten Mosel-Höhenweges berührt.
Eines haben alle diese Wege gemeinsam: das unvergleichliche Moseltal. Es windet sich, tief eingegraben im Rheinischen Schiefergebirge, gleich einer grünen Weingirlande in mäanderartigem Lauf. Der mit 514 Kilometern längste Nebenfluß des Rheins fließt auf seiner schönsten Strecke zwischen Eifel und Hunsrück an verträumten Ortschaften unter grauen Schieferdächern, die umgarnt sind von reicher Geschichte und gebettet in ein Samtkissen aus Reben, vorbei. Auf den Höhen winken mittelalterliche Burgen. Hier und dort verwehte Keltenspuren, Zeugnisse aus Römerzeiten.
In den Felsen der Grauwacken an der Untermosel, auf den Tonschiefern der Mittelmosel und den Muschelkalkböden der oberen Mosel wachsen Weine, zwischen Piesport und Erden die besten Gewächse, wie ein Fachmann beteuert, stellenweise an unglaublich steilen, schwindelerregenden Hängen. »Brauneberger Juffer«, »Wehlender Sonnenuhr« oder gar der sündteure »Doctor« um Bernkastel-Kues sind für Kenner in aller Welt geradezu Verheißungen. Den größten Anteil an den Moselreben stellt die Rieslingtraube: rund 80 Prozent. Dies ist Tradition seit der zweiten Hälfte des 18. Jahrhunderts, als der letzte Trierer Kurfürst, Clemens Wenzeslaus, anordnete, am »Moselthal« solle künftig ausschließlich die Rieslingrebe gezogen werden, weil sie den Moselweincharakter am

Beilstein gehört zu den hübschesten Orten am Fluß und wird zurecht als »Filmkulisse der Mosel« gepriesen. Ab Cochem verkehren regelmäßig Ausflugsschiffe, die in einer Schleuse angehoben werden.

HAUS KLOSTERBURG
SCHIFFS
FAHRKARTEN
F

Ausblick von der Hubertushöhe über die Mosel bei Löf, das mit den namhaften Weinorten Hatzenport und Kattenes eine Großgemeinde bildet und seit dem 11. Jahrhundert eine Pfarrkirche besitzt. Weinfest ist am letzten Wochenende im Juli.

besten auspräge. Bis dahin hatte man die unansehnliche, dichtbeerige, verhältnismäßig spät reifende – Ende Oktober/Anfang November – weiße Traube ihrer Säure wegen nicht geliebt. Sie gedeiht am rassigsten auf Schieferverwitterungsböden, die sich schnell erwärmen, wärmespeichernd sind, wasserdurchlässig, mineralhaltig.

Eine Ausnahmeerscheinung unter den deutschen Edeltropfen stellt der »Bernkastler Doctor« dar. Könige, Kirchenfürsten und Präsidenten haben ihn schon als »Medizin« genossen. »Doctor«-Auslesen erreichen oftmals mehr als 300 Öchsle-Grad, sechsmal so viel wie der gesetzlich normierte »Qualitätswein«. Diese Exklusivlage nahm ursprünglich nur 1,35 Hektar ein. 1971 wurde sie auf 15,5 Hektar vergrößert: 8,5 Hektar – zu ihnen gehört auch die Originallage – in Bernkastel, 7 Hektar in Kues. Davon besitzt die Kellerei Deinhard fast 50 Prozent; die meisten Flaschen gehen in die USA. Dem »Doctor« ist gleiches widerfahren wie anderen schon lange vorher: Der Name garantiert nicht mehr die angestammte Lage, sondern ähnliche Qualität. Trotzdem liegen die Hänge des Doktor-Berges im steuerlichen Einheitswert fünfundzwanzigmal höher als der durchschnittliche Einheitswert landwirtschaftlich genutzten Bodens und sind damit das am höchsten bewertete Bauernland der Welt.

Im Jahre 1964 wurde die Mosel ab Thionville (Frankreich) kanalisiert, damit sie für Schiffe bis 1350 Tonnen schiffbar wird, und mit 14 Staustufen – 12 auf deutschem Boden – gezähmt, die eine Höhendifferenz von rund 80 Metern ausgleichen. Bei jeder deutschen Schleuse befindet sich ein Wasserkraftwerk mit vier Rohrturbinen. Zusammen liefern sie pro Jahr rund 800 Millionen Kilowattstunden.

Als antiker Sänger der *»Mosella«* tritt Decimus Magnus Ausonius hervor: »Dann endlich erblicke ich am Rande des Landes der Belgen Noviomagus (Neumagen), das berühmte Kastell des verewigten Konstantin. Reiner liegt hier die Luft auf den Feldern, und wolkenlos erfüllt die Sonne mit heiterem Licht das blaue Firmament; nicht mehr muß man durch wie gefesselt miteinander verflochtene Äste den Himmel suchen, den das Waldesdunkel ausschließt« – nämlich des Hunsrück, von wo Ausonius in Höhe von Piesport an die Mosel gelangte, ab Bingen via Trier. Der Rhetoriklehrer hatte mit seinem Schüler, dem neunjährigen Kaisersohn und Thronfolger Gratian, zusammen mit Kaiser Valentinian im Sommer 368 an einem Feldzug gegen germanische Alamannen teilgenommen, deren Fürst Rando das seiner beiden Legionen entblößte *»Mogontiacum«* (Mainz) überfallen, geplündert und Teile der Bevölkerung verschleppt hatte.

Seit Ausonius sind die Lobeshymnen Legende. Stimmen auch Sie darin ein! In das Wohlbehagen, das schon Goethe bei seiner Bootsreise spürte. Aber: Nur das »Schwarzbrot des Reisens«, das Wandern, offenbart die ganze Vielfalt.

Der gesamte Mosel-Höhenweg, soweit er die Eifelflanken des Flusses durchzieht und überquert, mißt von Koblenz nach Schweich rund 150 Kilometer. Weil jedoch die landschaftlichen Glanzpunkte erst ein gutes Stück hinter Koblenz beginnen, erfolgt die Ouvertüre in Moselkern. Dieser Verlauf hat den Vorteil, daß die Anstiege meist im Schatten liegen – und der Geldbeutel durch das Preisgefälle anfangs rascher leichter wird als an der vom Tourismus etwas vernachlässigten Obermosel. Überdies entsprechen die sechs Wandertage, inklusive An- und Abreise, einer Ferien- oder Urlaubswoche. Pro Tag müssen durchschnittlich etwa 20 Kilometer bzw. 5 Stunden marschiert werden. Allerdings können die einzelnen Etappen auch als separate Touren unternommen werden, wenn die Rückkehr zum Ausgangsort gesichert ist. Dem Ablauf des Gesamtunternehmens liegt folgende, in der Praxis bewährte Einteilung zugrunde:

1. Tag: Moselkern–Cochem: 24 Kilometer, $5^3/_4$ bis 6 Stunden.
2. Tag: Cochem–Alf: 24,5 Kilometer, 6 Stunden.
3. Tag: Alf–Ürzig: 22 Kilometer, $5^1/_2$ Stunden.
4. Tag: Ürzig–Lieser: 16 Kilometer, $3^3/_4$ Stunden.
5. Tag: Lieser–Klüsserath: 19 Kilometer, $4^3/_4$ Stunden.
6. Tag: Klüsserath–Schweich: 15,5 Kilometer, $3^3/_4$ Stunden.

Diese sechs Etappen sind nachstehend ausführlich geschildert. Auf die Beschreibung der Fortsetzung bis Trier wurde absichtlich verzichtet, da der offizielle Mosel-Höhenweg in Schweich endet und die letzten 26 Kilometer weniger reizvoll sind.

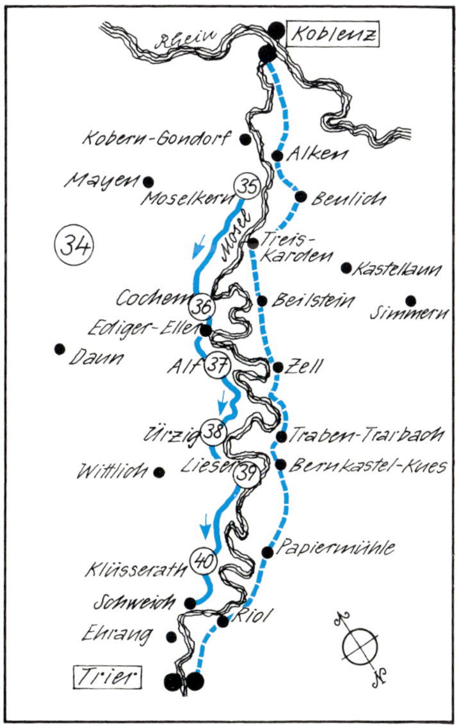

35 Von Moselkern nach Cochem

Burg Eltz – Karden – Pommerer Mart – Pommern – Klotten – Cochem

Tourencharakter: Unschwierige Wanderung.
Beste Jahreszeit: Frühjahr bis Herbst.
Reine Gehzeit: 5¾ bis 6 Stunden.

Der Auftakt könnte imposanter nicht sein! Burg Eltz im Dornröschenschlaf stiller Wälder, Rittergeschichten raunend aus 800 Jahren. Wäre gar der Martberg imstande zu reden, könnte er von der Steinzeit erzählen, oder vom 4. Jahrhundert v. Chr., als keltische Treverer anrückten und eine stadtähnliche Siedlung *(oppidum)* innerhalb einer kilometerlangen Ringmauer gründeten sowie eine Kultstätte, welche die Römer fortführten. Talsiedlung mit Warenumschlagplatz und Münzprägung war Karden, wo in römischer Zeit eine Straße die Mosel überquerte.

In Karden fand der hl. Castor, dessen Patrozinium am 13. Februar gefeiert wird, als Missionar seine Ruhestätte, ehe ihn Bischof Hetti 837 nach Koblenz in die dort eigens erbaute Kirche überführen ließ. Frömmigkeit und Weinseligkeit liegen dicht beieinander, bilden gleichsam eine Symbiose. Moselkern rühmt seinen »Kirchberg«, Karden den »Dechantsberg« und die »Juffermauer«, Pommern seine »Sonnenuhr« und den »Goldberg«, Klotten den »Coraidelstein«, »Rosenberg« und »Sonnengold«. Klotten, das 1332 von Kaiser Ludwig sogar die Stadtrechte verliehen bekam und als kurtrierische Amtsstadt fünf Jahre später befestigt wurde, ist Heimatort von Stephanie Michels, der Gebietswein-

Das Bild von Karden wird durch die massige Architektur der ehemaligen Stiftskirche St. Castor geprägt. Der Mosel-Höhenweg senkt sich von rechts oben (Wolfgangsruhe) in den Weinort.

königin Mosel-Saar-Ruwer 1988/89. Alljährlich am ersten Augustwochenende ziehen geschmückte Wagen durch den Ort: man feiert das Heimat- und Weinfest. Das Weinlesefest am ersten Oktoberwochenende ist ebenfalls ein Höhepunkt der Saison.
Cochem überschüttet seine Gäste geradezu mit Festlichkeiten, angefangen vom Ostereiermarkt zur Mosel-Weinwoche im Juni, über das Heimat- und Weinfest mit großem Feuerwerk Ende August zum mehrtägigen Federweißenfest im November. Der Federweiße ist der Traubensaft, der soeben mit der Gärung begonnen hat. Er soll für die Entschlackung und Durchblutung sorgen; dazu schmeckt ein heißer Zwiebelkuchen. Neben der Moselbrücke startet der »Mosel-Wein-Express« zu halbstündiger Rundfahrt, inklusive einer Video-Vorführung über die Winzerarbeit und einem Gläschen Moselwein. Selbstverständlich wird auch zum Kauf einer Flasche (oder mehrerer) animiert, denn in Cochem ist die Vermarktung des Weines so perfekt wie nirgendwo anders im »selig Land« am Moselstrand.

Der Wegverlauf

Von der *Pfarrkirche* in Moselkern kurz westwärts, dann rechts ins *Elztal* einschwenken, das der römische Dichter Ausonius im Jahre 371 als »Alisontia« besungen hat. Dem Sträßchen folgen, vorbei an mehreren Gaststätten. Nach 20 Minuten, vor der Bachbrükke, nimmt man rechts den Fußweg durch das Landschaftsschutzgebiet und gelangt in 10 Minuten zum *Restaurant »Ringelsteiner Mühle«*. Die Fortsetzung finden Sie bei der unter Tour 1 beschriebenen Wanderung bis *Burg Eltz,* zu der es ab Moselkern etwa 1 Stunde ist.
Zurück, über die gemauerte Zufahrtsrampe (früher Zugbrücke), danach links ab vom Asphaltsträßchen. Nun zeigt sich Eltz von Norden. Der Weg ist aus den Felsen herausgearbeitet. Wenige Minuten später eine Gabelung. Die breite Trasse führt geradeaus, entgegen dem Markierungskeil des *Eifelverein-Hauptwanderweges 1.* Wir nehmen jedoch halblinks den Pfad hinunter zu einer idyllischen Talwiese. Dort links auf der Brükke über den *Elzbach.* Der Gegenanstieg, deutlich durch ein *»M«* markiert, bringt uns im Laubwald nach 10 Minuten zu einem entzückenden Aussichtsplätzchen mit Blick von Nordwesten auf Eltz. Anschließend auf breitem Weg in 10 Minuten zum hübsch gelegenen *Forsthaus Rothenhof* (236 m).
Gleich nach dem Bildstock rechts, etwa 100 Meter dem Fahrweg folgen, dann links und in 5 Minuten hinauf zur Autostraße. Von der Burg ½ Stunde.
Rechts, nach 250 Metern links (Gittermast) und über die freie Höhe hinweg – im Süd-

osten der Hunsrück – zu den *Windhauserhöfen* (282 m). An der Kapelle links, aber nur 100 Meter, dann rechts vor einem Transformatorenmast in den breiten Wiesenweg. Es folgt der erste Blick über das Moseltal; von Treis, das 1945 durch Bombardements die meisten seiner malerischen Fachwerkhäuser verlor, grüßt die Burgruine. Umfassender ist die Aussicht beim Hüttchen *Wolfgangsruh*. Die dreitürmige Stiftskirche St. Castor, weiß leuchtend zwischen dunklen Dächern in der einstigen Stiftsfreiheit Karden, lockt mit Kunstgenüssen.

Links senkt sich das Weglein in langen Schleifen, durchmißt Rebenhänge und bringt uns zur Weinstube »Burg Eltz« im ehemals kurtrierischen *Karden* (82 m). Von Moselkern 1¾ Stunden.

Wir kommen am *Haus Korbisch* (von Chorbischof) vorbei, einem spätromanischen Wohnbau des frühen 13. Jahrhunderts mit dreigeschossigem Turm, weiland Propsteigebäude; der Stiftspropst trug den Titel Chorbischof.

Mit dem Bau der *Stiftskirche St. Castor* wurde 1183 begonnen. Das frühgotische Langhaus stand 1295. Darunter liegen die Fundamente des karolingischen Vorgängerbaues aus dem 8. Jahrhundert, als Karden schon Mittelpunkt einer die Umgebung von Eifel und Hunsrück umfassenden Großpfarre war, aus der das Stift hervorging bzw. im ausklingenden 9. Jahrhundert das Archidiakonat, eines von fünf im Erzstift Trier, das rund 1000 Jahre bis zur französischen Revolution existierte. Der vergoldete, im späten 15. Jahrhundert geschnitzte Tannenholzschrein des hl. Castor († um 400) steht in der linken Seitenkapelle. Er birgt etliche, 1955 zurückgebrachte Reliquien des aquitanischen Missionars, der mit seinem Gefährten Potentius (siehe auch Kloster Steinfeld, Tour 21) und dessen Söhnen Felicius und Simplicius – sie werden bei Augenleiden angerufen – das Gebiet im 4. Jahrhundert christianisierte, wodurch Trier seinen Einfluß aus der Provinz Belgica in die Provincia Germania superior erweiterte. Der gotische Hochaltaraufsatz mit der Anbetung der heiligen Drei Könige, Meisterwerk mittelrheinischer Tonbildnerkunst, ist der einzige erhaltene Terrakotta-Altar Europas. Im Altarraum ruhten die Gebeine des hl. Goar bis zu ihrer Überführung 1320 nach St. Goar am Rhein. Weitere Informationen entnehme man dem in der Kirche ausgelegten Faltblatt. Über dem Südflügel des Kreuzganges birgt der gotische Kapitelsaal das *Stiftsmuseum;* geöffnet von Ostern bis Ende Oktober mittwochs und samstags 15.00 bis 17.00 Uhr, an Sonn- und Feiertagen 10.00 bis 12.00 Uhr.

Weiter durch die *Bahnhofstraße,* etwa 300 Meter. Beiderseits lag der römische »vicus cardena«. Vor den Schloß-Weinstuben rechts in die *Bergstraße* und zum *Friedhof* im Bereich eines spätrömischen Gräberfeldes. Hier hatte der hl. Castor die erste Kirche gegründet, in der er und seine Gefährten auch bestattet wurden. Der spätromanische Turm, seit 1954 Friedhofskapelle, gehört zur alten Pfarrkirche.

Links um den Friedhof herum, hinauf zur Straße *Unter den Weinbergen.* Links, begleitet von *Kreuzwegstationen.* Über dem jenseitigen Ufer zeigt sich die Zilleskapelle, eine ehemalige Eremitage.

Kurz nach der *XI. Station* geht man rechts die Kurve aus. Dann zweigt der Mosel-Höhenweg links ab. In der Umgebung stieß man auf zahlreiche gallo-römische Urnengräber. Auf einem Pfad durch das *Nachtigallenwäldchen.* An der Gabelung halbrechts. Bei der nächsten Rastbank halblinks, eben dahin. Das Buschwerk gibt uns frei. Anschließend mit einem Feldweg in Richtung des Gitterleitungsmastes auf der flächigen Kuppe des *Pommerer Mart* (273 m). Von den Mauern des keltischen Oppidums, das den benachbarten Hüttenberg einschloß, ist nichts mehr zu sehen. Die archäologischen Erkenntnisse ergaben »eines der bedeutendsten Oppida des östlichen Treverergebietes«, schreibt Alfred Haffner. Auf dem Martberg verehrten die Treverer ihren Heilsgott Lenus Mars (dem auch in Trier ein Tempel geweiht war); ebenso die Römer, nachdem Caesar im Gallischen Krieg (58–51 v. Chr.) die Treverer unterworfen hatte. Ihr Tempelbezirk, wahrscheinlich errichtet aus dem Steinmaterial der keltischen Ringmauer, hatte eine Wandel- und Ruhehalle, einen Opferraum, Versammlungsräume, Wohn- und Wirtschaftsgebäude; sie umschlossen drei Umgangstem-

pel. Eine lateinisch und griechisch verfaßte Weiheinschrift kündet von der Dankbarkeit des Griechen Tychikos an Lenus Mars, der ihn von schwerer Krankheit befreite.
Auf dem grasigen Querweg links (südwestwärts), geradeaus durch das Areal der 1885 und 1890 vom Rheinischen Landesmuseum Bonn ausgegrabenen, vom Erdboden verschwundenen antiken Tempelanlage. Etwa 45 Minuten hinter Karden ist die Steigung der Zwischenetappe bewältigt. Auf breitem Weg abwärts. Kurz nach der Rechtskurve aufpassen: der Mosel-Höhenweg biegt *links* ab. Rechter Hand sieht man in das waldreiche Tal des Pommerbaches. Pommern wird sichtbar, und die Weingärten des »Goldberg«. Der *Martweg* führt in den ursprünglich keltisch-römischen, 755 erstmals als »Pomaria« beurkundeten, verschlafen wirkenden Weinort *Pommern* (85 m). Von Karden nicht ganz 1¼ Stunden. Die katholische, frühklassizistisch ausgestattete, 1887 vollendete Pfarrkirche St. Stephanus ist durch ihren freistehenden romanischen, von einem spätgotischen Helm gekrönten Turm des 1784 abgebrochenen Vorgängerbaues interessant. Ein gedeckter Brückengang verbindet den Turm mit dem Pfarrhaus, bei dem es sich um einen ehemaligen Hof des Klosters Himmerod handelt.

Klotten an der Mosel. Die ursprünglich spätgotische Pfarrkirche des frühen 16. Jahrhunderts erfuhr von 1865 bis 1868 eine Erweiterung, wodurch im Inneren neue Raumharmonie entstand. Hauptzierde der Kirche ist die Kanzel aus der Mitte des 17. Jahrhunderts.

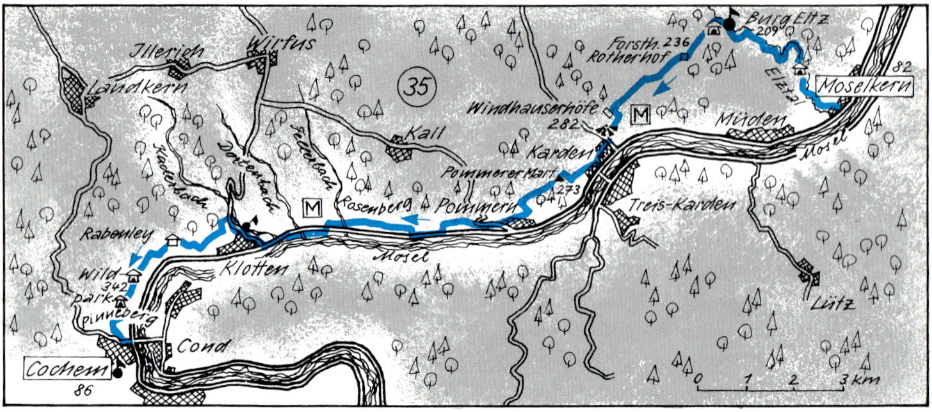

Von der Kirche durch die *Bahnhofstraße* westwärts. Nach 150 Metern rechts in die *Kapellenstraße,* den Ort verlassen und auf der Straße zwischen den Weinbergen aufwärts. Etwa 10 Minuten hinter der Kirche halblinks in den landwirtschaftlichen Fahrweg einbiegen; rechts ein Steinkreuz von 1674. Abwärts durch die Weingärten der »Sonnenuhr«, 600 Meter zum Bahnübergang (Drehkreuze) und zur *Bundesstraße 49.*

Auf der linken Straßenseite dem Rad- und Fußweg folgen, neben der Mosel her, etwa 20 Minuten, dann rechts durch die Bahnunterführung. Talein zu Füßen des felsdurchsetzten *Rosenberges* und an der Mündung des *Fellerbaches* vorbei, abermals 20 Minuten, worauf man wieder die Straße benutzen muß. Nach guten 5 Minuten zeigt rechts eine Holztafel den »Einstieg« ins *Naturschutzgebiet Dortenbachtal,* angeblich das wärmste und niederschlagärmste Tal Deutschlands, berühmt wegen seiner alpinen Flora; von der Straße 20 Minuten zum Wasserfall.

Erneut 5 Minuten auf der *B 49,* rechts durch die *Unterführung,* und links zu den ersten Häusern der Weinbaugemeinde *Klotten* (87 m), die im Kern noch malerische Stein- und Fachwerkhäuser bewahrt, welche sich unter der Pfarrkirche hineindrängen ins Kaderbachtal. Von Pommern 1¼ Stunden.

Nach dem Parkplatz des *Hauses Barbara,* also vor dem Beginn der Bahnhofstraße, schwenkt der Mosel-Höhenweg rechts ins *Mühltal* ein. Nach 100 Metern halblinks und bergan. Gegenüber Haus Nr. 32 spitzwinkelig links. Auf der Straße bergauf, begleitet von den Halbreliefs eines *Kreuzweges* in Mauernischen. Das *Kaderbachtal* empfängt uns. Der Bergfriedstumpf rechts oben gehört zu *Burg Coraidelstein,* 998 erbaut vom lothringischen Pfalzgraf Ezzo, dessen Erbtochter, die geflüchtete Polenkönigin Richeza, Enkelin Kaiser Ottos II., in Klotten zwischen 1040 und 1047 lebte. Im Jahre 1580 bereitete die Stadt dem in den Rheinlanden mit 800 Mann plündernd eingefallenen niederländischen Freischarführer Olivier Temple eine vernichtende Niederlage.

Man stößt auf die *Hohlstraße.* Rechts, vor der *Kränkhofskapelle* halblinks. Nach 5 Minuten gehts, der zweiten Linksabzweigung, einem Pfad folgend, weiter durch den im Frühjahr 1990 von Orkanen böse heimgesuchten Wald, und links zum *Friedenskreuz.* Die untere Trasse wird zur Hangpromenade oberhalb der Weinberge. An der Gabelung halbrechts. Wir erreichen die *Seitskapelle;* etwas tiefer eine herrliche Aussichtskanzel, von der man bereits Cochem sieht. Ab Klotten 35 Minuten.

Rechts an der Kapelle vorbei zu einem breiten Querweg, dem man nach links folgt, die Rechtskurve ausgehend. Die Markierung *M* leitet uns in 15 Minuten zur *Schutzhütte Rabenley.* An der Gabelung auf dem unteren Weg, was auch für die nächste Wegeteilung gilt. Nach insgesamt einer Stunde sind wir am *Wildpark Klotten* (340 m); Gaststätte.

Jetzt auf dem Teersträßchen, an dem gleich links ein schöner *Rastplatz* folgt. Kurz danach wird das Sträßchen halblinks abgekürzt. Etwa 10 Minuten hinter dem Wildpark

sind wir bei der *Gaststätte Waldschänke* mit *»Märchenwald«*. Hinunter zur Bergstation des Sesselliftes, dem einzigen an der Mosel. Links vorbei, über Stufen abwärts und nach 5 Minuten hinaus am Felsrücken zum *Pinnerkreuz.* Cochem liegt uns zu Füßen, überragt vom lanzenähnlichen Turmhelm der Martinskirche und der Reichsburg. Im zerklüfteten Enderttal sieht man auf einer Kuppe die Ruinen der 1689 von den Franzosen gesprengten Winneburg, Stammsitz des 1636 ausgestorbenen Geschlechtes Wunnenberg-Beilstein.
Anschließend auf stellenweise felsigem Serpentinensteig abwärts. Unmittelbar vor der *Aussichtsplattform* dann links (Stufen), vollends zur *Sessellift-Talstation.* Auf der Straße links, durch die rechte Bahnunterführung und zum 1332 erbauten *Enderttor* in *Cochem.* Von Klotten 1½ Stunden.

Nützliche Informationen

Ausgangsort: Moselkern (83 m), Weinort an der Bundesstraße 416, gegenüber dem Druidenstein an der Mosel. Von Koblenz 33 km, von Cochem 19,5 km. Busverbindungen, Bahnhof der Strecke Koblenz–Trier. In Moselkern schuf Georg Schmitt (1821–1900) das »Mosellied«: »O Moselstrand – o selig Land...«
Parkplätze: Moselstraße.
Gehzeiten: Insgesamt 5¾ bis 6 Stunden. Moselkern–Karden 1¾ Stunden. Karden–Pommern 1¼ Stunden. Pommern–Klotten 1¼ Stunden. Klotten–Cochem 1½ Stunden.
Zielort: Cochem (86 m), siehe Tour 2.
Unterkunft und Verpflegung: In Moselkern Hotels, Gasthöfe, Pensionen, Privatzimmer, Campingplatz. – Cochem, siehe Tour 2.
Einkehrmöglichkeiten unterwegs: Ringelsteiner Mühle, Burg Eltz, Karden, Pommern, Klotten, Wildpark, Märchenwald, Sessellift-Bergstation.
Sehenswürdigkeiten: *Moselkern,* siehe Tour 1. – *Cochem,* siehe Tour 2.
Auskünfte: Verkehrsamt: 5401 Treis-Karden, Tel. 02672/6137. – Verkehrsamt: 5590 Cochem, Tel. 02671/3971 oder 3972.
Wanderkarte: Topographische Karte 1:50000, Sonderblatt »Die Mosel«.

36 Von Cochem nach Alf

Cochem–Schaakberg–Ellerwald–Calmont–Gailbachtal–Alf

Tourencharakter: Unschwierige Wanderung. Unterwegs keine Einkehrmöglichkeit, außer in Eller (20 Minuten abseits).
Beste Jahreszeit: Frühjahr bis Herbst.
Reine Gehzeit: 6 Stunden.

Cochem sollte man nicht verlassen, ohne der Burg einen Besuch abzustatten. Allerdings bedeutet das im Rahmen der Führungen zusätzlich 1 Stunde. Und die fällt auf dem längsten Abschnitt – 24,5 Kilometer – des Mosel-Höhenweges zweifellos ins Gewicht. Der Weg ist jedoch fast sechs Kilometer kürzer als die Autostraße, infolge der Begradigung des Cochemer Krampens, der langen Flußschleife ab Ediger-Eller.
Schon eine halbe Stunde oberhalb von Cochem fühlt man sich wie in einer anderen Welt – ohne plastikbiedere Lichtreklame und Menschentrauben. Den Weintrauben begegnen wir erst wieder im »Kallenberg« von Alf, denn die Route läuft über Eifelhöhen, denen zwar sonnige Lieblichkeit fehlt, die dafür aber andere Reize haben.

Der Wegverlauf

Von der *Moselbrücke* zum traditionsreichen Hotel-Restaurant *»Alte Thorschenke«,* Besitz der Freiherrn von Landenberg, einem aus der Schweiz stammenden Rittergeschlecht, das es im Dreißigjährigen Krieg in die Rheinlande verschlagen hatte. Am Haus sind die Hochwasserstände zwischen 1781 und 1920 angezeigt. Durch das 1332 errichtete *Enderttor.* Etwa 20 Meter danach links über Steinstufen. Vor dem Friedhof rechts in die *Jahnstraße.* Burg Cochem tritt dominierend ins

Folgende Abbildung: Moselschleife bei Cochem, das dem Fotografen zu Füßen liegt. Mit Cond am rechten Ufer ist es durch eine Brücke verbunden. Im linken Bildteil ist in einiger Entfernung Klotten wahrnehmbar, am rechten unteren Rand die Häuser von Ebernach.

Blickfeld. Um den Bergfried zeichnen sich spitze Türmchen ab. Wegweiser leiten an der *Luciakapelle* vorbei, entlang von Kreuzwegstationen zum *Café am Schloßberg.* Kurz danach sind es, wenn man links abbiegt, noch 5 Minuten zur *Burg Cochem.* Der Mosel-Höhenweg strebt geradeaus. An der nächsten Gabelung linkshaltend weiter mit schönen Blicken zur Burg. Etwa ½ Stunde nach Cochem sind wir bei *Dreikreuzen* und der *Gnadenkapelle.* Links vom Weg ein herrlicher Aussichtsplatz. Nun eben dahin, promenadenähnlich. Das folgende Tälchen ausgehen und zu einer Rastbank im *Vogelschutzgebiet »Auf Schaak«.* Hier halbrechts, wieder bergan, in gut 5 Minuten zur *Bundesstraße 259.* Auf ihr rechts, nach 100 Metern links ab. An der Wegeteilung halblinks aufwärts und erneut linkshaltend. Etwa 5 Minuten später schwenkt der breite Weg rechts in Südwestrichtung ein und verläuft über den stumpfen Rücken des *Schaakberges.* Nach 100 Metern an der Gabelung halbrechts durch Busch- und Strauchwerk. Vor dem freien Feld hält man sich rechts, zur Waldecke. Hier links. An der nächsten Waldecke (Jäger-Hochsitz) rechts und zur *Kreisstraße 22.* Rechts, etwa 10 Meter, dann links auf einem Feldweg 150 Meter, worauf die *M-Markierungen* links in die Felder zeigen.

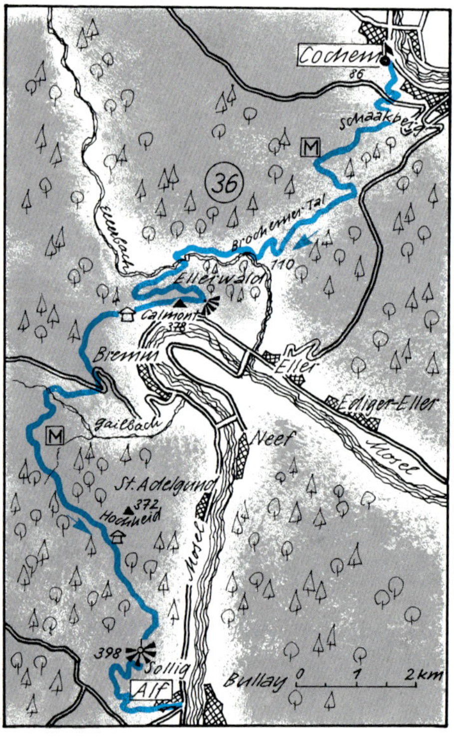

Nach 10 Minuten stößt man wieder auf die Straße. Rechts, nach 100 Metern (gegenüber einem Rastplatz, 346 m), die Straße rechts verlassen, absteigend im *Brochemer Tal.* Ungefähr 15 Minuten später sieht man rechts oben auf der Kuppe die Mauern des Luftschachtes für den 4,2 Kilometer langen, 1874 bis 1877 durch den Cochemer Krampen zwischen Eller und Cochem getriebenen *Kaiser-Wilhelm-Tunnel,* den längsten seiner Art in Deutschland. Damit bestand eine durchgehende, militärisch-strategisch wichtige Verbindung Berlin–Metz, für die der Name »Kanonenbahn« üblich war. Nach 35 Minuten Abstieg sind wir beim *Wanderparkplatz Ellerbach* (110 m) im gleichnamigen Tal, das bei Eller (1,5 km) in die Mosel mündet. Von Cochem 2 Stunden.

Taleinwärts, begleitet vom Plätschern des Baches, etwa 15 Minuten lang. Bei der Rastbank links, den *Ellerbach* überschreiten. Gegensteigung im *Ellerwald.* Nach 20 Minuten links weiter. Nach insgesamt dreiviertelstündigem Aufstieg darf man die Rechtsabzweigung zu einer Rastbank nicht versäumen! Vor der Bank rechts und kurz danach links hinaus zum *Vierseenblick,* einem wunderschönen Plätzchen – 300 Meter über der Mosel. Sie erscheint aus dieser Warte, bedingt durch eine Schleife, wie drei Seen; der vierte »See« ist durch den hohen Bewuchs nicht mehr sichtbar. In der Tiefe die Eisenbahnbrücke von Eller am Kaiser-Wilhelm-Tunnel, der Kirchturm von Neef und der die Flußschleife verursachende Petersberg-Rücken, an dessen Abhang die Ruinen des 1136 gegründeten, 1797 aufgelösten adeligen Augustinerinnenklosters Stuben stehen, im Mittelalter Hort einer Kreuz-Reliquie, die der Ritter Heinrich von Ulmen 1204 aus der Sophienkirche in Konstantinopel mitgebracht hatte. Von Cochem 3 Stunden.

Anschließend bergab im Nordhang des *Calmont.* Seine flußseitigen Hänge bilden die steilste Rieslinglage – »Bremmer Calmont« – Europas. Calmont ist übrigens vom Lateini-

Ausschau von der ehemaligen Reichsburg über die Mosel bei Cochem, wo eine Brücke den Fluß überspannt und die Verbindung in den Ortsteil Cond herstellt. Über die Höhen im linken Bildteil führt der Wanderweg.

schen »calvus mons« (kahler Berg) abgeleitet; Bremm war schon in römischer Zeit ein Weinort.
Nach 10 Minuten entweder links auf einem schmalen Pfad zu einem glänzenden *Aussichtspavillon* und hinauf zum *Gipfelkreuz* (320 m), oder geradeaus, ebenfalls zum Kreuz – Mahnmal der Kriegsgenerationen – bei einer *Schutzhütte*. Nun auf einem Forstfahrweg, den Wald nach 5 Minuten verlassen und zu einem *Rastplatz;* hölzerner Wegeweiser. Einige Schritte danach links, in 10 Minuten hinunter zur *Landstraße 106*. Vom Vierseenblick 1/2 Stunde.

Rechts aufwärts. Im Rückblick winkt das Gipfelkreuz. Nach 5 Minuten in der Rechtskurve links zum *Waldpark Bremm* (349 m); Spiel- und Rastplatz. Daran rechts vorbei auf dem Fahrsträßchen. Zehn Minuten hernach bei der Weiher-Anlage das *Gailbachtal* ausgehen. An der Gabelung halbrechts wieder ansteigen, noch 10 Minuten, worauf uns der Wald freigibt. Weitere 10 Minuten zu einem Teersträßchen; halbrechts sieht man die Häuser von Beuren. Wir marschieren auf dem Sträßchen links. Etwa 1/2 Stunde weiter steht links die *St.-Aldegund-Schutzhütte* am Rand der Hochheid. Das links durch die Un-

gerskaul nach St. Aldegund führende Sträßchen bleibt unbeachtet. Wir spazieren geradeaus. An der Gabelung links halten und am Rand einer langen Lichtung bzw. der Schneise der Ferngasleitung entlang. Kurz nach dem Kreuzen der Schneise steht man vor einer Wegedreiteilung (Rastbank). Halblinks in den Wald. Auf dem Querweg links etwa 5 Minuten. Vor der Lichtung spitzwinkelig rechts und zum hölzernen *Sollig-Turm* (398 m). Von Cochem 5¼ Stunden.
Links der Schutzhütte erfolgt der endgültige Abstieg auf breitem Weg in langen Kehren. Nach einer Viertelstunde geht es an der Kreuzung (Kruzifix) scharf rechts in 5 Minuten zu einem Querweg. Links, und den Wald verlassen. Auf dem gegenüberliegenden Rücken liegt die romanische, im späten 9. Jahrhundert auf römischen Fundamenten errichtete Burg Arras, ältestes Baudenkmal im Kreis Cochem-Zell. Das Alfbachtal, wo Alf-Fabrik liegt, markierte einst römische Provinzgrenzen. Südwestlich lugt der Aussichtsturm Prinzenkopf aus den Wäldern. An heißen Tagen möchte man am liebsten fliegen – ins verlokkende Blau des Freibades von *Alf*. Dort leiten die Markierungen zur Mosel.

Nützliche Informationen

Ausgangsort: Cochem (86 m), Kreisstadt an der Bundesstraße 49. Von Koblenz 51 km, von Trier 92 km. Busverbindungen, Bahnhof der Strecke Koblenz–Trier. Anleger der Moselschiffahrt.
Parkplätze: Großparkplatz hinter dem Bahnhof, am nördlichen Stadtrand, 600 m vom Zentrum.
Gehzeiten: Insgesamt 6 Stunden. Cochem–Ellerbachtal 2 Stunden. Ellerbachtal–Vier-

Die 1964 für Schiffe bis 1350 Tonnen kanalisierte Mosel bei Bremm. Links im Hintergrund die Hänge des »Bremmer Calmont«, der steilsten Rieslinglage Europas. Im Mittelgrund die Ruinen des 1797 aufgelösten adeligen Augustinerinnenklosters Stuben.

seenblick 1 Stunde. Vierseenblick–Sollig $2^{1}/_{4}$ Stunden. Abstieg nach Alf $^{3}/_{4}$ Stunden.
Zielort: Alf, siehe Tour 37.
Unterkunft und Verpflegung: *Cochem,* siehe Tour 2. – *Alf,* siehe Tour 37.
Sehenswürdigkeiten: Siehe Tour 2. – *Alf,* siehe Tour 37.
Auskünfte: Verkehrsamt: 5590 Cochem, Tel. 02671/3971 oder 3972.
Verkehrsbüro: 5584 Alf, Tel. 06542/2419.
Wanderkarte: Topographische Karte 1:50000, Sonderblatt »Die Mosel«.

37 Von Alf nach Ürzig

Der lange Weg ins »Cröver Reich«

Tourencharakter: Unschwierige Wanderung. Unterwegs keine Einkehrmöglichkeit, erst nach $5^{1}/_{4}$ Stunden in Ürziger Höhe.
Beste Jahreszeit: Frühjahr bis Herbst.
Reine Gehzeit: $5^{1}/_{2}$ Stunden.

Eine der charakteristischsten Strecken des Mosel-Höhenweges! Ihre Trasse verläuft hauptsächlich am oberen Saum sonnenverwöhnter Wingerte. Das ganze Jahr über begegnet man Winzern bei der schweren Arbeit am Rebstock, der drei Jahre nach der Pflanzung ersten Ertrag bringt, am ergiebigsten aber vom fünften bis ins dreißigste Jahr ist. Rund 100 bis 120 Hektoliter bringt ein Rieslingstock im Laufe seines Lebens. Bei frühen Sorten wie »Bacchus«, einer Kreuzung aus Riesling, Silvaner und Müller-Thurgau, oder »Müller-Thurgau« (Riesling-Silvaner) darf sogar mit 140 Hektolitern kalkuliert werden. Neuerdings tendiert man zur sogenannten »Vertikoerziehung«, d. h. vertikaler Hochziehung der Reben am Pfahl und kurzem Anschneiden der Fruchtruten. Der Arbeitsaufwand dieser Methode ist geringer als die klassische »Pfahlerziehung«, die jedoch bessere Durchlüftung und Querarbeiten gewährleistet; sie ist in Steillagen immer noch die gebräuchlichste Unterstützung. Eine andere, ebenfalls arbeitssparende Praxis stellt für Hang- und Flachlagen die »Drahterziehung« dar: die zwei unteren Drähte dienen zum Binden der Fruchtruten, die oberen zum Einstecken der jungen Triebe.

Der Wegverlauf

Neben dem *Mosel-Hotel »Alf«* bzw. dem Alfbach geht es bergan, vorbei an einem für das Tal ungewöhnlichen, auf der Eifel hingegen früher vielfach vorkommenden schilfgedeckten Haus, in 10 Minuten zum *Wanderparkplatz »Prinzenkopf«.* Geradeaus weiter. Gute 5 Minuten später steht links die *Schutzhütte »Pündericher Aussicht«.* Östlich zeigt sich der Turm auf dem Prinzenkopf und am Ende dieses Rückens das 1127 anstelle einer Burg gestiftete, 1515 aufgehobene und 1792 zerstörte Augustinerinnenkloster Marienberg (Jugendschulheim). Am anderen Ufer der Mosel, die hier zur Riesenschleife »Zeller Hamm« ansetzt, liegt das Weindorf Pünderich. Nun auf einem Asphaltsträßchen aussichtsreich ansteigen am obersten Weinbergrand. Nach 10 Minuten an der Gabelung geradeaus. Rechts vom Weg der *Sternenwald.* Bei einem Gitterleitungsmast, wo sich mehrere Wege treffen, geht man halblinks, die Hochspannungsleitung unterschreitend. Wenige Minuten später wird eine *Rastbank* passiert. Rechts folgt ein Wasserhochbehälter. Dann bergab zur *Reiler-Hals-Kapelle;* links steht ein bemaltes Steinkreuz von 1750. Der Reiler Hals ist die schmalste Stelle des Höhenzuges zwischen Alfbach- und Moseltal. Ab Alf $^{3}/_{4}$ Stunden.
Anschließend die *Landstraße 105* queren. Auf der Straße *Am Reiler Hals* (Kreisstraße 63) etwa 20 Minuten bergwärts. In einer Rechtskurve biegt man scharf links in einen Fahrweg ein und spaziert am Kranz der Reiler Reben dahin. Nach 15 Minuten führt der Weg links um die Waldkuppe des *Brachenberges* herum und schwenkt ins Pfahlbachtal ein, wobei die Häuser der Siedlung »Weißer Stein« auftauchen. Das Tälchen ausgehen, zur Wegeteilung kurz vor einer Wiese. Halbrechts und gerade an der Wiese entlang. Schafe weiden. Als nächstes empfängt uns das Tal des *Burgerbaches.* Der Weg führt in

den Talhintergrund. Sobald er wieder ansteigt, heißt es achtgeben: Unsere Route zweigt nämlich links ab, über den Burgerbach und hinauf zu einem Querweg. Auf ihm rechts noch kurz talein, dann in spitzem Winkel links, zu einem Holzlagerplatz. Hier links. Der Waldweg senkt sich. Nach 5 Minuten, vor der Hangkante, rechts weiter. Die nächste *Rastbank* präsentiert den Moselausschnitt zwischen Burg und Enkirch.

Erneut dringt der Weg in ein Seitentälchen ein, das des *Lämmerbaches*. Danach zieht links ein Stichweg zur nahen *Schutzhütte Burgberg* (283 m), die aber nur als Unterstand von Bedeutung ist, da sie keinerlei Aussicht bietet und von der keltischen Fluchtburg außer der Hügelkuppe sichtbare Spuren fehlen. Deshalb auf dem Mosel-Höhenweg bleiben! Wenig später taucht ein Teil des exakt ausgerichteten Mont-Royal-Feriendorfes auf: »Klein-Holland« genannt, weil der Mont Royal zu 95 Prozent in holländischen Händen ist.

Wir erreichen die *Kreisstraße 64* am nördlichen Rand des keilförmigen Mont Royal, umschlungen von der Mosel, an welcher keltische Treverer als Gründungsväter von Traben-Trarbach siedelten. Die gigantisch projektierten, infolge Geldmangels nicht im geplanten Ausmaß realisierten Festungswerke auf dem *Mont Royal* hat König Ludwig XIV. – der »Sonnenkönig« – zwischen 1687 und

1692 anlegen lassen, um damit die Rheinlande zu bedrohen und zu beherrschen. Im Jahre 1690 lagen hier immerhin 14 Regimenter mit 8450 Mann. Doch schon der Frieden von Riswijk, das Ende des Pfälzischen Erbfolgekrieges, sprach 1697 Frankreich die okkupierten Mosellande ab. Der Mont Royal wurde 1698 geschleift, die Befestigungen zwischen 1929 und 1938 teilweise freigelegt.
Auf der Straße rechts ansteigen. Nach 100 Metern links in die Richtung Kröv führende Straße, aber nur etwa 40 Meter, dann zweigt man rechts ab. Vorbei am Fernseh-Umsetzer des Südwestfunks. Etwa 20 Meter nach dem Haus »Winzer-Ruh« geht es links durch ein Waldstück. Eine Tafel zeigt links zum 50 Meter entfernten Rastplatz Steffensberg. Der Mosel-Höhenweg führt jedoch geradeaus. Rechts folgt ein *Rot- und Damwildgehege.* Im Tal erscheint die Kirche von Kröv, dem römischen »Croviacum«, das vom Mittelalter bis zur Französischen Revolution 1789 Mittelpunkt des reichsunmittelbaren »Cröver Reiches« war, zu dem die Moselorte Erden, Kinheim, Reil, Kövenig und Traben gehörten,

»Zeller Hamm« heißt die lange Moselschleife südöstlich von Alf. Links der bekannte Weinort Zell (»Zeller Schwarze Katz«), rechts das Winzerdorf Briedel, beide schon in keltischer Zeit besiedelt. Auf dem Rücken in der Bildmitte das ehemalige Augustinerinnenkloster Marienberg.

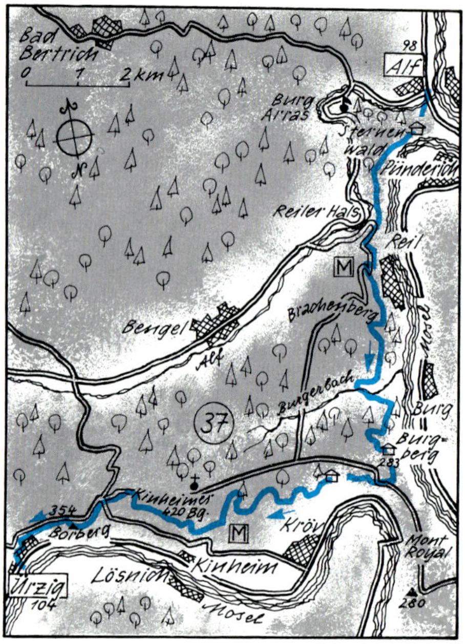

sowie die Eifeldörfer Bengel und Kinderbeuren. In den Hängen verläuft der 1990 eingeweihte, inzwischen schon populäre »Weinlagenwanderweg durch das Cröver Reich«, von Kinheim über 16 Kilometer nach Reil.

Die *Kreisstraße* kreuzend zu der 1989/90 restaurierten *Kröver Kreuzwegkapelle* aus behauenen Schieferbruchsteinen; Rastplatz. Anschließend ein Schauspaziergang entlang berühmter Kröver Weinlagen: »Steffensberg«, »Letterlay«, »Kirchlay«, »Paradies«, zusammen die Großlage »Kröver Nacktarsch«, übrigens eine Verballhornung von Nektar! Rechts die *Rast- und Grillhütte »Zum Hähnchens Born«*. Spätestens hier dürfte eine längere Pause fällig sein! Von Alf 3 Stunden.

Kurz danach erfolgt ein Hinweis auf den tiefer gelegenen Wein-Lehrpfad. Wir stoßen auf die Stationen eines *Trimmpfades*. Ihm folgend verläßt man den breiten Weg halbrechts bergan. Wo der Trimmpfad rechts abschwenkt, spazieren wir geradeaus. Etwa 10 Minuten später senkt sich der Weg. Auf dem Teersträßchen noch 50 Meter, dann in der Linkskurve geradeaus, erneut bergan, etwa 15 Minuten. An der Wegegabel links den grasigen Weg nehmen. Er führt an der rechten Seite des mit Erlen bestandenen *Klingelbachtales* abwärts. Wieder 15 Minuten weiter beginnt bei einem freien Platz rechts ein Anstieg. Der Weg führt zu den Ürziger Wingerten. Aus dem Tal grüßt die Kirche von Lösnich.

Kurz vor der Autostraße erfolgt rechts die Gegensteigung. Für uns gilt erst die dritte Linksabzweigung. Ein paar Schritte geradeaus bietet der *Marienborn* eiskaltes Quellwasser. Von Alf 4¼ Stunden.

An der erwähnten dritten Linksabzweigung setzt sich der Aufstieg fort. Bald linkshaltend und geradeaus über teilweise buschiges Gelände in Richtung der Leitungsmasten. An der Mosel das verträumte Erden, woher das beliebte »Treppchen« stammt. Auf der Flur des *Kinheimer Berges* (420 m) erwartet uns ein Stück der einstigen Römerstraße Koblenz–Trier, die Kreisstraße 62. Vom Marienborn 20 Minuten.

Links, in Westrichtung. Nördlich, jenseits des Alftales, lockt der Kondelwald, hinter dem Bad Bertrich liegt. An der Kreuzung die Landstraße 58 überqueren. Fünf Minuten später beim Felsblock links in den Wald. Rechter Hand erkennt man die Kuppe des *Burgberges* (354 m, laut Karte »Borberg«). Das Erdreich konserviert Trockenmauern einer keltisch-treverischen Fluchtstätte, die bis 68 v. Chr. bestand. Wir kommen zur *Burgberghütte*. Luginsland!

Rechts an der Hütte vorbei zur *Kreisstraße 62*. Links, nach 50 Metern rechts dem Wanderschutzpfad folgen, zu den Häusern und zur Straßenkreuzung auf der *Ürziger Höhe* (205 m). Von Alf 5¼ Stunden.

Links auf der *Landstraße 56*. In der ersten Kurve rechts ab. Jetzt auf uralter, stellenweise als Hohlweg aus dem roten Sandstein abenteuerlich herausgehauenen Straße, in der Art, wie sie die Etrusker in der Toskana bauten. Steiles Kopfsteinpflaster leitet zur Pfarrkirche von *Ürzig*.

Nützliche Informationen

Ausgangsort: Alf (98 m), »Tor zur Vulkaneifel«, an der Bundesstraße 49. Von Koblenz 81 km, von Cochem 30 km, von Bernkastel

48 km. Busverbindungen. Bahnhof (Strecke Koblenz–Trier) im benachbarten Bullay; Fähre. Schiffslände.
Parkplätze: An der Mosel beim Schiffsanleger.
Gehzeiten: Insgesamt 5½ Stunden. Alf–Reiler Hals ¾ Stunden. Reiler Hals–Hähnchens Born 2¼ Stunden. Hähnchens Born–Marienborn 1¼ Stunden. Marienborn–Ürziger Höhe 1 Stunde. Abstieg nach Ürzig ¼ Stunde.
Zielort: Ürzig, siehe Tour 38.
Unterkunft und Verpflegung: In Alf Hotels, Gasthöfe, Pensionen; gemütliche Weinstube (»*Oos Stöffje*«) im Hotel Böhmer. Unterkunft auch in der *Burg Arras*, in Ürziger Höhe, u. a. Gasthaus-Pension »*Hubertushöhe*«. – Ürzig, siehe Tour 38.
Sehenswürdigkeiten: *Burg Arras*, 3 km entfernt (Taxi, Tel. 21282). Hervorgegangen vermutlich aus einer römischen Befestigung an der Grenze zwischen den Provinzen Belgica und Germania superior (moselabwärts). Erstmals urkundlich erwähnt 1120: »castrum den ham« (= Moselschleife Zeller Hamm), als die Burg zu gleichen Teilen an den deutschen Kaiser und Kurtrier kam. Ab 1294 zeichnet das Bistum Trier als Besitzer, was bis 1794 währte. 1400 Erweiterung zur »Ganerbenburg« für vier Familien. Im Oktober 1689 von französischen Truppen im Pfälzer Erbfolgekrieg zerstört. Neuaufbau 1907 bis 1910 unter Bergwerksdirektor Dyckerhoff aus Herne. Jüngste Renovierungen 1980 bis 1983 durch die Eigentümer Otto und Maria Keuthen. Geöffnet zwischen Ostern und Allerheiligen von 10.00 bis 18.00 Uhr; das Verkehrsbüro gibt ein Informationsblatt mit Details zur Besichtigung aus. – In Alf am ersten Sonntag im August Weinfest, am ersten Sonntag im Oktober Volksfest. – Die benachbarte Ortschaft *Bullay* ist eine Römergründung; während des letzten Weltkrieges schwer zerstört. – Ürzig, siehe Tour 38.
Auskünfte: Verkehrsbüro: 5584 Alf, Tel. 06542/2419. – Verkehrsamt: 5564 Ürzig, Tel. 06532/2620 oder 2618.
Wanderkarte: Topographische Karte 1:50000, Sonderblatt »Die Eifel«, sowie Blatt 6106 (Wittlich). Letztere kann entfallen, da sie nur einen kurzen Abschnitt wiedergibt.

38 Von Ürzig nach Lieser

Ürziger Höhe–Kaisergarten–Dreifaltigkeit–Lieser

Tourencharakter: Unschwierige Wanderung. Erste Einkehrmöglichkeit nach 2¾ Stunden.
Beste Jahreszeit: Frühling bis Herbst.
Reine Gehzeit: 3¾ Stunden.

Der bei Weinfreunden wohlbekannte Name Ürzig hält sozusagen doppelt, was er verspricht, denn der »Würzgarten« zählt zu den vorzüglichsten Mosellagen, und die Gemeinde selbst räkelt sich zu Füßen rebensatter Hänge am Kopfbogen einer Flußschleife. Zauberhafte Mittelmosel! Von der Urley, wo im Mittelalter eine Burg stand, regelt die Sonnenuhr den Tag. Kein Wunder, daß der Südwestfunk den Flecken zum hauptsächlichen Drehort seiner Fernsehserie »Moselbrück« erkor, gewissermaßen als »Schwarzwaldklinik« in Rheinland-Pfalz. Am zweiten Augustwochenende findet das Wein- und Heimatfest statt. Um diese Zeit ist das Aufbinden und Entfernen der Geiztriebe am Rebstock beendet. Nun wird zum wiederholten Male gegen tierische und pflanzliche Schädlinge gespritzt, bis Ende August, dem Ausklang der Laubarbeit. Mitte September, wenn man die traditionelle Wein- und Zwetschgenkirmes feiert, erfolgt die Schließung der Wingerte durch den Leseausschuß. Die Trauben werden laufend auf ihren Reifezustand geprüft und nach Möglichkeit vor Vogelfraß geschützt. Eine Woche danach Frohsinn beim Straßenfest »Rund um den Ürziger Würzgarten«. Im Oktober bestimmt der Leseausschuß die Erntetermine der Frühsorten »Bacchus«, »Müller-Thurgau« und »Kerner« sowie die Vorlese der Rieslingtrauben. Edle Rieslinge werden im November geerntet, wenn sie vollreif sind: als »Kabinett«, »Spätlese«, »Auslese«, »Beerenauslese«, »Trockenbeerenauslese« und der »Eiswein« bei unter 7 Grad minus! Reichlich Arbeit vor Ort und in den Kellern! Aufatmen – ehe im Dezember der Boden tief gewendet wird für Neuauflagen und der Rebschnitt fällig ist.

Der Wegverlauf

Vom *Kirchturm* aufwärts zur Telefonzelle. Dort links in die *Altenbergstraße* und steil bergan, streckenweise durch einen felsigen Hohlweg in 15 Minuten zur *Ürziger Höhe* (205 m).

Auf der *Landstraße 55* in Richtung Wittlich. Nach einem kurzen Stück links in die Straße *Moselhöhenweg*. Mäßig aufwärts in 5 Minuten zu einem *Wasserbehälter*. Geradeaus, nach 5 Minuten beim *Bildstock* halblinks und abwärts. In der Mosel erscheint die kleine Insel bei der Ürziger Mühle. Die Route zieht sich an den Wingerten »Rachtiger Berg« entlang. Drei Linksabzweigungen bleiben unberücksichtigt. Erst auf der Kammhöhe wenden wir uns links zum *Steinkreuz*. Hier an der Gabelung halbrechts und zum sogenannten *»Kaisergarten«*, dessen Waldbestand die Orkane im Frühjahr 1990 dezimiert haben. Links am Weg ein *Rastplatz*, ebenso kurz danach, unterhalb *(Schutzhütte)*. Von Ürzig 1 Stunde.

Malerischer Gassenwinkel in Bernkastel. Es konnte im Gegensatz zu manchen anderen Orten an der Mosel sein reizvolles Ambiente weitgehend unverfälscht erhalten. Dorthin lohnt sich der Abstecher per Bus vom Mosel-Höhenweg bei den Kurkliniken oberhalb Kues.

Der Weinort Ürzig, erstmals um das Jahr 960 erwähnt, bildet eine wichtige Station am Mosel-Höhenweg, der bei der Pfarrkirche mündet bzw. sich dort fortsetzt in Richtung Lieser.

Etwa 5 Minuten später wird ein *Wanderparkplatz* erreicht. An dieser Stelle links, auf dem oberen, grasigen Weg. Dann wählt man links den Stichpfad zum 45 Meter entfernten *Donnerkreuz*, einer Aussichtskanzel. Am linken Ufer ist der Komplex des ehemaligen, im 11. Jahrhundert gegründeten, 1802 aufgehobenen Zisterzienserklosters Machern zu sehen; am anderen Ufer die Weingärten von Zeltingen-Rachtig. Der Mosel-Höhenweg senkt sich. Auf dem Querweg links zu einer Kreuzung. Rechts, gleich danach an der Wegedreiteilung auf der mittleren, grasigen Spur. Vor dem bewaldeten Klosterberg rechts, das heißt am südlichen Rand der Wiese entlang. Eine überwachsene Hausruine bleibt zurück. Ungefähr 50 Meter vor der Straße geht man an der Kreuzung rechts, zum Scheitelpunkt der *Bundesstraße 50* (220 m). Von Ürzig 1½ Stunden.

Jenseits den Markierungen folgend durch hochstämmigen Laubwald in wenigen Minuten zu einem Querweg. Links und geradeaus, nach 15 Minuten ansteigen, 10 Minuten später an der Gabelung links, zur *Wehlener Dreifaltigkeit* (260 m), einem bemalten Sandstein-Bildstock mit der Dreifaltigkeit unter einer uralten Buche, möglicherweise am Platz einer heidnischen Kultstätte. Bis Lieser sind es noch 7,5 Kilometer.

An der *Kreuzung* geradeaus, links an der großen *Schutzhütte* vorbei, weiter auf dem Fuß- und Radweg. Rechts ergeben sich Durchblikke in das riesige Reben-Halbrund um Maring-Noviand. Dort stieß man auf eine römische Kelteranlage des späten 2. oder frühen 3. Jahrhunderts. Am Hang etwas unterhalb des Mosel-Höhenweges versteckt sich die Paulskirche, ehemals Pfarrkirche von Lieser.

Spaziergänger begegnen uns. Etwa 40 Minuten nach der »Dreifaltigkeit« nicht links auf die Straße, sondern rechtshaltend zur *Bushaltestelle* (Verbindungen mit Bernkastel). Restaurant »Kurfürsten«: erste Einkehrstation nach 2¾ Stunden!

Die *M-Zeichen* leiten deutlich entlang am *Kurbereich* zur Moselflanke. Oberhalb der Lage »Kardinalsberg« rechts weiter, man

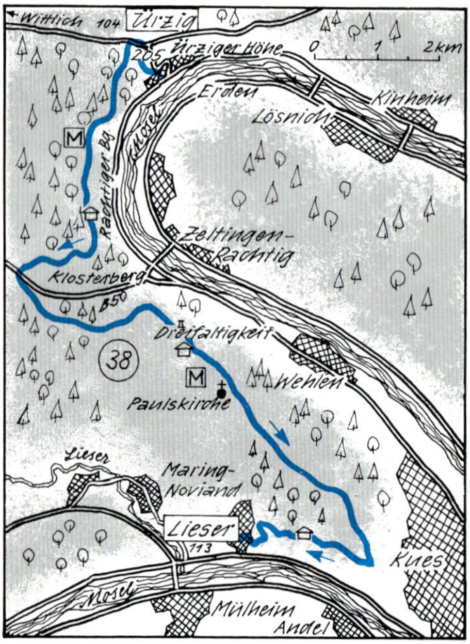

Unterkunft und Verpflegung: In Ürzig und Lieser mehrere Hotels, Gasthöfe, Pensionen. Ürziger »Ratskeller« am Rathausplatz in einem Fachwerkhaus von 1588. – Übernachtung auch auf der Ürziger Höhe (Gasthaus »Römerklause«, Tel. 06532/4524) und Gasthaus »Hubertushöhe« (Tel. 2556) sowie Privatzimmer.
Sehenswürdigkeiten: *Ürzig: Rathaus* (Verkehrsamt). Barockhaus *Mönchhof*, ehemals (1509) Besitz des Klosters Himmerod, eines der ältesten Mosel-Weingüter. *Internationales Trachtentreffen:* alljährlich am ersten Juliwochenende, Folklore-Vorführungen auf einer schwimmenden Moselbühne. – *Lieser*, siehe Tour 39.
Auskünfte: Verkehrsbüro: 5564 Ürzig, Tel. 06532/2620 oder 2618. – Verkehrsbüro: 5550 Lieser, Tel. 06531/8746.
Wanderkarte: Topographische Karte 1:50000, Sonderblatt »Die Mosel«.

orientiere sich am Kirchturm in Lieser. Nach 15 Minuten bei der Gabelung links den unteren Weg nehmen; rechts die Hambuchhütte. Westlich tritt der lange Rücken des rebengesegneten Brauneberges vor Augen. Abschließend mit den markierten Weinbergwegen zur barock ausgestatteten Pfarrkirche in *Lieser*. Steinstufen bringen uns auf den *Marktplatz*.

Nützliche Informationen

Ausgangsort: Ürzig (105 m), an der Bundesstraße 53. Von Koblenz 119 km, von Alf 38 km, von Bernkastel 10 km, von Trier 46 km, von der Autobahnausfahrt Wittlich 7 km. Busverbindungen, Schiffsanleger, Bahnhof (Strecke Koblenz–Trier), 2,5 km entfernt, nur Personenzüge, Eil- und D-Züge in Wittlich.
Parkplätze: Am östlichen Ortsrand sowie bei den Schiffsanlegern.
Gehzeiten: Insgesamt 3¾ Stunden. Ürzig–Ürziger Höhe ¼ Stunde. Ürziger Höhe–»Kaisergarten« ¾ Stunden. »Kaisergarten«–Dreifaltigkeit 1 Stunde. Dreifaltigkeit–Lieser 1¾ Stunden.
Zielort: Lieser, siehe Tour 39.

39 Von Lieser nach Klüsserath

Lieser–Monzel–Piesporter Heiligenhäuschen–Maria hinterm Wald–Klüsserath

Tourencharakter: Unschwierige Wanderung. Einkehr unterwegs nur in Monzel.
Beste Jahreszeit: Frühling bis Herbst.
Reine Gehzeit: 4¾ Stunden.

Wie eine Glucke wacht die Peterskirche über die 1330 Seelen von Lieser inmitten des größten zusammenhängenden Mosel-Weinbaugebietes. Sie hat die alte, 1726 geweihte Pfarrkirche St. Paul »auf dem Berg« abgelöst, am Weg von Lieser zur »Dreifaltigkeit«. Solche Beispiele – Mutterkirchen auf Bergeshöhen – sind an der Mittelmosel keine Seltenheit.
»Lesura« hören wir erstmals bei Ausonius, dem antiken Moseldichter. Ob der Rhetoriklehrer des Kaisersohnes Gratian zu Trier im 4. Jahrhundert damit den Fluß Lieser ansprach, der bei Daun entspringt und am Westrand von Lieser mündet, oder den Ort,

bleibt offen. Dessen ungeachtet rühmt sich Lieser zweitausendjähriger Weinbau-Tradition. Und beim nahen Maring-Noviad ist sogar eine römische Kelteranlage konserviert.
Um Lieser greifen die Wingerte – 180 Hektar gehören der Gemeinde – hoch hinauf in die Hänge, bedecken auch die Seitentäler: »Schloßberg«, »Rosenlay«, »Süßenberg«, »Niederberg-Helden« – allesamt berühmte Tropfen.

Der Wegverlauf

Ausgangspunkt ist am westlichen Ortsrand der in den achtziger Jahren stillgelegte *Bahnhof.* Moselseitig zunächst auf dem Fußweg neben der Straße her, über die hier mündende *Lieser*, anschließend die Querstraße kreuzen. Vom Bahnhof 10 Minuten.
Jenseits auf dem Sträßchen bergan. Nach 10 Minuten an der Gabelung links und zur Höhe des *Brauneberg*. Bei der großen *Schutzhütte* (240 m) belehrt eine Tafel über das namhafte Rebenparadies und seine Geschichte aus antiker Zeit.
An der Wegegabel rechts halten, noch kurz bergan, über den Scheitel des Sträßchens hinweg und abwärts in das Weindörfchen *Monzel* (188 m). Von Lieser 1¼ Stunden.
Bei der Nikolauskirche. Am Gasthof »Mon-

Im Hinterland der Mosel führt die Weitwanderung über Höhen, die einen vollkommen anderen landschaftlichen Charakter haben als das Moseltal. Hier ein Feldweg im Salmtal.

zeler Kätzchen« links in die *Brunnenstraße*. Auf dem kleinen Platz rechts halten, danach links der *Oberstraße* folgen. Steigung. Etwa 10 Minuten später scharf rechts und weiter bergan, vorbei an einem aussichtsreichen *Rastplatz* mit *Schutzhütte*, durch den Südosthang des *Monzeler Hüttenkopfes*. Daraufhin im *Kestener Wald* etwa 5 Minuten zur Wegegabel. Halblinks, vorbildlich gelenkt von den *M-Zeichen*. Sobald uns der Wald freigibt, ist es nicht mehr weit zur kapellenähnlichen *Minheimer Schutzhütte* (433 m). Nun senkt sich der breite Weg südwärts. Bald taucht rechts die Kirche von Klausen auf und links zwischen den Bäumen stellenweise die Mosel um die Piesporter Brücke. Links am Weg verfällt das *Piesporter Heiligenhäuschen*. Der Straßensattel (371 m) bildet den Übergang Mosel–Salmtal. Ab Monzel 1½ Stunden.

Vom Wanderparkplatz muß man eine staubige Waldstraße 300 Meter lang in Kauf nehmen. Vor der Wiese links halten zum prächtigen Moselblick *Weißlay*. Links unten liegt das römische »porto Bigontio«: Piesport. Beim Wegebau stieß man 1985 auf eine große römische Kelter des 4. und 5. Jahrhunderts mit einer Kapazität von 30000 Litern. Rechtsufrig, im Ortsteil Niederemmel, sind ebenfalls Römerspuren bezeugt: Sarkophage sowie dickwandige Glasgefäße. Dort paßte sich die »Ausoniusstraße«, die antike Fernstraße Mainz–Bingen–Trier, aus dem Hunsrück nach »Noviomagus« (Neumagen) führend, der Flußschleife an. Venetius Fortunatus, ein Geistlicher, von dem die erste Schilderung einer Schiffsreise auf der Mosel stammt (6. Jahrhundert), schwärmte von einer prachtvollen Burg des Trierer Bischofs Nicetius an der Stelle von Niederemmel.

Wir nehmen den breiten Weg, der 5 Minuten später wieder in die Staubstraße mündet. Links weiter. Nach 400 Metern springt in schwindelnder Höhe eine hölzerne Rampe talwärts: Startplatz für Drachenflieger. *»Gro-*

Tiefblick von der Weißlay am Mosel-Höhenweg auf Piesport, das sich mit dem Ortsteil Niederemmel beiderseits des Flusses ausbreitet, verbunden durch zwei Brücken. Bekannteste Weinlagen: Goldtröpfchen, Michelsberg, Domherr, Treppchen, Falkenberg, Günterslay, Grafenberg.

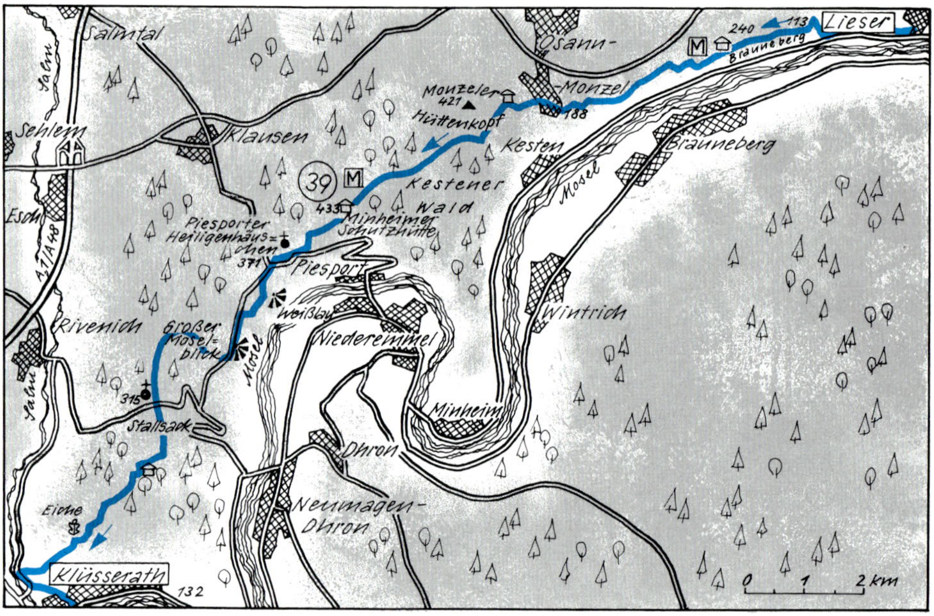

ßer Moselblick«! Das Auge wandert zum Hunsrück. Am rechten Ufer träumt Neumagen von römischen Tagen, als es ab dem frühen 1. nachchristlichen Jahrhundert wichtige Station war, das heißt Markt- und Handelsplatz. Durch die germanische Invasion um 275 n. Chr. zerstört, erwuchs es unter Kaiser Konstantin dem Großen (306–337 n. Chr.), der in Trier residierte, zu einem imposanten Kastell (131×112 m); Mauern und Türme zeugten als Ruinen bis ins 17. Jahrhundert von verlorenem Glanz.

Neben der Straße brechen die Hänge steil ab und gehen in Weingärten über. Die Karte nennt diesen Abschnitt »Verbotene Hecke« – sicherlich eine Warnung! Auf der Straße nochmals 400 Meter, dann wird sie rechts verlassen (Markierungszeichen am Leitungsmast), angesichts eines Steinbruches. In der Folge beschreibt die Route einen weiten Linksbogen um die *Krummfurche,* schwenkt schließlich im Wald südwärts ein und führt zu der 1860 in Erfüllung eines Gelübdes errichteten *Kapelle Maria hinterm Wald* (316 m). Aus dem Brunnentrog nicht trinken! Von Lieser 3¾ Stunden.

Die *Kreisstraße 48* kreuzen. Im *Stallsack-Wald* weiter. Nach 10 Minuten, vor den Rebstöcken, geht es links in den Forstfahrweg, wo nach 300 Metern links eine *Schutzhütte* steht. An der 100 Meter entfernten Wegekreuzung links, nach 100 Schritten rechts, auf dem Querweg wieder links, auch an der Wegegabel. Anhaltend abwärts durch den Wald zu einer uralten *Eiche* (Naturdenkmal), worauf wir in die Klüsserather Weinberge eintauchen. Südlich, am rechten Moselufer, liegt Köwerich, Geburtsort von Beethovens Mutter.

Ausklang im *Salmtal.* Links auf der Hauptstraße zur Pfarrkirche von *Klüsserath.*

Nützliche Informationen

Ausgangsort: Lieser (113 m) an der Mosel. Von Trier 40 km, von Wittlich 14 km, von Bernkastel 4 km. Busverbindungen mit Wittlich und Bernkastel.

Parkplätze: Am westlichen Ortsrand vor den Hotels sowie am ehemaligen Bahnhof; Bushaltestelle.

Gehzeiten: Insgesamt 4¾ Stunden. Lieser–Monzel 1¼ Stunden. Monzel–Piesporter Heiligenhäuschen 1½ Stunden. Piesporter Heiligenhäuschen–Maria hinterm Wald 1 Stunde. Abstieg nach Klüsserath 1 Stunde.

Zielort: Klüsserath, siehe Tour 40.
Sehenswürdigkeiten: *Lieser:* Am westlichen Ortsrand der im 19. Jahrhundert entstandene *Schloßkomplex* der Freiherrn von Schorlemer; das Geschlecht reicht ins 13. Jahrhundert zurück. Die Erben veräußerten nach dem Krieg ihren Besitz für 1,8 Mio. Mark an die Gemeinde, unter der Bedingung lebenslangen Wohnrechtes für die Baronin. – Historisches Fachwerkhaus mit dem *Posthof;* Gedenktafel. – *Klüsserath*, siehe Tour 40.
Sehenswürdigkeiten der Umgebung: *Wittlich* (nordwestlich, Autobahnanschlußstelle): alljährlich im August die *Säubrennerkirmes*, weitum bekanntes, mehrtägiges Straßen- und Volksfest, über 100 Säue am Spieß, 300 Meter lange Weinstraße. Informationen: Kulturamt 5560 Wittlich, Tel. 06571/4131 oder 3094.
Auskünfte: Verkehrsbüro: 5550 Lieser, Tel. 06531/8746. – Heimat- und Verkehrsverein: 5559 Klüsserath, Tel. 06507/4593 oder 4518.
Wanderkarten: Topographische Karte 1:50000, Sonderblatt »Die Mosel«, sowie Blatt 6106 (Wittlich). Das Sonderblatt ist nicht unbedingt nötig, da es nur eine kurze Wegstrecke beinhaltet.

40 Von Klüsserath nach Schweich

Klüsserath–Ensch–Landwehrkreuz–Rupperoth–Schweich

Tourencharakter: Unschwierige Wanderung. Keine Einkehrmöglichkeit.
Beste Jahreszeit: Frühling bis Spätherbst.
Reine Gehzeit: 3¾ Stunden.

Wie wir von dem römischen Dichter Ausonius wissen, stand der hiesige Weinanbau zu seiner Zeit, in der zweiten Hälfte des 4. Jahrhunderts, schon in Blüte. Heute gehört Klüsserath mit einer Rebenfläche von 349 Hektar zu den größten Weinbaugemeinden in Rheinland-Pfalz.
An der Salm-Mündung kelterten einst zwanzig geistliche und adelige Weingüter, so der barocke Echternacher Hof am östlichen Ortsende. Eine Urkunde aus der Zeit um das Jahr 698 dokumentiert bereits einen Weinberg »in monte Clotarienze« samt Winzern als Schenkung der Gerlind, Tochter des merowingischen Hausmeiers Odo, zugunsten des hl. Willibrord bzw. des im gleichen Jahr von ihm gegründeten Klosters Echternach.
Aus den in fränkischer Epoche entstandenen Streugütern und grundherrschaftlichen Hofsiedlungen, die wiederum auf keltische Bauernhöfe und römische »villae rusticae« zurückgehen, bildete sich das Gemeinwesen – langgestreckt, deswegen sprichwörtlich bekannt:

> Wenn irgendwo im Trierer Land
> ein Ding enorme Länge hat,
> ist gleich ein Witzbold bei der Hand,
> der sagt »so lang wie Klüsserath«.

Ergänzend reimte der ehemalige Lehrer und Heimatschriftsteller Matthias Lang:

> Die lange Wurst, das lange Kleid,
> ein Brief, der viele Seiten hat,
> ein langer Kerl, ein Weg, der weit,
> sind all so lang wie Klüsserath.

Leider fehlt dem Ort jene romantisch-behagliche Atmosphäre, die andere Moseldörfer prägt. Die »Römische Weinstraße«, eine Idee findiger Tourismusmanager für die Bundesstraße 53 zwischen Kenn bei Trier und Leiwen, trennt Klüsserath rigoros vom Fluß. Salve! Bereichert wird das Gesamtszenarium lediglich durch die Weinberghänge, an deren Basis sich die nördliche Zeile der Hauptstraße schmiegt. Dort »kocht« die ausgezeichnete Lage »Bruderschaft« bei 1500 Sonnenstunden und 9,6 Grad Jahresdurchschnittstemperatur. Von den gesamten 349 Hektar Klüsserather Rebfläche in Höhen zwischen 120 und 270 Metern und in Steillagen bis 83 Prozent, entfallen 250 Hektar auf Rieslingtrauben. Die 1964 bis 1969 sowie 1977 bis 1987 durchgeführten Flurbereinigungen verschlangen 15 Millionen Mark.

Folgende Abbildung: Finale des Mosel-Höhenweges in den Rebgärten von Schweich. Jenseits der Mosel liegt der Weinort Longuich-Kirsch am rechten Ufer, etwas mehr als zehn Kilometer von Trier entfernt.

Der Wegverlauf

Von der *Pfarrkirche* westwärts 150 Meter durch die *Hauptstraße* (an ihrer Rechtskurve lag ein römischer Gutshof) und links über die *Salmbrücke*. Jenseits steht, in Sandstein gehauen, das *Rudemsmännchen*, dem wir bald »begegnen«.

Rechts in die *Hetzerather Straße*. Nach 150 Metern links und gleich wieder rechts. Aufwärts, den Stationen eines mit modernen Mosaiken gestalteten *Kreuzweges* nach, zum obersten Gürtel der Klüsserather Reben, wo die *Marienkapelle* über das Tal wacht. Von der Kirche 20 Minuten.

Weiter ansteigen. Moselaufwärts erscheint die Staustufe Detzem. Der Weg passiert einige Felspartien. Rechter Hand steigt der bewaldete *Rudemsberg* an. Und dort soll das Rudemsmännchen umherirren, der Geist des Thörnicher Bürgermeisters. Er hatte auf den Wald Besitzansprüche erhoben, weil er Thörnich gehöre, wie der gute Mann behauptete, ja sogar schwor, beim Lokaltermin vor Ort: »So wahr ich auf Thörnicher Erde stehe und den Schöpfer über mir habe!« Der Listige hatte sich nämlich vorher Thörnicher Erde in die Schuhe und einen Schöpflöffel unter den Hut getan... Thörnich bekam zwar den Rudemswald zugesprochen, aber für den Preis letztendlich, daß der Meineidige als Verwunschener durch den Wald spukt.

Etwa 10 Minuten nach der Marienkapelle ist die Steigung vorerst bewältigt. Abwärts mit herrlichen Moselblicken zur *Landstraße 48*. Auf ihr nach links, aber nur 400 Meter, dann vor dem Parkplatz spitzwinklig rechts, den *Kahlbach* überschreiten. Danach Gegenanstieg zum *Wasserbunker*. Etwa 100 Meter danach biegt man links ab. Einen geteerten Fahrweg rechts kreuzen und wieder ansteigen auf breitem Weinbergweg. Am rechten Moselufer liegen die Weindörfer Thörnich, das seinen »Ritsch«, »Enggaß« und »Schießley« preist, sowie Detzem, wo man auf die Lage »Bruderschaft« so stolz ist wie in Klüsserath. Detzem, unter den Franken königliches Krongut, wird abgeleitet von »ad decimum lapidem«, was soviel heißt wie beim zehnten Meilenstein. Gerechnet ab Trier, an der Fernstraße über den Hunsrück via Rhein – Legionslager »Mogontiacum« (Mainz). Seit der Moselkanalisierung 1964 befindet sich bei Detzem die zweite Staustufe (von zwölf) auf deutschem Boden, mit neun Metern die höchste. Neben den drei Wehröffnungen von je 40 Metern hat sie auch eine Schleuse für Sportboote und Kleinfahrzeuge. Die eigentliche Schiffsschleuse ist 170 Meter lang und 12 Meter breit.

Vor dem Hang rechts weiter. Im Rückblick verschwindet Klüsserath. Nach der *Rastbank* links halten auf dem Weinbergsträßchen. Etwas später die Rechtsabzweigung einschlagen, dann links über den *Kautenbach*. Vor dem nächsten Haus (Weinfaß) rechts. Es gehört zu *Ensch*, einem Weindorf – »Sonnenley«, »St. Martin«, »Mühlenberg« – keltisch-römischer Herkunft: einst »Anciacum«, Hof des Ancius. Noch heute leben die rund 500 Einwohner hauptsächlich von der Rebe. Ab Klüsserath 1½ Stunden.

Der Wald gibt uns nach 10 Minuten frei. Rechts halten, nun zwischen Wald und Wein bergauf zu einer Kreuzung. Geradeaus, links an einer Sandgrube vorbei und zu dem 1687 errichteten *Zitronenkreuz* (305 m). Von Klüsserath 2 Stunden.

Über die flache Kuppe hinweg. An der Kreuzung rechts, wieder bergan zum Waldrand, das heißt, 50 Meter davor beschreibt die Route einen Linksknick und steuert wenig später in Nordwestrichtung. Am Waldrand entlang abwärts. Anschließend Gegensteigung im *Mehringer Wald*. Bei der Gabelung rechts halten. Zunächst im Wald, dann die Überlandleitungen schräg rechtshaltend unterschreiten, worauf uns der Rastplatz mit dem *Landwehrkreuz* (400 m) unter zwei Kastanien erwartet. Von Klüsserath 2½ Stunden.

An der Wegkreuzung linkshaltend hinaus in die Wiesenflanken des *Mehringer Berges*. Neuerdings bergab, auf dem breiten Weg. Achtgeben! Etwa eine Viertelstunde nach dem Landwehrkreuz bricht die Route in einer Linkskurve rechts aus, als Pfad. Auch in der Folge die *M-Zeichen* nicht verlieren! Sie leiten von den Reben rechts in die Mulde des *Landwehrgrabens*. Kurz vor einer Kreuzung der Fahrwege geht es links zur *Schutzhütte Rupperoth*. An ihr links vorbei. Der Fahrweg

In den Hängen oberhalb des Ortes Klüsserath, dem Start zur letzten Etappe des Mosel-Höhenweges, reift die hervorragende Weinlage »Bruderschaft« bei jährlich rund 1500 Sonnenstunden.

verläuft im Rechtsbogen um die Kuppe des *Rupperoth*. In der Tiefe die Autobahnbrücke und das gallo-romanische Longuich-Kirsch, das 1986 zum schönsten Dorf in Rheinland-Pfalz gekürt wurde; beste Weinlage: »Maximiner Herrenberg«, den schon vor 1400 Jahren die Benediktiner der Reichsabtei St. Maximin in Trier zu schätzen wußten. Sie unterhielten in Longuich ein Weingut, in Schweich das barocke Hisgenhaus an der Brückenrampe.

Empfang durch Schweicher Wingerte: »Annaberg« und »Burgmauer« verdienen eine Probe. Endgültig abwärts. Hinter der Autobahnunterführung links, den Friedhof passieren und durch die Bergstraße nach *Schweich* zur neugotischen Pfarrkirche St. Martin. Der Ort ist – wie könnte es auch anders sein – keltisch-römischen Ursprungs und kam 762 durch Schenkung der fränkischen Königstochter Bertrata, Mutter Karls des Großen, zum Kloster Prüm. In die Literatur ging Schweich ein durch das populärste Werk des in Trittenheim geborenen, hier aufgewachsenen Dichters Stefan Andres: »Der Knabe im Brunnen«. Den Stefan-Andres-Gedenkbrunnen gestaltete der Wittlicher Bildhauer Hanns Scherl. Bei seiner Einweihung 1979 waren der Trierer Bischof sowie der rheinland-pfälzische Ministerpräsident Bernhard

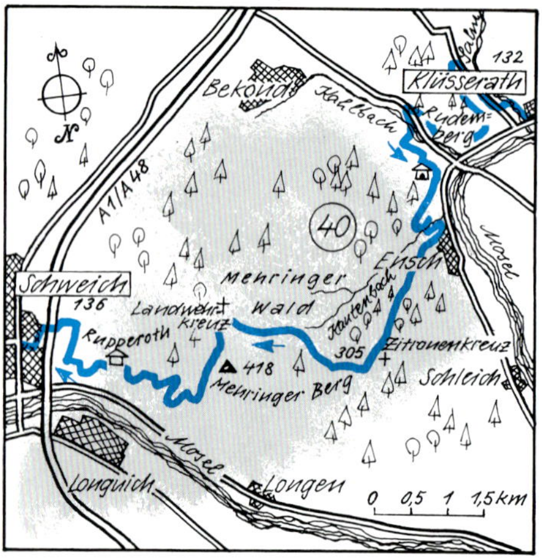

Vogel anwesend. Die Autobahn hat Schweich vom lärmenden Durchgangsverkehr erlöst. Seit alters her existiert ein Moselübergang, früher in Form einer Fähre, woran neben der Straßenbrücke der fünfeckige Fährturm aus dem 18. Jahrhundert erinnert, in welcher der Fährmann wohnte.

Nützliche Informationen

Ausgangsort: Klüsserath (132 m), zur Verbandsgemeinde Schweich gehörender Weinort. 30 km von Bernkastel, 15 km von Schweich, 26 km von Trier. Busverbindungen.
Parkplätze: Im Ort neben der Kirche oder am westlichen Ortsrand beim »Gasthaus zum Rebstock«.
Gehzeiten: Insgesamt 3¾ Stunden. Klüsserath–Ensch 1½ Stunden. Ensch–Landwehrkreuz 1 Stunde. Landwehrkreuz–Schweich 1¼ Stunden.
Zielort: Schweich (293 m), Zentrum einer Verbandsgemeinde, Obst- und Weinbauort. 15 km von Klüsserath, 45 km von Bernkastel, 11 km von Trier. Autobahnausfahrt. Busverbindungen mit Trier, Wittlich, Klüsserath, Bernkastel. Bahnstrecke Trier–Koblenz. Anleger der Moselschiffahrt.
Unterkunft und Verpflegung: Hotels, Gasthöfe, Privatzimmer in Klüsserath und Schweich, Campingplätze. In Klüsserath empfehlenswert und günstig gelegen: *»Gasthaus zum Rebstock«*, Salmstraße 18, Tel. 06507/2993 oder 4593; Montag geschlossen.
Sehenswürdigkeiten: *Klüsserath: Weinlehrpfad,* 4,5 km lang, mit 11 Stationen, beginnt bei der Post an der Hauptstraße. – *Pfarrkirche,* auf römischem Gräberfeld 1304 errichtet, spätgotischer Chor erhalten, Neubau im ausklingenden 18. Jahrhundert, 1934 erweitert. Hochaltaraufsatz (1622) mit einer Pietà zwischen den hl. Hubertus und Magdalena; Figurengruppe Anna Selbdritt, 15. Jahrhundert. – *Schloß Klüsserath,* hervorgegangen aus einer mittelalterlichen Wasserburg (1338 wird ein Turm erwähnt), ab 1585 kurtrierisches Lehen; Privatbesitz. – Neben dem Schloß die *Gerichtslinde* mit zwei im Stamm verwachsenen Eisenringen, vermutlich für gefesselte Angeklagte oder an den Pranger gestellte Bürger. – *Schweich:* Am zweiten Septemberwochenende traditionelles Heimat-, Wein- und Erntedankfest. – *Stefan-Andres-Ausstellung* im Niederprümer Hof. – *Hisgenhaus,* barockes St.-Maximiner-Amtshaus. *Heilbrunnen. Synagoge. Weinlehrpfad.*
Auskünfte: Heimat- und Verkehrsverein: 5559 Klüsserath, Tel. 06507/4593 oder 4518. – Tourist-Information: 5558 Schweich, Tel. 06502/407 oder 117.
Wanderkarte: Topographische Karte 1:50000, Blatt 6106 (Wittlich).

Anhang

Hauptwanderweg 1

Bonn–Moselkern, 103 km

1. Tag: Bonn-Venusberg–Berkum (14 km)
2. Tag: Berkum–Bad Neuenahr (15,5 km)
3. Tag: Bad Neuenahr–Wehr (19,5 km)
4. Tag: Wehr–Mayen (16 km)
5. Tag: Mayen–Roesermühle (22 km)
6. Tag: Roesermühle–Moselkern (16 km)

Hauptwanderweg 2 (Karl-Kaufmann-Weg)

Brühl–Trier, 182 km

1. Tag: Brühl–Rheinbach (37 km)
2. Tag: Rheinbach–Kreuzberg (14 km)
3. Tag: Kreuzberg–Hohe Acht–Nürburg (31 km)
4. Tag: Nürburg–Daun (22 km)
5. Tag: Daun–Manderscheid (17 km)
6. Tag: Manderscheid–Dreis (28,5 km)
7. Tag: Dreis–Quint (20,5 km)
8. Tag: Quint–Trier (12 km)

Hauptwanderweg 3

Euskirchen–Lieser, 129 km

1. Tag: Euskirchen–Bad Münstereifel (18,5 km)
2. Tag: Bad Münstereifel–Wershofen (19 km)
3. Tag: Wershofen–Niederehe (20,5 km)
4. Tag: Niederehe–Daun (16 km)
5. Tag: Daun–Manderscheid (15 km)
6. Tag: Manderscheid–Wittlich (22 km)
7. Tag: Wittlich–Lieser (18 km)

Hauptwanderweg 4 (Josef-Schramm-Weg)

Kreuzau–Trier, 178 km

1. Tag: Kreuzau–Nideggen (13 km)
2. Tag: Nideggen–Gemünd (22,5 km)
3. Tag: Gemünd–Blankenheim (22,5 km)
4. Tag: Blankenheim–Jünkerath (15,5 km)
5. Tag: Jünkerath–Gerolstein (22 km)
6. Tag: Gerolstein–Kyllburg (34,5 km)
7. Tag: Kyllburg–Speicher (20 km)
8. Tag: Speicher–Trier (28 km)

Hauptwanderweg 5

Kreuzau–Trier, 196 km

1. Tag: Kreuzau–Schmidt (17 km)
2. Tag: Schmidt–Gemünd (23,5 km)
3. Tag: Gemünd–Kronenburg (30 km)
4. Tag: Kronenburg–Prüm (23,5 km)
5. Tag: Prüm–Waxweiler (23,5 km)
6. Tag: Waxweiler–Oberweis (26 km)
7. Tag: Oberweis–Echternacherbrück (22,5 km)
8. Tag: Echternachbrück–Trier (29,5 km)

Hauptwanderweg 6

Aachen–Echternacherbrück, 183 km

1. Tag: Aachen–Lammersdorf (26,5 km)
2. Tag: Lammersdorf–Hellenthal (31 km)
3. Tag: Hellenthal–Hallschlag (19 km)
4. Tag: Hallschlag–Bleialf (21 km)
5. Tag: Bleialf–Dasburg (31 km)
6. Tag: Dasburg–Körperich (28 km)
7. Tag: Körperich–Bollendorf (14,5 km)
8. Tag: Bollendorf–Echternacherbrück (12 km)

Hauptwanderweg 10

Bonn–Aachen, 120 km

1. Tag: Bonn–Rheinbach (19,5 km)
2. Tag: Rheinbach–Kreuzweingarten (17,5 km)
3. Tag: Kreuzweingarten–Kommern (15,5 km)
4. Tag: Kommern–Heimbach (20 km)
5. Tag: Heimbach–Simonskall (15 km)

6. Tag: Simonskall–Mulartshütte (16,5 km)
7. Tag: Mulartshütte–Aachen (15,5 km)

Hauptwanderweg 11

Sinzig–Monschau, 104 km

1. Tag: Sinzig–Altenahr (27,5 km)
2. Tag: Altenahr–Bad Münstereifel (21 km)
3. Tag: Bad Münstereifel–Gemünd (24 km)
4. Tag: Gemünd–Einruhr (17 km)
5. Tag: Einruhr–Monschau (14 km)

Hauptwanderweg 12

Brohl–Monschau, 118 km

1. Tag: Brohl–Kempenich (26 km)
2. Tag: Kempenich–Antweiler (29,5 km)
3. Tag: Antweiler–Blankenheim (16,5 km)
4. Tag: Blankenheim–Hellenthal (20,5 km)
5. Tag: Hellenthal–Monschau (25 km)

Hauptwanderweg 13 (Vulkanweg)

Andernach–Gerolstein, 160 km

1. Tag: Andernach–Niederzissen (25 km)
2. Tag: Niederzissen–Mayen (19,5 km)
3. Tag: Mayen–Boos (20 km)
4. Tag: Boos–Ulmen (17 km)
5. Tag: Ulmen–Manderscheid (26 km)
6. Tag: Manderscheid–Üdersdorf (20,5 km)
7. Tag: Üdersdorf–Daun (10,5 km)
8. Tag: Daun–Gerolstein (21,5 km)

Hauptwanderweg 14

Plaidt–Kronenburg, 102 km

1. Tag: Plaidt–Mayen (24 km)
2. Tag: Mayen–Nürburg (26 km)
3. Tag: Nürburg–Hillesheim (27,5 km)
4. Tag: Hillesheim–Kronenburg (25 km)

Hauptwanderweg 15

Cochem–Prüm, 71 km

1. Tag: Cochem–Ulmen (19 km)
2. Tag: Ulmen–Daun (13 km)
3. Tag: Daun–Mürlenbach (21 km)
4. Tag: Mürlenbach–Prüm (18 km)

Hauptwanderweg 16

Alf–Vianden, 105 km

1. Tag: Alf–Bad Bertrich (15 km)
2. Tag: Bad Bertrich–Manderscheid (20,5 km)
3. Tag: Manderscheid–Kyllburg (20 km)
4. Tag: Kyllburg–Bitburg (11 km)
5. Tag: Bitburg–Neuerburg (21,5 km)
6. Tag: Neuerburg–Vianden (16,5 km)

Jugendherbergsweg

Bad Münstereifel–Hellenthal, 57 km

1. Tag: Bad Münstereifel–Blankenheim (18,5 km)
2. Tag: Blankenheim–Kronenburg (20 km)
3. Tag: Kronenburg–Hellenthal (18,5 km)

Rheinhöhenweg

Bonn (Venusberg)–Andernach, 57 km

1. Tag: Bonn–Rolandseck (16,5 km)
2. Tag: Rolandseck–Sinzig (18 km)
3. Tag: Sinzig–Andernach (22 km)

Backes/Caspary/Dölling: Rheinland-Pfalz und Saarland. Belser Kunstwanderungen. Belser Verlag, Stuttgart 1971

Becker, Christoph: Ausflüge in das Trierer Land. Eifelverein und Hunsrückverein, Trier 1987

Binsfeld, W.: Langmauer. Führer zu vor- und frühgeschichtlichen Denkmälern, Band 33, Seite 196–199. Verlag Philipp von Zabern, Mainz 1977

Bracht, Eugen: Die Ausgrabungen des Buchenlochs bei Gerolstein. In: Festschrift der 14. Versammlung der Deutschen Anthropologischen Gesellschaft, Trier 1883

Cleeves, Lutz: Unterwegs auf Wanderwegen in Bad Neuenahr-Ahrweiler. Warlich Verlag, Bad Neuenahr 1987

Cüppers, Heinz: Aedikula des Intarabus bei Ernzen. In: Trierer Zeitschrift 1973, Seite 89–101

Cüppers, Heinz: Die Römer in Rheinland-Pfalz. Konrad Theis Verlag, Stuttgart 1990

Dehio, Georg: Handbuch der Deutschen Kunstdenkmäler. Rheinland-Pfalz, Saarland. Deutscher Kunstverlag, München 1984

Dumler, Helmut: Rundwanderungen Südeifel. J. Fink Verlag, Stuttgart 1971. – Rundwanderungen Nordeifel. Fink-Kümmerly + Frey Verlag, Ostfildern 1979. – Rheinhöhenweg. Deutscher Wanderverlag, Ostfildern 1979. – Autowandern Eifel. Fink-Kümmerly + Frey Verlag, Ostfildern 1981

Eifelverein: Eifelführer, Düren 1980. Außerdem zahlreiche Publikationen und Wanderkarten. Prospekt: Eifelverein, Postfach 100532, 5160 Düren

Frechen/Hopmann/Knetsch: Die vulkanische Eifel. Stollfuß Verlag, Bonn

Goethert-Polaschek, Karin: Speicher-Herforst. Führer zu vor- und frühgeschichtlichen Denkmälern, Band 33, Seite 200–207. Verlag Philipp von Zabern, Mainz 1977

Gondorf, Bernhard: Die Burgen der Eifel. Verlag J. P. Bachen, Köln 1984

Grasser/Stahlmann: Westwall – Maginotlinie – Atlantikwall. Pawlak Verlagsgesellschaft, Herrsching 1983

Grewe, Heinz: Der Römerkanal-Wanderweg. Eifelverein, Düren 1988

Groß, Manfred: Der Westwall zwischen Niederrhein und Schnee-Eifel. In: Archäologische Funde und Denkmäler des Rheinlandes, Band 5. Rheinland-Verlag, Köln 1982

Haffner, Alfred: Der Mart- und Hüttenberg bei Pommern/Karden, ein Oppidum im östlichen Treverergebiet. In: Trier, Augustusstadt der Treverer, Seite 106–111. Katalog zur Ausstellung des Rheinischen Landesmuseums Trier, 1984

Horn, Heinz Günter: Bad Münstereifel-Nöthen. Römischer Tempelbezirk. In: Die Römer in Nordrhein-Westfalen. S. 342–345. Konrad Theis Verlag, Stuttgart 1987

Held, Heinz: Die Mosel. DuMont Buchverlag, Köln

Herzog, Harald: Burgen und Schlösser im Rheinland. Rheinlandverlag, Köln 1989

Justra, Erich: Die Eifel im Farbbild. Eifelverein, Düren 1984

Kremer/Caspers: Die Maare der westlichen Vulkaneifel. Schriftenreihe Rheinische Landschaften, Köln 1978

Krüger, Emil: Das Schmittenkreuz bei Bollendorf, ein wiedergefundenes römisches Felsgrab. In: Trierer Zeitschrift 1949, Seite 37–52

Meyer/Schumacher: Geschützte Pflanzen im Rheinland. Rheinland Verlag, Pulheim 1989

Meyer, Wilhelm: Geologie der Eifel. Eifelverein, Düren

Naumann, Hans: Kompass-Wanderführer Eifel. – Kompass-Wanderführer Moselhöhenwege. – Kompass-Wanderführer Ahrhöhenwege – Ahrtalwege. – Kompass-Wanderführer Deutsch-Belgischer Naturpark. Alle Deutscher Wanderverlag Dr. Mair & Schnabel & Co., Stuttgart

Neu, Peter: Eisenindustrie in der Eifel. Rheinland Verlag, Köln 1988

Pantenburg, Vitalis: Polyglott Reiseführer Eifel. Polyglott-Verlag, München 1990

Pechtold, Wolfgang: Eifelland an Rhein und Aar. Eifelverein, Düren

Petry, Ludwig: Rheinland-Pfalz und Saarland. In: Handbuch der historischen Stätten Deutschlands, Band 5. Alfred Kröner Verlag, Stuttgart 1976

Pippke/Pallhuber: Die Eifel. DuMont Buchverlag, Köln 1989

Preute, Michael: Der Bunker. Pahl-Rugenstein Verlag, Köln 1989

Pütz, Josef: Wanderführer Ferschweiler Plateau und seine Randgebiete. Verein Naturpark Südeifel, Echternacherbrück

Schindler, Reinhard: Römischer Kupferbergbau im unteren Kylltal.
In: Kurtrierer Jahrbuch 1967, Seite 5–11. – Der Burgberg bei Kordel. In: Trierer Zeitschrift 1968, Seite 247–265. – Die Ausgrabungen auf der Niederburg in Bollendorf.
In: Trierer Zeitschrift 1973, Seite 71–97.
– Die Denkmäler des Ferschweiler Plateaus.
In: Führer zu vor- und frühgeschichtlichen Denkmälern, Band 33, Seite 140–159.
Verlag Philipp von Zabern, Mainz 1977.
– Vor- und frühgeschichtliche Befestigungen im unteren Kylltal, Seite 207–220 der gleichen Publikation

Schramm, Josef: Die Eifel. Land der Maare und Vulkane. Eifelverein, Düren

Ternes, Charles-Marie: Die Römer an Rhein und Mosel. Reclam Verlag, Stuttgart 1975

Wendling, Wilhelm: Schutz und Nutzung der Rebterrassenlandschaft des Ahrtales – Möglichkeiten zur Konfliktlösung. In: Die Eifel. Zeitschrift des Eifelvereins, Jahrgang 85, Heft 4/1990, S. 234–240

Zender, Matthias: Sagen und Geschichten aus der Westeifel. Ludwig Röhrscheid Verlag, Bonn 1986

Register

Die gerade stehenden Ziffern verweisen auf die Textseiten, die *kursiven* auf die Seiten mit den Abbildungen.

Bildnachweis

Farbdia-Archiv Gunda Amberg, Gröbenzell: 123, 151, 152, 154, 157, 163
Farbdia-Archiv Gunda Amberg, Gröbenzell (Schraml): 95, 127
Helmut Dumler, Augsburg: 23, 24, 31, 37, 38, 53, 57, 83, 85, 90, 113, 129, 132, 134, 136, 141, 146, 171, 174/175, 178/179, 181
Kreisbildstelle Euskirchen: 124/125
Verlag Erich Justra, Heimbach: Einband Vorder- und Rückseite, Einband Innenklappe, 2/3, 9, 15, 17, 19, 20, 29, 35, 43, 44, 48/49, 50, 54, 61, 63, 64/65, 69, 72, 80/81, 86/87, 89, 92/93, 97, 98, 101, 102, 103, 104, 107, 108, 110/111, 114/115, 118/119, 120, 138/139, 142/143, 149, 160/161
Rainer Kiedrowski, Ratingen: 164, 166/167
Heinz-Josef Schmitz, Hürth: 11, 59, 74, 77, 78, 170, 173

Die Kartenskizzen und die Übersichtskarte auf den Einband-Innenseiten zeichnete Bernd Riffler, Bernried.

Wanderführer von Bruckmann

Helmut Dumler
Wanderungen in der Toskana
Städte – Inseln – Berge
192 Seiten mit 97 Farbfotos,
37 Kartenskizzen und 1 Übersichtskarte.

Gert Hirner/Jakob Murböck
Wanderungen auf Kreta
40 Touren zu den schönsten Zielen
192 Seiten mit 123 Farbfotos,
40 Kartenskizzen, 6 Übersichtskarten.

Gert Hirner
Wanderungen auf dem Peloponnes
192 Seiten mit 120 Farbfotos,
40 Kartenskizzen und 1 Übersichtskarte.

Gert Hirner
Wanderungen auf Korsika
Mit GR 20 und Tra Mare e Monti
192 Seiten mit 113 Farbfotos,
45 Kartenskizzen, 16 Höhenprofilen
und einer Übersichtskarte.

Henning Böhme
Wanderungen auf Mallorca
224 Seiten mit 80 Farbabbildungen,
40 Kartenskizzen und zwei
Übersichtskarten.

Helmut Dumler
Wanderungen am Gardasee
40 Touren zwischen Monte Baldo und Adamello, Trient und Verona. Mit Tips für Surfer und Mountainbiker.
192 Seiten mit 97 Farbabbildungen,
40 Kartenskizzen und einer
Übersichtskarte.

Bruckmann München Postfach 27
8000 München 20